対立と調整の政治経済学

社会的なるもののレギュラシオン

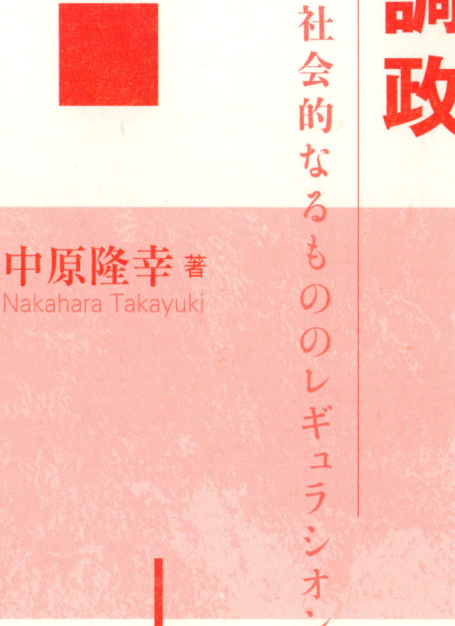

中原隆幸 著
Nakahara Takayuki

L'Economie politique
du conflit et la Régulation
la régulation du social

ナカニシヤ出版

目　次

序　章　レギュラシオン・アプローチのもう一つの源流を求めて
　　　　──「社会的調整の政治経済学理論」への挑戦　　1

第1章　レギュラシオン・アプローチにおける国家論の射程
　　　　──ブルーノ・テレの理論を中心に　　11
1　問題の所在　　11
2　政治的なるものと経済的なるものの位相学　　13
　2.1　レギュラシオン・アプローチにおける国家論の難点　　13
　2.2　政治的なるものと経済的なるもの　　14
　2.3　象徴的媒介としての貨幣・法　　15
3　国家の有機的循環の構図　　18
　3.1　社会諸関係としての国家　　18
　3.2　国家の機能的形態　　19
　3.3　国家の有機的循環　　21
4　「体制」および「レギュラシオン」概念の再構成　　23
　4.1　象徴的媒介としての課税・財政／通貨・金融体制　　23
　4.2　レギュラシオンの理念型モデル　　24
5　モデルの歴史分析への適用　　25
　5.1　フランス財政史への分析の応用　　25
　5.2　絶対王政と公共財政資本主義　　26
　5.3　システムの効果としての破産と破産的なRFFのリズム　　27
6　社会的なるものの位相学アプローチ──評価　　27
7　結びに代えて　　29

第2章　政治的・経済的蓄積の構造と制度的調整(レギュラシオン)
　　　　──課税・財政制度を介した社会的調整の分析に向けて　　33
1　問題の所在　　33

2　制度としての課税・財政体制　*35*
　　　　——政治と経済をつなぐものとしての税
　　2.1　レント（rent）としての税　*36*
　　2.2　政治と経済をつなぐものとしての税　*37*
　　2.3　国家財政と政治的正統性の適合性と不適合性　*38*
　　2.4　国家の有機的循環　*39*
　　2.5　国家の政治的蓄積と経済的蓄積　*41*
　　2.6　社会的レギュラシオンにおける蓄積モデル　*42*
　3　戦後日本におけるRFFの分析に向けて　*43*
　　　　——方法論再考
　　3.1　福祉国家論から見た日本——その問題点　*43*
　　3.2　RFFの分析視角　*45*
　　3.3　政治的蓄積と経済的蓄積の指標　*48*
　　3.4　社会的レギュラシオン様式と政治的蓄積・経済的蓄積の循環モデル　*51*
　4　結びに代えて　*53*

第3章　構造からレギュラシオンへ
　　　　——レギュラシオン・アプローチの方法論的革新性とは何か　*56*

　1　問題の所在　*56*
　2　構造主義の諸類型　*57*
　　　　——方法論的構造主義・記号論的構造主義・哲学的構造主義の相克
　3　政治経済学と構造主義　*60*
　　　　——均衡と構造の相同性を超えて
　4　構造から制度へ　*64*
　　　　——媒介概念の重要性
　5　「制度化された妥協」論から「均衡としての制度」論への変容　*66*
　6　制度の正統性と構造　*69*
　7　構造と制度の二重ループ　*71*
　8　レギュラシオン概念の革新性とは何か　*73*

ii

  9　結びに代えて　*76*

第4章　制度、構造、レギュラシオン
　　　　　──社会システムの機能的多元性　　　　　*79*
  1　問題の所在　*79*
  2　経済システムの「制度」的分析の諸相　*79*
    2.1　「社会」の認識論的水準　*81*
　　　　　──部分‐全体アプローチと全体‐部分アプローチの間で
    2.2　部分と全体を媒介するものとしての「制度」　*83*
    2.3　制度の構造化作用と全体的関係性の変化の可能性　*86*
  3　制度としての貨幣の多元性　*88*
    3.1　メタ制度としての貨幣　*88*
    3.2　制度としての貨幣と機能的貨幣システム　*89*
    3.3　制度としての貨幣の構造と機能　*91*
  4　社会的債務と象徴的媒介としての貨幣　*93*
    4.1　社会的なるものと全体性　*93*
    4.2　貨幣の機能形態の循環　*94*
    4.3　調整的・同盟的貨幣　*97*
　　　　　──レギュラシオン空間と妥協としての中央銀行制度
  5　結びに代えて　*99*

第5章　戦間期フランスとレギュラシオン
　　　　　──社会的妥協としてのケインズ主義の受容過程　*104*
  1　はじめに　*104*
  2　ケインズ理論普及の相対的微弱性　*106*
  3　「ブルムの実験」　*111*
　　　　　──ケインズ的テーゼとの曖昧な関係
  4　ケインズ理論の受容者たち　*117*
　　　　　──二つのケインズ主義
  5　結びに代えて　*122*

第6章 「言説」としてのケインズ主義とフランス・フォーディズム
―― 「資本主義の黄金時代」におけるケインズ政策 *126*

1 はじめに *126*
2 フランスの近代化政策とケインズ主義 *128*
　　――新たな社会的妥協の成立
　2.1 テクノクラートによるケインズ主義の受容と波及 *128*
　　　――徹底的な改良主義を指向したケインズ主義の潮流
　2.2 近代化政策の下での新たな社会的妥協の成立 *133*
3 フランス・フォーディズムの盛衰 *137*
　3.1 フランス・フォーディズムの独自性 *138*
　3.2 改革主義的ケインズ主義からファイン・チューニング・ポリシーへ *140*
　3.3 外的制約に直面したケインズ主義 *143*
4 結びに代えて *147*

終　章　政治的なるものと経済的なるものの分析的融合を求めて *152*

1 世界同時金融危機とネオ・リベラリズム *152*
　　――経済学はどこへ向かうのか
2 「社会的なるもの」からの「経済的なるもの」と「政治的なるもの」の隔離 *155*
　　――排除された合理性
3 構造改革と政治的なるものの変質 *161*
4 言説的なるもの *164*
　　――もう一つの制度諸形態の統合に向けて

参考文献　*171*
あとがき　*178*
索引（人名／事項）　*183*

序 章　レギュラシオン・アプローチのもう一つの源流を求めて
――「社会的調整の政治経済学理論」への挑戦

　20世紀中庸の資本主義の「黄金時代」を経て、先進経済諸国が長期の経済停滞を経験していたとき、フランスの地において、一つの革新的経済理論が登場した。それは「レギュラシオン・アプローチ」である。学派の創始者であるミシェル・アグリエッタやロベール・ボワイエの精力的な研究によって、この理論は、当時アメリカで勃興しつつあった「SSAアプローチ」とも呼応して、正統派経済学と鋭く対立し、これらの理論に対抗して独自な理論的・政策的オルタナティヴを次々と提示した。これら異端派の経済学のキーワードは「制度」と「経済システムの構造変化」であった。

　その後、世界的な「制度派経済学」理論の興隆を受けて、レギュラシオン・アプローチ自身も多かれ少なかれ、変化を遂げた。その理論的進化は、現在ブルーノ・アマーブルを中心とする「第二世代のレギュラシオン・アプローチ」に結実している。

　だが、一方でこうした理論的進化は、諸学派との対話や対立の中で、当初レギュラシオン・アプローチが内包していた重要な問題意識を、さしあたり方法論上副次的なものとすることからもたらされた結果でもあった。レギュラシオン・アプローチが「副次的なもの」としたものとは、いったい何であろうか。それは、「政治的なるもの」が社会経済において果たす役割についてのラディカルな分析である。本書における様々な考察は、いったん括弧に入れられたこの副次的なものを、分析の中心へと復権することを主たる眼目とする。

　だが、このような方法論上の変化はどのようにして始まったのであろうか。以下では、本書の冒頭にあたって、レギュラシオン・アプローチの方法論的特

徴を整理しつつ、このテーマに一定の解答を与えることとしよう。

レギュラシオン・アプローチ再考

そもそもレギュラシオン・アプローチが正統派経済学に対して有していた理論的優位性とはいったい何であるのか。

この問いに対してはすでに多くの研究によって様々な点が指摘されているが、一言で言うならば、それは「制度が重要である」という観点である。

レギュラシオン・アプローチにとって、制度とは、第一に、マクロ経済的循環を円滑に機能せしめる「結節点」であると同時に、諸矛盾から生じるコンフリクトの「ヘゲモニックな妥協的形態」でもある。そしてまたそれは、破滅的なコンフリクトから、体制内部で確立された「制度的ヘゲモニー」の構図へとアクターを誘導する装置でもある。

第二に、「マクロ経済の状態」そのものは、社会経済に埋め込まれている諸制度の構図に従って循環する「蓄積体制」として理解される。この体制の発展は、諸制度構築の経緯およびその構図が歴史的多様性を帯びるがゆえに、当該経済（たとえば国民国家）の歴史的発展経路に大いに依存する。

この蓄積体制の概念は、単純なマクロ経済モデルから演繹される単純なマクロ経済の描写（たとえばIS/LMモデルなど）とは異なり、そこにはあらかじめ制度が埋め込まれている。この蓄積体制モデルでは、「制度の構築、維持、機能不全、マクロ経済の循環、危機」という因果連関が重視される。むろん主流派経済学であっても、制度の存在をモデルに組み込んでいないわけではないが、それはほとんどの場合、「外生的条件の一つ」であり、制度変化に伴ってマクロ経済構造（蓄積体制）もまた変容するという視角は、それらの経済学においては一般的方法論として共有されていない。

第三に、レギュラシオン・アプローチは、経済政策の実施によるマクロ経済のファイン・チューニングとはまったく異なる、マクロ経済の制御（調整）可能性に言及する。たしかに、有効需要の不足→財政出動による有効需要の創出、といった因果関係に基づいた政策の実施が有効であった時代は存在した。しかしそれは実際上、賃労働関係という制度の安定を前提にしていた。ファンダメンタルなレベルでの有効需要の原理の妥当性は失われていないとはいえ、過度にその原理の普遍性（反歴史性）を強調することは、現実の変化（制度および

制度的構図の変化）を看過する危険性がある。重要なのは、様々な諸制度のうちどのような制度が変化しているのかを見定め、その制度とその他の制度の相互的機能性を考慮したうえで、経済政策を策定・実施することである。

　最後に、レギュラシオン・アプローチは、もっぱら賃労働関係（賃金・利潤シェアの変化をもたらす諸制度の構図）を主たる説明変数として（媒介として）、マクロ経済の変動を定式化した。したがって、こうしたモデルを前提とすれば、危機の時代に「政策」として重要となるのは、雇用に関わる制度の構築であり、それを間接的に補完する社会保障制度の改変ということになる。こうした制度変化にとって最も重要なことは、グラムシの言葉を借りれば、各々のアクターがかつて能動的かつ受動的に受け入れていたヘゲモニーが、すなわちレギュラシオン・アプローチの言う社会的妥協が変化することである。この変化がなければ制度の改変は有効なマクロ経済のパフォーマンスの変化をもたらしえない。そしてこれらの様々な制度変化は、もっぱら経済的・政治的情勢の変化を契機として、すなわち「経済的なるもの」と「政治的なるもの」の変化に伴って生じるのである。

　しかし、ここで言う「政治的なるもの」とはいったい何であるのか。それはいわゆる政党政治のあり方や社会諸集団のパワー・バランスのことを別様に言い換えただけのものであろうか。これは本書の主張の根幹に関わる問いであり、詳細は後の諸章に譲るが、端的に言えば、政治的なものとは、あらゆる社会的諸関係において恒常的に生起する政治的「矛盾・対立・妥協」という関係性をメタ・レベルで表象するモノである。実際、この関係性を実践的レベルにおいて支えているのは、経済的利害、すなわち「経済的合理性」だけでは決してない。時にこの関係性を突き動かし変化させるのは、様々な情動であり、世論であり、当該社会に伏在し、危機の時代に顕在化する様々な集合的アイデンティティー[1]である。そしてこの関係性が従っている基本的合理性とは、「政治的合目的性」、すなわちそれぞれのアクターの社会的ポジションの維持や主張の正当化という「自らに固有な政治的目的の実現を果たすこと」である。だが、われわれの社会において、その時々の社会情勢に即したそれぞれの諸集団の社会的および戦略的ポジションは、さらにはそれらの力関係のあり方は、構造的に差異化されている。したがって、そこにおいて立ち現われる政治的なものの構図（および現実の制度的構図）は、それぞれの政治的合目的性がまったく異な

るために、言葉の真の意味においてそれぞれのアクターの目的性をすべて充足するような最適な「合意」にはそもそも到達しえない。それは常に「妥協」でしかありえないのである。それゆえ、現実の政治的制度のあり方もまた、経済的合理性を基軸とした「最適な」経済的構図と合致するとは限らない(2)。つまり、「政治的なるもの」の論理から導き出される帰結と、「経済的なるもの」の論理から導き出される帰結は、矛盾する場合があり、時にその調整は困難を極めるのである(3)。だが、その両者を接合すべく、社会経済には過去の妥協から生成した様々な制度装置が存在する。レギュラシオン・アプローチが往々にして予定調和的な世界観を拒否し、制度的妥協成立の偶発性を強調する（Boyer, 1986）のは、まさしくこの不確定な論理に従う政治的なものの存在を自らの理論装置に組み入れているからなのである。

　ここで、レギュラシオン・アプローチにおいて最も重視されるべき分析概念である「妥協（compromis）」の概念の特徴を確認しておこう。グラムシのヘゲモニー概念を援用したこのアプローチにおける「妥協」とは、社会における様々な政治的・経済的関係の中で、アクターや諸集団のそれぞれが、一時的に承認された歴史的・偶発的ヘゲモニーに従属せざるをえないということを意味する。つまり、社会的妥協からもたらされる制度的構図は、当初これらのアクターや諸集団が抱いていた個々の利害関係を超えて、きわめて全体的かつヘゲモニックなものとして現前する。それは支配的アクターや諸集団による単なる強制でもなければ、平和裡に構成される「同意」でもない。この妥協とは、その限りで単純な支配・被支配の構造の表象ではなく、様々な矛盾が一時的に抑え込まれていることを表象するものにほかならない。そしてその矛盾は、様々な経済的・政治的事象を契機として、常に顕在化する可能性をもち、そのたびごとにヘゲモニーとしての妥協のあり方を変容させようとするのである。こうした妥協の概念は、きわめて動態的なものであり、決して消え去ることのない社会経済における諸矛盾が、逆説的に社会経済の構造変化における原動力になることを明らかにしている。これこそが、レギュラシオン・アプローチをして他の制度の経済学諸派と隔絶せしめる理論的分析装置の核心をなすのである。

　しかしながら他方で、レギュラシオン・アプローチは、その登場以来いくつかの理論的欠陥を指摘され続けてきた。その代表的なものが、「ミクロ的主体の行為がどのようにマクロ経済に影響を与えるのかについての記述がない」と

いうものである。いわゆるマクロ経済のミクロ的基礎づけの不在がそれである。

　この問題は、レギュラシオン・アプローチでは制度生成の問題が軽視されているという批判にも通じている。この制度生成論の不在、すなわち青木昌彦らの比較制度分析（CIA）などの進化ゲーム理論による制度生成メカニズムの説明に対して、どのように反論するのかは大きな問題であった。この問題を真正面から捉えるならば、合理的経済人仮説に対置するものとしての新たな「経済人」像の創出が必要であるということになるだろう[4]。

　次いで、いわゆる「五つの制度諸形態と調整様式」からなる社会経済システムの認識論に関わる問題がある。すなわち、賃労働関係、貨幣制約、競争形態、国際体制への参入形態、国家の諸形態といった制度諸形態がレギュラシオン様式の構図を決定づけ、個々の蓄積体制を「支え、操縦する」という認識論がそれである（*ibid.*, 邦訳 p. 87）。この構図は、本来社会経済システムそのものについての動態的な認識可能性や構造転換の説明可能性をも有していたはずであるが、レギュラシオン・アプローチは果たしてその説明図式の厳密な理論化に成功しているのだろうか、という疑問もある。さらにレギュラシオン・アプローチは、それをマクロ経済の循環を「説明するための要素に還元」してしまっているのではないか、あるいはまた、「資本主義経済を原理的に捉える視点が欠落している」といった批判も多く存在する。レギュラシオン・アプローチの分析は、「原理論と現状分析をつなげるだけの中間的モデルである」などの批判がそれである。

　しかしながら、以上の問題のうち制度生成の問題については、第二世代のレギュラシオニスト、ブルーノ・アマーブルの研究がすでに存在する（Amable, 2003）。本書が主に分析の対象として取り上げるのは、レギュラシオン・アプローチの社会システム認識論に関する問題である。

社会的なるものの位相学

　「概念装置」として社会経済システム全体を認識する可能性をもっていながら、レギュラシオン・アプローチは分析そのものの対象をもっぱら経済的なるものに限定してきた、という批判に答える形で、レギュラシオン学派のブルーノ・テレは、「社会的なるものの位相学」というアプローチを提唱する（Théret, 1992）。

表 0-1　新古典派と異端派の研究プログラムにおける前提条件

前提条件	パラダイム	
	異端派経済学	新古典派経済学
認識論	現実主義	道具主義
存在論	有機体主義	個人主義
合理性	手続き的合理性	独立的合理性
分析の焦点	生産と成長	交換と希少性
政治的中心	国家の介入	自由競争市場

出所：ラヴォア（2008）p. 8, 表 1.1。

　その認識論の特徴は、社会を個々の主体を通じてではなく、「関係」を通じて認識するという、きわめてホーリスティックな方法論に基礎を置いている点にある。
　テレの基本認識は、以下のような論理構造からなる。
　まず、何よりも、社会諸関係は諸個人間の関係とは区別されるべきである。それは、諸個人が取り結ぶことによって生起する「状態としての」関係ではなく、「諸個人全体に共通のものであり、それが構造化する社会に共通のもの」であり「構造にほかならない」(Théret, 1992, 邦訳 p. 55)。
　この主張には若干の注釈が必要であろう。というのも、ここでの「構造」というタームが、いわゆる「構造主義」のそれとリニアに対置可能ではないことに留意すべきであるからである。社会システムの「全体的不変性」を強調し、それからの偏差のみに言及する、と理解されている限りでの俗流的な構造主義解釈と、テレのそれとはやや趣を異にしている。つまり、テレが社会諸関係を構造と表現するのは、(少なくともメタ・レベルでの) 関係それ自身が、諸個人間で常に取り結ばれたり解消されたりすることによって「生成したり、消滅したりする」類のものではない、ということを強調したいからにほかならない。社会諸関係は常に一定の構造性をもって社会の中に先在し、その構造性に誘導されつつヘゲモニックに諸個人や諸集団の関係が取り結ばれ、それらの関係の動態的変容を介して定常的に再生産されるのである。この理解は本書の議論の展開における基本的視角である。したがって、このような関係の理解は、ミクロの主体による（制度の創発や進化のレベルでの）ゲームの「結果としての関係性」を重視するゲーム理論の対極にあるものと言えよう。ポスト・ケインジ

アンのラヴォアは異端派経済学の「前提条件」の分析を行ない、方法論的ホーリズム対方法論的個人主義の違いを端的に説明しているが（ラヴォア，2008: 本書表0-1を参照）、このような区分に従えば、テレの議論も、アプローチの仕方こそ違え、大筋で異端派の枠組みに収まるものであると言えよう[5]。

かくして、本書の議論の中心をなすのは、「国家」を独自な観点からレギュラシオン・アプローチに組み込んでいるブルーノ・テレの理論である。発表当初、テレの議論は日仏ともにほとんど注目を浴びなかったが、テレが提唱した諸概念は、現在レギュラシオン学派においてきわめて重要な位置を占めるようになっている[6]。

本書の以下の諸章では、テレが提唱している「社会的なるもののレギュラシオン理論」を、またその中心概念である「象徴的媒介」という概念を、制度の経済学および「社会経済学」の中に正確に位置づけ、「非経済・非政治還元主義的で動態的な制度変化」をも説明しうる概念へと再構築することを目指す。

しかしながら、より正確には、テレの理論そのものもまた、次のような段階で徐々に変化してきている。

まず、『租税国家のレギュラシオン』（Théret, 1992）における従来型のレギュラシオン・アプローチへの批判と、新たな分析枠組みを提示した時期。ここで「社会的レギュラシオン」の概念化が確定される。

次いで、前著で確立された「象徴的媒介」の概念が精緻化される時期。ここから様々な学際知を動員した、アグリエッタ、オルレアンとの共同研究（Agilietta et Orléan, 1998）が始まる。

さらに、最近著『危機によって暴かれた貨幣』（Théret dir., 2008）におけるさらなる貨幣論への傾斜が見られる時期。ここでは、制度をさらにマクロ社会的に捉える傾向が強まっている[7]。こうした段階的変化をふまえながら、本書では「社会的なるもの」のレギュラシオン・アプローチにもっぱら焦点を当てることとする。

本書の構成

こうしたブルーノ・テレの理論を中心にして、本書は以下のような論点から構成されている。

まず行なわれるのは、本書の核心である社会的なるもののレギュラシオン・

アプローチの検討である。この検討は、おおむね次の四つの論点に基づいて進められる。

　第一に、制度の経済学としてのこのアプローチにとって「制度とは何か」を明確にする。とりわけ、本書のアプローチが他のレギュラシオン・アプローチと最も異なっているのは、制度を「媒介」として捉える点にある。本書は主としてこの媒介としての制度概念を、「貨幣」という制度を素材に検討する。

　第二に、このような方法論に基づいて、テレの理論そのものを詳細に検討する。そこでは、「レギュラシオン」概念そのものが両義的な概念であり、その機能性と非機能性を峻別することが重要であることが強調される。

　第三に、この媒介としての制度が、現実の社会経済においてどのような制度となって表象されるのかが検討される。ここにおいて貨幣という象徴的媒介は、「租税」という、政治的なるものと経済的なるものを媒介する制度として立ち現われる。当然のこととして、この貨幣という制度は、現実経済において、「課税・財政」および「通貨・金融」体制という、マクロ経済循環の結節点となって現われる。したがって、この構図のマクロ社会的位相を検討することがさらに必要となる。

　最後に、制度の経済学諸学派と比較して、社会的なるもののレギュラシオン・アプローチがどのような革新性を有しているのかが検討される。ここでも強調されるのは、「政治的なるもの」をいかにして「経済学」という分析装置に組み入れるかである。

　次いで、レギュラシオン・アプローチの源泉の一つである、ケインズ主義の歴史的受容過程、およびケインズの経済学とレギュラシオン・アプローチとの関係について検討する。レギュラシオン・アプローチは、当初から政策的プログラムの策定に強い関心を示してきた。その中でもケインズ主義の諸実践はフォーディズムの時代の分析において、きわめて大きな影響を与えてきたと言えよう。しかしながら、これまでの日本のレギュラシオン・アプローチの研究においては、このような、一定の経済政策と社会的妥協との相互連関についての分析はあまり紹介されてこなかっただけでなく、日本の経済政策の諸実践に関する実証研究もほとんど見られない。むしろ、こうした政策を、国家形態を表象するものとしてレギュラシオン様式の一つに固定化し、もっぱら賃労働関係の動態を主たる分析対象としてきたように思われる。しかしながら、フラン

スにおいては、こうした個々の制度諸形態の動態は、かなりの程度実証的に研究されている。われわれは、代表的な制度諸形態のうち、最も経済的かつ政治的な制度諸形態である国家関係に深く関わる「経済政策」の実証分析を、フォーディズムの時代のフランスの「ケインズ主義の諸実践」を典型例にとり、そのような政策実践が、また、その政策の形成に深く関わる「言説」としてのケインズ主義の思想がいかなる社会的・政治的妥協から成立したのかを概観する。

　本書のこのような研究方向は、既存のレギュラシオン・アプローチから見れば、ある意味でかなり異なった系譜に属するかもしれない。またこのような方向性を過度に強調することは、往々にして学派の分裂を指向するものであるとの非難を浴びるかもしれない。しかしながら、言葉の肯定的な意味において「曖昧かつ柔軟な方法論」を暫定的に取り入れ、その仮設に基づいて様々な制度領域においてその分析を発展させ、一定の成果を獲得してきたレギュラシオン・アプローチは、その概念装置の曖昧さや柔軟さのゆえに、今やその独自性を失いつつあるようにも見える。本書の目的は、このような問題を、今一度この学派の源流に立ち返り、再検討することにあるのであって、決して学派そのものの解体を目指すことにはない。むしろ忘却され、後衛に退いてしまった諸装置を、今一度ファンダメンタルなレベルで復活させることは、学派としてのレギュラシオン・アプローチのさらなる飛翔をもたらしうるはずである。

　実際、われわれとはその理論的構成や諸概念の定義などにおいてかなりの隔たりがあるとはいえ、アマーブルやパロンバリーニといった第二世代のレギュラシオニストたちは、独自な方法を用いて、初期のレギュラシオニストたちが重視しつつもその分析を回避する傾向にあった「政治的なるもの」の分析を、自らの分析の中心に再び位置づけている（Amable et Palombarini, 2005; Palombarini, 2001）。この限りで彼らの研究方向は、われわれのそれとはアプローチの仕方そのものにおける異同こそあれ、その方向性は同一であるように思われる。

　21世紀初頭に発生した未曾有の経済危機を前にして、立ちすくんでいるかのように見える経済学がその有効性を取り戻すためには、「政治的なるもの」と「経済的なるもの」を同時に分析できる理論体系を確立することが必要ではないだろうか。現今の危機がもたらしている惨状を見れば直ちにわかるように、現実を変革するためには、現実を覆っている様々な外皮（様々な諸制度からな

る総体）を、その一部のみ取り上げ修繕するだけでは不十分であることは明らかではないだろうか。少なくとも経済学は、「経済的なるもの」と「政治的なるもの」という二つの領野を同時に分析することができる理論的枠組みを用いて、現今の危機がいかなる政治的・経済的構図の下で構成され、どのような社会経済情勢を生み出しているのかを考察すべきであろう。このような視点から本書をお読みいただけるならば、それは筆者にとって望外の幸せである。

(1) たとえば、民族、人種といった実践的かつ種別的カテゴリーは、政治的なものにおいて容易に「集合的アイデンティティー」へ転化しうる。ナショナリズムやポピュリズムといったイデオロギーも同様である。これらの集合的アイデンティティーは、様々な政治的情勢の変化を契機に、しばしば社会経済において、第一義的ではないにせよ、無視できない重要な役割を果たす。

(2) たとえば、2000年代の日本の年金制度の財源をめぐる制度構築の迷走ぶりは、こうした「政治的なるもの」の構成が、それぞれの社会諸集団の政治的目的性が鋭く対立しているがゆえに解決に至らず、妥協を重ねて徐々に修正していかざるをえないことの顕著な例であろう。年金財源の問題は決して経済的合理性のみでは解決できないのである。その詳細については、たとえば宇仁 (2006) を参照されたい。

(3) こうした見解は、初期のレギュラシオン・アプローチにとって特段奇異なことではなかった。たとえばボワイエとミストラルは次のように述べている。「大危機の時代には〔……〕経済政策に孕まれる諸矛盾が激化することになる。そのとき、『政治的に望ましいこと』が『経済的に必要なこと』と対立することになる」(Boyer et Mistral, 1983, 邦訳 p. 182)。

(4) だが、そもそもそのような人間像自体がレギュラシオン・アプローチにとって重要なのかということ自体もまた、検討すべき課題であることは明らかである。以下の諸章で見るように、われわれは社会的全体性の観点から、このような方法論的前提を採用しておらず、合理性の問題をまったく異なった側面から検討する。

(5) ただし、社会的なるものの動態的分析をさらに進めるためには、清水・河野編 (2008) が指摘するように、スタティックな「パラダイム論」そのものへの根本的な異議申し立てが必要であることは、指摘しておきたい。

(6) たとえば、Boyer (2005) においても、政治的なるものを分析することの重要性が指摘されている。また、Coriat, Petit and Schméder eds. (2006) には、テレの記念碑的論文が再録されており、最近著においては、アグリエッタ、オルレアンとの共同研究が進行中である (Théret dir., 2008)。

(7) なお、本書では、もっぱら第二段階までのテレの議論を取り上げる。第三段階のそれの検討については他日を期したい。

第1章　レギュラシオン・アプローチにおける国家論の射程
——ブルーノ・テレの理論を中心に

1　問題の所在

　1980年代から、「複雑系」をキーワードに、制度論をも包含した社会的構成単位の自己組織化に関するテーマは、現代経済理論においてきわめて重要なものとなっている。とりわけミクロの経済主体とマクロの経済的パフォーマンスとの関係を進化論的に解明するという作業は、成果を着実に上げてきている[1]。
　しかしながら、われわれはこうした「経済系の進化」というテーマに加えて、もう一つ重要なテーマが残されていると考える。すなわち、社会という一つの構成体において、「系としての政治と経済」がどのような位相でもって連接され、また進化してゆくのかというテーマがそれである。言うまでもなく、従来このようなテーマにおいて主要な地位を占めていたのは、「国家」を経済学の枠組みにおいて論じることであった。いわゆるマルクスの唯物史観を端緒として、幾度となく国家と経済学的分析との融合が試みられてきた。たとえば、L.アルチュセールの「イデオロギー装置としての国家」論や、N.プーランツァスの「力関係の凝集としての国家」論などがそれである[2]。
　だが、こうした研究はどうしても一つの壁を乗り越えることができなかったように思われる。たしかに、これらのアプローチは認識論のレベルで政治や経済の自律性を強調し、それらが接合可能であることを論じた。また、精緻な概念装置を用いてある種独特な「社会哲学」を構築した。しかしながら、誤解を恐れずに言えば、これらのアプローチは、主として認識論のレベルで足踏みを

続けていたように思われる。こうしたアプローチは、国家が有する抽象的な政治的機能（いわゆる暴力装置や権力装置としての国家）について論じることはあっても、課税や財政といったその具体的な「経済的機能」について、より現実に近いレベルで語ろうとはしていなかったのではないだろうか[3]。あるいはまた、政治と経済を接合する「契機」について語ることはあっても、それ自身を可能にする「モノ」とはいったい何であるのかについて多くを語らなかったのではないだろうか。

　こうした神学論争にも似た、過去の数々の形而上学的議論に辟易して、経済学者は今や自らの対象領域を禁欲的なまでに限定してしまっている。だが、ひとたび現実に目を向ければ、「政府」という主要な「政治的かつ経済的」主体が、社会経済システムにおいて個々の経済主体と同レベルで構成され分析可能な要素であるという経済学の理論的前提に、無条件に賛同する経済学者もまた、ことのほか少ないのではないだろうか。たとえば、20世紀末から日本において繰り返し喧伝されてきたのは、政府が財政規律を保ち租税制度を改革すれば、経済システムが再生するという主張である。これは、今や市場経済システムにおけるゲームの単なるプレーヤーに過ぎない政府が、時代遅れにも社会システムの調整者たらんとして、自らの機能を無謀なまでに拡大しようとしていることへの経済学からの批判なのであろうか。それともこれは、社会的なるものにおける政治的なるものの復権の証左なのであろうか。

　だがわれわれは近年の「制度の政治経済学」の貢献から、ある構造と構造を媒介するものとしての「制度」に着目することで、こうした困難の解決における端緒を見いだすことができると考える。

　本章では、このような問題意識に従って、レギュラシオン・アプローチの立場から、国民国家というマクロ社会的枠組みの中で「政治と経済」との位相学的分析を試みているブルーノ・テレの研究（Théret, 1992）を詳解したい[4]。具体的には、まず第一に、テレが提唱している社会経済システムにおける政治と経済との位相学的認識論を検討する。第二に、貨幣や法といった制度的媒介によって国家がどのように再生産されるのかを、その「モデル化」を通じて詳述する。第三に、レギュラシオン・アプローチが理念的モデルを現実の社会経済システムの分析に適用する際に重視するレジーム概念が、テレの議論においてはどのように再構築されているのかを検討する。最後に、このような位相学的

アプローチに基づいたフランス財政史のテレによる実証分析を省察しつつ、こうしたアプローチの政策科学としての発展可能性について言及してみたい。

2 政治的なるものと経済的なるものの位相学[5]

2.1 レギュラシオン・アプローチにおける国家論の難点

すでに述べたように、レギュラシオン・アプローチは、戦後先進諸経済の高度成長をフォーディズム的蓄積体制に基づいて説明する理論として登場してきた。定型化された「五つの制度諸形態」や、その総体的表現である「レギュラシオン様式」といった概念装置は、経済分析において「制度が重要である」ことをわれわれに再認識させるに至った。しかしながら、方法論的観点からすれば、これら制度諸形態は、分析対象となる国民国家のマクロ経済的動態の因果関係を明らかにするという目的のために、しばしばアド・ホックに設定されていた。とりわけ問題なのは、フォーディズム論構築の際に、「国家」を経済的関係の中に押しとどめて、賃労働関係と併置される制度諸形態の一つに安易に加えてしまった点である[6]。

たしかに、このような方法に従えば、国家は、それぞれの時代に生成したレジームに対応して「外接国家」や「挿入国家」といった形態で、論理整合的に組み込むことが可能である。しかしながら、こうした方法は常に機能主義の危険をはらんでいる。つまり、賃労働関係を説明する「ために国家の機能形態がある」ないしは「構成される」という説明図式ができあがってしまうのである[7]。

このような、国家をアド・ホックな調整者と見なす考え方は、旧来の構造主義的マルクス主義が陥ったものと同様である。こうしたレギュラシオン・アプローチの現状を、テレは次のように厳しく批判する。すなわちこのアプローチは、政治に関わることを、「厳格に経済的な関係という基盤の上に構成された社会諸階級の産物としての国家」に集約し、「国家を上部構造に囲い込むこと」で「国家それ自体のその物質性とそれ固有の経済というものの理解を忘却」してしまったのだ、と（Théret, 1992, 邦訳 p. 63）。ここからテレは、ルイ・デュモンの近代社会論に関する議論を援用しつつ（Billaudot, 1996, p. 55）、レギュラシオン概念そのものを根本的に刷新することを提唱する。それは、「社会的なるものの位相学」という概念をレギュラシオン概念の中に組み込むことである。

2.2 政治的なるものと経済的なるもの

　言うまでもなく、われわれは、「社会」と呼ばれるものを認識するとき、それを「概念化＝表象」するという作業を免れることはできない。なぜなら、「社会」も「経済」も「政治」も現前するかのように見えるが、それらは事物や人のように触知できるものでもなければ、すべての人間が無矛盾的かつ統一的に理解可能なものでもない。それらはすべて、対象を認識する主体による「概念化＝表象」という操作が生み出したものであり、言語によって構成された「知的言説（discours）」という形態を介してのみ他者に伝達され、理解される。社会科学と呼ばれる学問知が、様々な諸概念で構成され、言語や数学という手段を通じてのみ理論化可能なものであり、それゆえに多様性をもつことの理由は、まさにここにある。

　いわゆる構造主義は、こうした概念化の作業を、可視的な現象のレベルにとどめることなく、現象のレベルでは認知しえない隠された構造のレベルにまで拡大することが必要であることを明らかにした。こうした知的言説をふまえつつ、テレは、「社会」という対象を非顕現的な構造のレベルと、抽象化された関係のレベルにおいて捉えようとする。彼が、現前する社会を「社会」というタームで表現するのではなく、「社会的なるもの」というタームで表現するのは、まさにこれらのレベルで「社会」を認識しようとするからである。したがって、「社会的なるもの」とは、構造レベルでの社会の概念化＝表象から得られる、メタ・レベルでの「社会」の概念のことであり、現象レベルでは認知されえない「社会の構造的・関係的構図」を表象する概念である。なお、以下で「何々的なるもの」と表現されるすべての諸概念は、こうした定義に基づいていることに注意されたい。

　さて、この概念化の作業は、まず社会を実体的に捉えることをやめ、「関係」として捉え直すことから始まる。つまり、社会を実体的個人の単なる集合体、あるいは共同体と見なすことを拒否して、方法論的個人主義にもホーリズムにも与することなく、「関係的アプローチ」から出発する。関係は次の二つのタイプに分けられる。一つは「経済レベル」と呼ばれる「人とモノ」との関係であり、もう一つは「政治レベル」と呼ばれる「人と人」との関係である。

　「経済的なるもの」と呼ばれる経済的秩序は、この二つの関係を含んでいる。すなわち、経済的秩序は「経済レベル」と「政治レベル」という二つのレベル

をもつ。また「政治的なるもの」と呼ばれる政治的秩序も、この二つのレベルをもつ。このことは、次の点に着目すれば容易に理解できる。政治的秩序を維持するには、権力システムだけでなく、課税と公的サービス提供のためのシステムが不可欠である。また、経済的秩序を維持するには、商品の生産・交換システムだけでなく、所有権システムが不可欠である。要するに、政治的秩序の中にも「経済」が存在し、経済的秩序の中にも「政治」が存在する。

　そして各々の秩序は次のような固有の合理性を有している。経済的秩序では「収益性」という価値を追求することが合理的である。また政治的秩序においては、必ずしも収益性とは結び付かない、「合目的性」という価値を追求することが合理的である。したがって、経済的なるものおよび政治的なるものは、それぞれ固有の論理をもっており、その限りで「自律的」である。ここから概念上、経済的なるものと政治的なるものとが「分離」されることの意義が説明されうる。このように、それぞれの秩序は分離されているが、後で述べる象徴的媒介である法と貨幣を介して相互にコミュニケーション可能である。

　しかし、このどちらとも重なる部分を有するもう一つの秩序がある。それは、テレが社会的なるものにおける究極的な「基礎的関係」と見なす、「家族的秩序」である[8]。これは、モノの生産（ただし小商品生産という形態）と消費および人の生産と消費の双方に関わる混成的社会空間を形成する。特に経済的蓄積、政治的蓄積にとって、土地と並ぶ重要な資源である人口の供給を左右するという点で、家族的秩序は社会の究極的な関係性の基礎である。

　だが、それぞれ固有の論理で運動するこれらの秩序を結び付け、社会としての首尾一貫性を確保することが必要である。これはどのようにして保証されるのだろうか。テレはここで、社会的なるものの位相学的アプローチの核心をなす、「象徴的媒介」というカテゴリーを導入する。この象徴的媒介とは、制度の経済学諸学派が「制度」という概念で表象しているものにほかならない[9]。

2.3　象徴的媒介としての貨幣・法

　ところで、この「象徴的媒介」とは、いったいどのようなものなのであろうか。G. ジンメルの『貨幣の哲学』の象徴機能論および J. ピアジェに代表される構造主義的記号論に依拠して、テレは、次のような社会認識論から「象徴的媒介」を定義する（Théret, 1992, 邦訳 pp. 105-108.）。

15

図 1-1　三つのレベルのインターフェイス

＜現実世界＞　　　　　　＜象徴世界＞　　　　　　＜想像世界＞
人間とモノの関係　←→　モノとモノの関係　←→　人間と人間の関係
（経済レベル）　　（1）　（象徴レベル）　　（2）　（政治レベル）

出所：Théret（1992）邦訳 p. 106.（なお上段の語句は筆者が加筆した）

　まず、社会的なるものにおいては、一方で経済的関係（人とモノとの関係）からなる現実世界が、他方で政治的関係（人と人との関係）からなる想像世界がある。そして、この二つの世界からなる社会的なるものには、その境界領域としての象徴世界が存在する。これら三つの世界は、分離されているが首尾一貫性を有しており、その社会の首尾一貫性を保証している（それぞれの世界の分離を制限している）のは、この象徴世界である。
　テレは、こうした世界を図 1-1 のような図式で表現している。
　まず、経済のレベルにおいては、人間とモノの関係は純粋に経済的関係（人がモノを生産し、消費する）として機能し、また政治のレベルにおいても、人間と人間の関係は純粋に政治的関係（人が人を支配する）として機能する。このレベルだけでは、象徴的なるものは、経済や政治のレベルそのものの中に取り込まれており、その限りで、経済と政治はあたかもそれぞれ自律的なものとして機能しているかのように見える。だが、前節で述べたように、現実には、経済の中にも政治は存在し、逆もまたしかりなのであるから、これら二つのレベルを全体として本質的に媒介しているものがなければならないはずである。したがって、象徴レベルは政治や経済のレベルの成立以後に挿入された関係ではなく、それら二つのレベルと共時的に、す・で・に・常・に・存在しているものでなければならない。
　次いで、この象徴レベルは、経済と政治という二つのレベルそれぞれの内部で機能すると同時に、それらのレベルの間を行き来することができる、モノとモノとの関係からなっている。このモノは、経済と政治のレベルのそれぞれの内部において、人が表象することができ、その関係を構造化することができるモノであると同時に、あるレベルから他のレベルへ移行可能なモノでなければならない。つまり、象徴レベルにあるモノは、二重の意味で媒介的である。この限りにおいて、どちらのレベルにおいても、そのレベル内部でのコミュニ

ケーション（人とモノとの交換、政治的支配の行使）の際に、それらのレベル内部で媒介機能を果たすと同時に、それらのレベルの間を行き来できる、何らかの量的かつ質的に認識可能な共通記号が存在しなければならない。

この共通記号こそが象徴的媒介であり、より具体的には「貨幣」・「法」・「言説」なのである。図1-1で言うと、(1)の右側の矢印と(2)の左側の矢印が象徴的媒介の機能を意味している。前者は経済的関係が一つのモノ記号に物象化され、そのモノ記号の形態の下で象徴化されていることを意味する。同時に、後者は政治的関係が一つのモノ記号に非人格化され、そのモノ記号の形態の下で象徴化されていることを意味する。つまり、人とモノからなる経済的関係は、モノ記号の形態をとって表象され、経済レベルにおいて、人はそのモノ記号によって自らが経済的存在であることを認識し、その記号を所有することによって社会的に位置づけられる。他方、人と人との関係もまた、モノ記号の形態をとって表象され、政治レベルにおいて、人はそのモノ記号によって自らが政治的存在であることを認識し、その記号を所有することによって社会的に位置づけられるのである。

こうした各々のレベル間の媒介を経た後に、経済と政治のレベル各々の内部において、象徴的媒介としてのモノは、次に非物象化されたモノとして、また非人格化されたモノとして立ち現われる。矢印で言うと、前者の機能が(1)の左側の矢印であり、後者が(2)の右側の矢印で示されている。象徴的媒介は、何よりもまず経済と政治のレベルを媒介するが、その媒介を経た後は、各々のレベル内部で自律的に機能する。経済と政治があたかも自律的であるかのように見えるのは、この象徴的媒介が、現象レベルではそれぞれのレベル内部に内包されているかのように見えるからである。

要するに、「象徴的媒介」とは、それぞれの世界の価値形態を表象し、コミュニケート可能にするモノ記号のことである。このモノ記号は、人間が概念化したものであると同時に、あたかも現実的なものであるかのごとく想像できるものでなければならない。この条件を満たして初めて、モノ記号としての象徴的媒介は、二つの世界に共通の価値形態として表象される。それこそが、象徴的媒介としての「貨幣」・「法」・「言説」である[10]。

たとえば、貨幣という象徴的媒介による「概念化」あるいは「表象」という操作は、「労働力」を例にとれば容易に理解できる。労働力それ自体はモノで

はなく、決してその人から分離することができない。つまり、貨幣が存在しない場合、ある個人と労働力との関係は人と人との関係である。ところが貨幣が介在すると、労働力は賃金として貨幣的に表象される。その結果、労働力はモノである他の商品と通約可能になる。こうして人と人との関係（政治レベル）と、人とモノとの関係（経済レベル）との間に等価性が作り出される。

　貨幣と法とは、秩序内部の経済レベルと政治レベルとのコミュニケーションを可能にし、各々の秩序を橋渡しするという意味において、「媒介」である。また、この場合、象徴的媒介は各秩序がもつ機能を有効にする。特に各秩序の再生産を可能にするという意味において、象徴的媒介は「機能的形態」をとる。加えて、貨幣と法とは、政治的秩序と経済的秩序という異質な秩序を結び付け、一定の首尾一貫性を保証する作用も有する。この場合の象徴的媒介は、「非機能的形態」つまり「レギュラシオン形態」をとる。そして機能的形態だけでなく、レギュラシオン形態を介して初めて、社会的なるもの全体の相対的に安定的な維持が可能になる。さらに、これによって先に述べた従来のレギュラシオン・アプローチにおける方法論上の難点が回避可能となる[11]。

　また、こうしたレギュラシオンの主要な作用は、「構造的に定常的なるもの」として諸実践を編成することである。つまり、「争点となっているコンフリクト」を、「もはや社会関係を不断に見直すことではなく、社会関係が決定づける支配的ポジションへのアクセスを目指すための闘争」（*ibid.* 邦訳 pp. 76-77）へと方向づけることが、レギュラシオンの主要な作用なのである。

3　国家の有機的循環の構図

3.1　社会諸関係としての国家

　以上、政治の秩序、経済的秩序、象徴的媒介という概念を用いて、社会的なるものの「階層化された」位相学的布置が描き出された。しかしながら、このような布置はなおも抽象的・静態的分析にとどまるものであり、より具体的で活動的（pratique）な政治的・経済的レベルを反映した布置へとは到達していない。われわれにとって重要なのは、経済的・政治的秩序の両方における関係性がどのように構造化され、機能するのかを考察することである。

　ここでテレは、資本を社会的経済諸関係と見なし、その機能的循環を再生産

表式によって明らかにしたマルクスに倣い、国家を「社会的政治諸関係」として定義し、その有機的循環を明らかにしようとする。前節で述べたように、関係的アプローチから見て、政治的秩序の中にも「経済」が存在し、経済的秩序の中にも「政治」が存在するのであれば、そうした秩序における機能的表現としての国家と資本もまた、次のように捉えることができるであろう。

> 国家は、その一面で資本である限り、純粋な経済的関係の全くの反対物ではありえない。同様に、資本は、剰余の蓄積を可能とする経済的関係であるとともに、この蓄積を管理する経済的関係の支配を可能にする政治的関係である。国家はこの剰余そのものの領有に関わる経済的関係である。この2つは不可分である。国家はこの剰余そのものの領有に関わる経済的関係であるとともに、諸個人に対する支配に関わる政治的関係である。(*ibid.*, 邦訳 p. 96)

国家を「政府」という単なる政治的関係と混同してはならない。ましてや国家を単一の「主体」と見なしてはならない。政治が人による人の支配である限り、関係の先在性を無視して国家を語ることはできない。国家は自律した主体間で繰り広げられるゲームの帰結や「状態」などではなく、社会的構成員の一方が他方に、他方が一方に相互に影響を与えあって構成されている「階層的な政治的関係」なのである。それは「対極にいる他者たちとの関係のなかで共有する状況に応じて人間を集団に帰属させ、そうして人間を社会化するもの」であり、「社会的行為者（人と集団）が一定の（支配についての）『政治的労働過程』（の総体）の枠組みのなかで相互に対峙するような関係」である（*ibid.*, 邦訳 pp. 54-55）。

3.2 国家の機能的形態

社会関係としての国家は、資本がそうであったように、機能的形態をとる。それは原型的形態としては政治的形態であるが、同時に経済的形態でもある。政治的・経済的形態としての国家は、先の位相学的相同性を用いれば、「象徴的媒介的機能」を必要とする。これが貨幣・法という象徴的媒介によってもたらされる国家の「課税・財政および通貨・金融形態」である。そして資本が貨

幣、そして商品へと「機能的に変態」するように、国家もまた機能的に変態しなければならない。

　これら象徴的媒介がもつ自己言及的調整(オート・レギュラシオン)の作用は、こうした国家の諸機能を結合する一方で、文化的・教育的イデオロギーといった他の象徴的媒介の作用がその結合を強化する。ただし、こうした機能諸形態の結合様式は、国民国家という社会的統合空間の成立以前と以後とではまったく異なったものとなる。

　総じて「近代国家」は、次の二つに大別される[12]。第一に国民国家成立以前の近代国家、第二に、国民国家成立以降の近代国家がそれである。

　第一の近代国家の政治的形態は、「所与の領土の下で物理的暴力の正統な行使を独占する」ことに基づく形態であり、その経済的形態は「租税を独占する」ことに基づく形態である。そしてこの近代国家においては、これら二つの形態は「無媒介」に結合される。なぜなら、直接的暴力をもって行なわれる人による人の支配（政治）は、その領土に居住する社会的構成員（テレのタームでは「人口」）の承認を伴うことなく、「強制的に」経済的資源（租税収入）を引き出すことができるからである。

　ここで貨幣は文字通り単なる媒介である。国家は財政（国庫）維持のために、共同体が生み出した生産物を強制的に貢納させ、その剰余を単に貨幣的形態をもって受け取るだけであり、その政治的使途はまったく問われない。法もまた、法を介して社会的構成員に対して間接的に国家の正統性を承認させるという意味での象徴性を行使する必要性をもたない。軍事力としての人口は家族的秩序から直接動員され、社会的構成員（より具体的には、名誉のために闘う貴族など）は何の対価もなく強制的に国土防衛の任に就かされる。これは、いわゆる政治的な絶対的支配である。したがって、この空間における国家の経済的形態は「租税国家」であり、政治的形態は「強制国家」である。

　第二の近代国家においては、その機能形態の結合様式は異なったものとなる。ここでは、社会的統合空間の構成要素である家族的秩序は、共同体的構成から「権利主体」による構成へと変化する。いわゆる「国民」概念の発生である。国民は国家の物理的暴力による政治的支配のくびきから逃れ、法を通じた相対的支配を甘受する。と同時に、国民は国家のものであった政治的権利の一部を付与され、限定的ではあるが政治的自由を有した主体となる。国民は一定の「権利能力」を有するのである[13]。この権利能力の蓄積を通じて、国家の政

治的正統性が象徴的に承認され再生産される。権利能力とは法を介して国家と国民との間で取り結ばれる政治的債権・債務のことであり、この能力は政治的過程の中で蓄積される。この蓄積の様態は国家の政治的正統性の再生産に影響を与えることとなる。これが「法治国家」である。

　この近代国家において、租税の独占、つまり課税には、その政治的正統性の根拠が求められる。政治的正統性は、あらかじめ国民に付与された「権利能力」によって保証され、国家の主権を再生産する。こうした政治的正統性を「前提」にして課税が行なわれ、「権利能力」を再生産するために生産的経済へ国庫からの支出が行なわれる。重要なのは、貨幣という象徴的媒介を介して作用する、この租税支出がもつ政治的機能形態である。たしかに生産的経済への支出は、直接的・物理的に何らかの形で経済の改善に寄与する点で経済的機能を有するが、他方でこの支出によって国民が国家の正統性を象徴的に承認するという意味において政治的機能をも有する。したがって、この支出は必然的に「公共性」をもたねばならない。これが象徴的経済的形態としての「支出国家」であり、象徴的政治的機能としてのこの国家は、「所得の再分配と質的に適切な支出の割り当てを通じて〔……〕国家の正統性を保証する」(*ibid.*, 邦訳 p. 164)。

3.3　国家の有機的循環

　こうした国家の機能的循環に加えて、もう一つの重要な機能的次元が存在する。それは国家が国内的次元と対外的次元の両方において固有な機能形態をもつということである。テレによれば、何よりも近代国家は、軍事的独占という政治的関係を原型とするのであるから、その対外的形態は国家が他の国家と「戦争を行なう主体である」ということに求めることができる。これが対外的な「軍事国家」である。

　ただし、ここで重要なのは、何よりもまず、国家が「固有の現実性として国家を基礎づける外的次元と、外的次元によって道具化された内的次元を同時に保持する」点である (*ibid.*, 邦訳 p. 152)。つまり、「国家はその内的な領土的主権を拠り所として、他の諸国家との協調のなかで自らの地位を保持し、改善する」(*ibid.*, 邦訳 p. 153)。国民国家間には国内におけるような「独占的な政治的正統性」は存在しない。その意味で国家間関係において、各々の国家は常にそのヘゲモニーの獲得を目指して競合している。同時にまた、このような軍事国

図1-2　生産的資本の機能変態の循環における貨幣

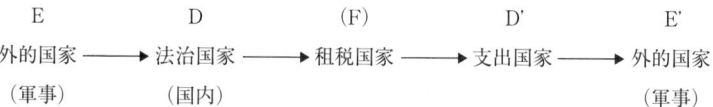

出所：Théret（1992）邦訳 p. 157 より抜粋。誤植箇所を一部訂正。
注：Eは、国家、国家の外部性、物理的暴力の行使、国家の本質的形態を、Dは、法、債務、贈与、分配、支出を、Fは国庫を、それぞれ表わしている。

図1-3　近代領土国家の拡大再生産の機能的諸循環

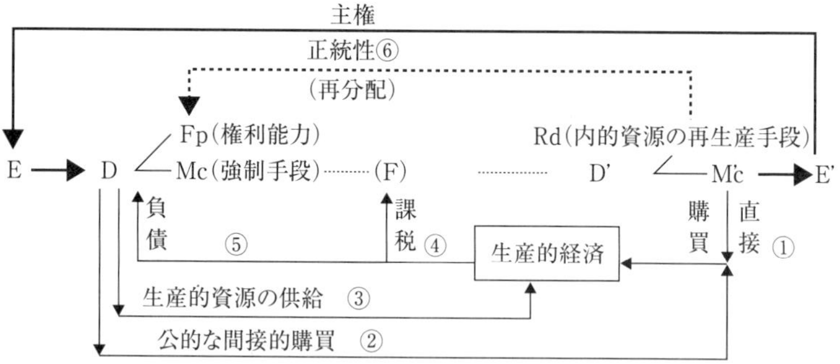

出所：Théret（1992）邦訳 p. 157 から抜粋。

家は、内的な政治的主権なしには存在しえない。このような次元を導入したうえで、近代領土国家の機能的循環を図式化すれば、図1-2 になる。

さらに、こうした国家の政治的機能形態の循環が生産的経済とどのように連関し、拡大再生産されていくのかを図示したものが、図1-3 である。

順を追って確認しよう。まず外的国家は、課税を行なうために、自らの領土主権を軍事的独占に基づいて確保していなければならない（図1-3 上部の太線）。この軍事力を背景に、国家は、自らの「対外的」正統性にとって必要な強制手段（軍事力）を生産的経済から直接購入する（①の矢印）。さらに、国家は、国家機構を維持するために、軍事力以外の必要な財・サービスを生産的経済から購入する（②の矢印）。このような「購入の後」で、国家は、国庫からの財政的支出を通じて、インフラストラクチュアの建設など、生産的経済における再生産の基礎を供給する（③の矢印）。次いで、国家は生産的経済に課税し租税収入

を得る（④の矢印）。ここで国家は、課税に対する対価を生産的経済に与えねばならない。これは、その対応物として国家が生産的経済に対して公的な政治的債務を負うということである（⑤の矢印）。したがって、国家は課税から得られた租税収入を「支出」することで、この債務を返済しなければならない。最後に、（近代国家の下では特権階級のもつ権利能力に応じて）国家収入を再分配することにより、国家の「対内的」正統性が保証されることとなる（⑥の矢印）。

4 「体制」および「レギュラシオン」概念の再構成

4.1 象徴的媒介としての課税・財政／通貨・金融体制

かくして、われわれは近代国家の拡大再生産に関する構図を得た。だが、この構図は、あくまで理念型であり、現象的レベルにおいてこうした再生産は、往々にして危機に陥る。このようなレベルを分析するために、レギュラシオン・アプローチは、中間的モデル化としての「体制（レジーム）」および「レギュラシオン」の概念を導入する。たとえば、いわゆるフォーディズム分析の際に定式化された「フォーディズム的蓄積体制」や「管理されたレギュラシオン」がそれである。テレは、この体制のレベルにおいても、先の抽象化された位相学的分析と同様に、国家の機能的循環を定常的に再生産するためには、貨幣と法という象徴的媒介が重要な役割を果たす、と主張する。これが「課税・財政／通貨・金融」体制（Régime Fisco-Financier: 以下、RFFと表記）である[14]。

ここでの「課税」とは、前節での定式化に従えば、租税国家が貨幣的形態で租税を徴収できることを意味すると同時に、あらかじめ法治国家が国民に権利能力を付与すること（国民にとっては政治的債権の保有）によって初めて課税可能であることを意味する。さらに「財政」とは、支出国家が租税を貨幣的に支出することを意味すると同時に、この支出をもって国家が国民に対して政治的債務を象徴的に返済することを意味する。重要なのは、こうした「課税・財政」の様態は、国民国家空間が歴史的・具体的にとる形態に応じて、多様な様相を帯びるということである。したがって、各国が相異なる経済的・政治的発展を遂げるのは、こうした課税・財政体制に差異が存在するからである、と理解される。

次いで、ここで言う「通貨」とは、先に言及した象徴的媒介としての属性を

もつ貨幣がとる歴史具体的形態のことである。歴史的に振り返ってみても、貨幣機能は、金属貨幣、民間銀行貨幣、中央銀行貨幣、公的・私的主体が裁量的に発行する様々な債券証書といった形態をもって、互いに競合しつつ経済の中で発展してきた。

　また、経済システムにおける諸通貨間のヘゲモニーは、システムの歴史的経路依存性に従いつつ、政治的蓄積過程の中で変容する。たとえば、国家が強権的に課税・財政政策を実施しようとしても、金属貨幣が経済において支配的で、金属貨幣そのものの流通に物理的制約がある場合、拡張的な財政政策は、富者からの強制的な借入や国債の発行に依存しなければならない。このような制約を克服するために、中央銀行制度が創出され、紙幣の発行が考案されるのであるが、これは、すでに述べたような、国民がもつ政治的債権と国家による政治的債務からなる関係による、一定の信任の成立を必要とする。したがって国民国家空間は、貨幣制約をどのような制度的形態でもって制御するのかについて、歴史的に構成される相異なる「金融システム」の発展を、すなわち「制度的妥協」の発展を経験する。

　かくして、このような制度的・象徴的媒介の歴史具体的形態としての課税・財政システムや通貨・金融システムが、政治システム・経済システムの双方に架橋し、それらを定常的たらしめているのである。こうしたシステムの「状態」を総体的に表現するのが RFF であり、体制を体制たらしめている「象徴的媒介」が果たす「機能」の総体的表現が、レギュラシオンである。

4.2　レギュラシオンの理念型モデル

　次いで、テレの言う RFF においては、権利能力の「政治的蓄積」過程の分析が重要となる。体制のレベルでは、政治的蓄積のあり方は、当該の国民国家が依存する歴史的文脈に応じて、「外延的」であったり「内包的」であったりする。前者のケースでは、国家の政治的主権が物理的領土の拡大を通じて再生産されるのに対し、後者のケースでは、領土国家内部で国民の権利能力が政治的に蓄積されることで、国家の政治的正統性が保証される（象徴的資本の蓄積）。さらに、この内包的蓄積は、政治的支配の属性によって二つのレベルに区別される。物理的暴力の独占による絶対的支配（いわゆる独裁モデル）と法による相対的支配（民主主義的モデル）がそれである。加えて、権利能力は国

家による一方的な「無償の贈与」によって構成されるケースと、市場において貨幣的媒介を通じて構成されるケースとがある。前者は「社会的諸権利」によるものであり、後者は「年金システム」などのいわゆる社会福祉制度に関わるそれである。

　体制レベルでの、政治的蓄積のこうした類型化は、「レギュラシオン」のレベルにおける四つの理念的体制をもたらす[15]。すなわち、「外延的・絶対的」モデル、「内包的・相対的」モデル、「外延的・相対的」モデル、「内包的・絶対的モデル」がそれである。こうしたモデルは、RFFがレギュラシオン機能を有している限りにおいて、再生産される[16]。

　しかし、自律的な経済的蓄積体制ないし政治的蓄積体制の、どちらか一方ないしその両方が危機に陥ったとき、RFFもまた、その調整能力を喪失する。政治的正統性に疑問が付され、国家への信頼が崩壊している情勢での課税の増大および財政的乱費は、歴史が示す通り、国家そのものの崩壊をもたらすだけである。とりわけ資本が国家を凌駕するような事態が生じた場合、国家の政治的正統性は浸食され、新たな「国家」による新しい政治的正統性が確立されねばならない。しかしこのような危機こそが、新たな政治的・経済的レギュラシオン・モデルを生成する契機なのである。

5　モデルの歴史分析への適用

5.1　フランス財政史への分析の応用

　すでに述べたように、国家の有機的循環において最も重要な媒介的機能を果たすのは、実践的形態としての、法形態、課税・財政形態、通貨・金融形態である。実際、租税の徴収方法やその支出形態の様態は、きわめて政治的に形成される。たとえば、テレによれば、理念的には徴税という経済的行為の実施は国家の政治的正統性によって保証されるものであるが、たとえば、フランス絶対王政時の正統性は、「法治＝間接的暴力」によってではなく、徹頭徹尾「軍事＝直接的暴力」によって確保されていた、という。このような正統性の確立を媒介する制度としての課税・財政システムは、どのような正統性に依拠しているかによって、実践的レベルにおいて様々な形態を取りうる。どのような「モノ」や方法で税を徴収できるのか、租税の管理や支出の様式はどのような

形態をとるのか、さらには租税を経済的に測定する仕方（計算単位としての通貨制度など）は弾力的に運営可能か否か、といった事柄は、政治的権力の構成様式（絶対王政下での官僚制や議会制、中央主権や地方分権など）によってきわめて大きな差異を有することとなる。

テレによれば、絶対王政においては、直接税と間接税という現代に至るまで続く租税形態の原型がすでに確立していたが、君主政体の正統性がきわめて脆弱であったため、「税としての一般性」を欠くものであったという。したがって、君主政体は資産からの「臨時徴税」や売官制度によって国庫の均衡を図らざるをえなかった。また、実際の税徴収そのものを「徴税官」たちに委託していたことは、慢性的な国庫金の不足を招き、君主政体は、土地レントや、特権者たちが蓄財した資産から借り入れることによって財政の均衡を図らねばならなかった。また、フランス革命以後の自由主義の時代においては、何度となく繰り返された通貨操作がインフレーションの危機を招き、紙幣の発行は銀行資本家たちに活躍の場を与え、結果的に革命以後のブルジョワジーの台頭を許したのである。

5.2　絶対王政と公共財政資本主義

こうした構図に従って、テレは、フランス革命前の社会システムは、政治的なるもの（宮廷政治、戦争）が支配的であり、経済的なるものは二次的なもの（宮廷経済の維持、戦争のための経済的資源の確保）に過ぎなかった、と断定する。つまり、経済的なるものは政治的関係をめぐるコンフリクトの資源として機能し、コンフリクトからもたらされる政治的妥協に基づいて課税・財政制度および通貨・金融制度が配置され、経済的蓄積およびその剰余は RFF によって分配される。この RFF は王国の物理的領土の維持・拡大に適合的なレジームであり、今日的な意味での「公共」性を有するものではなかった。実際、国庫からの支出の大部分は、戦費への「浪費」であり、公共財政そのものが自らの領土拡大という軍事目的のためのものであった。つまり、生産的経済から生み出された経済的剰余のほとんどが、国家を介して領土拡大という政治的蓄積に転化されたのである。課税・財政は限りなく金儲けの道具に近いものでしかなく、国家はその剰余を政治的にも経済的にも内的再生産に利用しなかった。テレが絶対主義期の資本主義を「公共財政資本主義」と称するのはこのためで

ある。ちなみに、絶対主義期の国家は企業に擬せられており、公共財政そのものが利潤獲得という経済的機能を有していた。とりわけ、貴族や宗教者は課税特権を有しており、直接税の大部分は農民を対象としたものであった。しかしながら、当時経済的秩序における主要な機能形態であった農業は、生産経済そのものとしてはあまりに未発達であった。したがって、経済システムとしての公共財政資本主義と政治システムとしての絶対王政との関係はきわめて非対称的であり、RFF そのものは脆弱な経済的蓄積と単一の支配諸集団へと集中する政治的蓄積を再生産するために、繰り返し危機的なレベルに至る財政破綻を経験しなければならなかった。

5.3 システムの効果としての破産と破産的な RFF のリズム

こうしたことからすれば、絶対王政における課税・財政システムは次の二つの諸限界に直面していた。すなわち、システムが依拠している生産的経済の諸限界と、法・財政体制の根幹である政治の諸限界とがそれである。ここでは経済的なるものは操作不可能であり、ただ政治ゲームだけが危機に対して解決策を与えることができる。しかしながら、逆説的ではあるがこのような社会システムにおいては、課税・財政システムの破産へと至るリズムの存在そのものが、政治的秩序内部での社会的緊張を安定的な均衡へと復帰させるのである。つまり、生産的経済のきわめて深刻な停滞の中で政治的秩序における政治そのものの変化が望めず、政治的秩序の中での経済性を体現する「課税・財政」という変数の操作しか選択の余地はなかったからである。このような破産的な RFF の実証分析は、Théret (1992) の Ch. 5 前半でなされており、それによれば、絶対王政は課税・財政的蓄積においてほぼ 60 年周期の長期循環を経験している。そして各期の期末にはきわめて激しい課税・財政的危機が到来しているのである。

6 社会的なるものの位相学アプローチ
　　――評価

以上のような、テレの社会経済システムの認識論および歴史的分析から得られるものはいったい何であろうか。

まず、社会システムはそれぞれ自律性をもつ、政治的なるもの（人と人との

関係としての「政治」と経済性）と、経済的なるもの（人とモノとの関係としての「経済」と政治性）とに分離されている。「政治的秩序や経済的秩序」からなる構造は、象徴的媒介としての法や貨幣の作用（レギュラシオン機能）を介して、定常的に再生産される。国家は、単純な政治的主体ではなく、社会的政治関係の総体であり、社会的なるものにおいて機能的形態を有する。こうした位相は、社会的なるものにおいて普遍的な構図である。

　そして、こうした位相学的認識による社会システムの理解を実証分析につなげるための中間的モデルが、「体制（レジーム）」概念である。歴史具体的レベルにおいて、生成・発展・消滅する象徴的媒介としての「課税・財政／通貨・金融体制」のおかげで、社会経済システムは一定期間安定的に調整される。また、このシステムは、体制そのものが当該社会空間の歴史的経路依存性に従う限りにおいて、地理的・空間的多様性を有する。経済情勢および政治的ヘゲモニーの変化に伴い、既存のレジームは徐々にその調整能力を喪失し、新たに成立した経済情勢および政治的ヘゲモニーに従って、新たなレジームが確立される。これがレギュラシオン様式の転換プロセスである。

　かくして、社会経済システムにおける国家と経済との関係の分析について、テレの分析枠組みがもたらした貢献とは次の点である。すなわち、経済的なるものと政治的なるものとの位相学的分析においては、まず何らかの社会的レギュラシオン様式の存在を仮定し（さしあたり何らかの形で社会的なるものが維持されているということ）、RFFの長期的循環に関するモデルを構築して、RFFの基本構造を、課税・財政形態と通貨・金融形態との相互規定性・相補性・不斉合性、非対称性の探求という観点から実証的に分析することが重要であるということを明らかにしたことである。したがって、危機に陥っている諸経済を政治的要因まで含めて検討する場合、経済制度の変化という側面から分析することに加えて、その経済を支えている課税・財政的制度および通貨・金融制度の諸変化という側面からも分析することが肝要となる。経済学は、こうした必要性を認めながらも、それを理論のレベルにきっちりと取り入れることを頑なに拒んできたのではなかっただろうか。テレの試みは、このような意味において、革新的な方法論を提示していると言えよう。

7 結びに代えて

　しかしながら、ここに至ってレギュラシオン・アプローチは、新たな課題に直面しているように思われる。なるほど、こうしたテレの理論によって、方法論的見地からすれば、従来のレギュラシオン概念が抱えていた目的論的理解に伴う矛盾は解消された。しかしながら、依然としてレギュラシオン様式は、「事後的に確認されるもの」に過ぎない。現実の政策レベルにおいて必要なのは、危機脱出の諸方策である。レギュラシオン様式が経済的・政治的契機からもたらされる「思わざる」制度的媒介（課税・財政／通貨・金融システム）の生成・発展・消滅に決定的に依存するものでしかないのであれば、システムの効果もまた「事後的にしか」確認できない。いかにして危機からの脱出を「制度的」に方向づけ、誘導するのか。言い換えれば、どのような課税・財政／通貨・金融体制を考案・創出できるのか。これこそが、現在のレギュラシオン・アプローチに突き付けられた最重要の課題であろう。

　今やグローバリゼーションの下で、国家による経済的介入への全面的依存やレッセ・フェールといった古典的な経済制御の手法は、理論的にも実践的にもほとんど有効性を失っている。この閉塞が、レギュラシオン・アプローチの言うレギュラシオン様式の限界を意味するのであれば、テレの見解をふまえたうえで求められる改革とは、次のようなものでなければならないであろう。すなわち、経済の発展にインセンティブを与えるような経済的蓄積体制を維持しつつ、同時に社会的構成員の「政治的蓄積」を高めるような、政治的・経済的制度をデザインすることである。歴史的に見れば、国民国家の成立は、旧体制型の国家の解体をもたらし、政治的・経済的蓄積の相互依存関係の中で、現在に至る社会的なるものの発展をもたらした。このような構図を現代の情勢に当てはめて類推することが許されるならば、もしかすると、国民国家という社会的統合空間もまた、「社会的なるもの」にとって適切な空間でなくなっているのかもしれない。新しい「社会的なるもの」の空間において、可能な経済的・政治的蓄積の体制（レジーム）とはどのようなものとなるのであろうか。以下の諸章で、その可能性を探っていこう。

⑴　たとえば、Aoki（2001）は、ミクロとマクロの制度的接合のみならず、その接合を基軸とした進化ゲームによる経済システムの変化を、徹底した方法論的個人主義およびハイエク的な自生的秩序論に基づきながら論じている。
⑵　当然のことながら、こうしたいわゆるマルクス派の理論家たちだけが、経済と国家の関係の分析に取り組んできたわけでは決してない。新古典派経済学を中心とした伝統的経済学もまた、上記の諸学派と方法論的視点が異なるとはいえ、国家（ないし政府）を自らの理論的枠組みに組み入れることを怠ってはいない。しかしながら、伝統的経済学は、「それが経済科学であるがゆえのジレンマ」に陥っているように思われる。実際、こうしたアプローチにおいては、往々にして「市場と国家」という二項対立の図式が想定されている。このような図式においては多くの場合、国家は、経済にとって最小限必要な措置だけを行なえばよいとされながらも、不可欠の存在（アダム・スミス的な「夜警国家」観）であったり、経済の外部から強制力を発動する「急場の救いの神」（ケインズ主義的な国家観）であったりするのである。こうした捉え方においては、ややもすれば国家は、経済システムの「外部に」存在する、固有なレントをもったゲームのプレーヤーに過ぎない、と理解されがちである。
　　また、加えて強調すべきは、こうした対立関係に基づいた国家理解が、マルクス派の国家理論家においても、分析視角の相違こそあれ、まったく同様に見られるということである。本論においても後述するように、彼らの分析における最大の欠陥は、多くの場合国家をネガティブな意味での「支配の装置」と見なし、ポジティブな意味でのその機能性にほとんど言及してこなかった点にある。われわれが考えているのは、国家をめぐる、こうした二大学派の見解をともに相克するアプローチである。以下で展開されるテレの議論は、こうした問題意識への完全な解答ではないにせよ、一定の方向性を見いだすうえできわめて有意義である。
⑶　しかしながら、周知のように、新古典派的な国家理解とは異なる、こうした問題に対する提言はすでに存在している。R. ゴルトシャイトをもって嚆矢とする A. ワグナーの財政学や、『租税国家の危機』において J. A. シュンペーターが論じた「財政社会学的アプローチ」がそれである（神野，1998）。こうしたアプローチをベースに、社会を社会システム・経済システム・政治システムという三つのサブ・システムからなるものと仮定し、それぞれの「媒介環」として国家の財政を位置づける、神野直彦らの分析（同上，p. 10）は、以下で論じるわれわれの社会システム認識ともある程度の近親性を有していると思われる。
⑷　テレの研究をサーベイしたものとして、日本語文献では若森（1996）、中原（1997; 2000）がある。また、テレ自身が自らの議論を簡潔に総括したものとして、Théret（1994; 1996）がある。
⑸　本節の議論は、中原（2001）の一部を再構成したものである。なお、以下の諸節の議論は、特に断りのない限り、Théret（1992）Ch. 1 から Ch. 5 をサーベイしたものである。
⑹　もっとも、正確に言うならば、その後のレギュラシオン・アプローチにおける理論的展開の中で、こうした標準的な制度諸形態の構図は大幅に修正されている。なぜなら、各々の制度諸形態が賃労働関係を中心にして機能的に作用するという構図は、フォーディズム的蓄積レジームの転換とともに、再考を余儀なくされたからである。こうした構図に変化が生じた要因の一つは、90年代以降進展した各国経済におけるレギュラシオン的分析の成果をふまえて、「制度諸形態の階層性」という構図が重要視されるようになったことにある。こうした構図に従えば、中心となる制度諸形態は、各国の国民的成長の軌道に応じて、またレジーム転換の中で、新たに位置づけ直されねばならないという。このような議論については、たとえば山田（2002）を、また日本経済のレジーム転換を論じた研究としては、Boyer and Yamada eds.（2000）を参照されたい。ただし、この階層性の問題を実証的に分析することに対しては、その有効性に疑問を呈する研究（宇仁，2009）も存在する。本書も基本的にこの指摘に同意するものである。

⑺　こうした機能主義は、方法論的には根本的に異なるとはいえ、Aoki (2001) Ch. 6 における「安定的均衡としての国家」論にも妥当するように思われる。なぜなら、たとえ自律した政治的ドメインにおけるゲームの帰結が「定常的な状態」としての国家をもたらすという考え方を了承したとしても、青木の言う「民主主義国家」「結託国家」「略奪国家」という政治的ドメインにおける状態もまた、社会経済システムを「補完するもの」に過ぎないからである。経済取引ドメインと政治的ドメインとの相互作用は強調されるものの、国家は最終的には経済システムの均衡達成のための機能的要素でしかないように思われる。

⑻　通常、伝統的経済学においては、社会の最小構成単位は「個人」（合理的経済主体）である。しかし、関係論的アプローチに従えば、このような仮説は受け入れられない。それゆえ、「家族」という関係による秩序が、社会における最小構成単位になるのである。

⑼　「象徴的」という形容詞は、ある種の参照基準を想起させるという点において、たとえば Aoki (2001) が主張する「共有信念としての制度」という概念とも共通するものであるように思われるかもしれない。だが、われわれは青木の議論と位相学的アプローチとは、次の点で根本的に異なっていると考えている（以下の議論は、Aoki, 2001, Ch. 1 から Ch. 4 までの議論によっている）。すなわち青木が主張する「制度」は、認識のレベルにおいて固有の物質性をもっていない。むしろそれは、認識のレベルにおいてきわめて不確実なものであり、主体が認知し、自己拘束的であると了解した時点で、初めて「実効化可能なモノ」となる。しかし、テレのそれはまったく異なっている。なぜなら、諸主体の関係性が先在的である限りにおいて、主体の認知にかかわらず制度はすでに物質性をもち（青木のタームを用いれば実効化可能な状態にある）、各々の秩序をコミュニケート可能な状態にしているからである。ここで言う「関係の先在性」とは、いわゆる社会学一般において、「社会化」された状態が議論の出発点であることとほぼ同義である。テレの言う象徴的媒介としての制度は、いわば諸秩序の中に埋め込まれ、それぞれの間を媒介する「モノ記号」に相等しい。なお、制度主義に関するレギュラシオン・アプローチからの総括は、たとえば Théret (2000) を参照されたい。この青木の理論（いわゆる比較制度分析）とレギュラシオン・アプローチの対比については、本書第 3 章を参照されたい。

⑽　Théret (1992) では、イデオロギーは文化的なるものをも包摂したものとして捉えられている。しかしながら、少なくともその 1992 年の研究段階では、貨幣・法がそれぞれ重要な役割を与えられているのに対して、イデオロギーは「社会的なるものの位相学」の中では明示的には取り扱われていない。だが、2001 年に書かれた「日本語版への序文」の中では、イデオロギーは「知的言説」として明確に象徴的媒介として定義されている（Théret, 1992, 邦訳 p. 9）。そこで以下では、象徴的媒介とは「貨幣・法・言説」の三つであることを前提として議論を進める。

⑾　こうしたテレの「象徴的媒介」概念に対して、レギュラシオン派の B. ビヨドーは、テレの貢献を認めたうえで次のように批判する。すなわち、テレは、政治的なるもの、経済的なるもの、家族的なるものを、一般的な社会化の水準として区別し、それを媒介するものとして象徴的なるものをその位相学に組み入れているが、この分化は、「三つの社会的実践水準（経済・政治・象徴）の区別に一貫性がない」ために、統一性を欠いている、と（Billaudot, 1996, p. 58）。つまり、象徴的なるものそれ自身も、「単なる媒介ではなく」、一般的な社会化の領域として認識されねばならないというのである。実際、ビヨドーは、象徴的なるものを上部に置いて、その下部に、経済的なるもの、政治的なるもの、家族的なるものを布置した図表を提示しており、下部から上部への連関関係を強調している（*ibid.*, p. 60）。なお、この批判については、慎重な検討を必要とするので、詳細については稿を改めたい。

⑿　本章では触れることはできないが、いわゆる産業資本主義に対応する国家は、「賃労働国家」と呼ばれる。詳細については、Théret (1992) 邦訳第 4 章を参照されたい。

⒀　ビヨドーが指摘しているように、これは「投票権や（国家防衛のための）徴兵に付随した、単なる政治的市民権を超える市民権」であり、いわゆる「社会的市民権」を意味するものである（Billaudot, 1996, p. 57）。

⒁　従来、Régime fisco-finacier というタームは、「課税・財政体制」（神田他訳, 2001）ないし「国庫・財政体制」（若森, 1996）と訳されてきたが、本章においては、この造語に「課税・財政／通貨・金融体制」という訳語を当てることとする。なぜなら、貨幣と法という二つの象徴的媒介を介して、経済的・政治的蓄積が自己言及的に調整されるこの体制においては、法的媒介によって方向づけられ、貨幣的に表象される国庫への歳入・歳出をめぐる課税・財政政策と、生産的経済全体で流通する貨幣（金属貨幣および債券証書などの私的貨幣）に対して法的に正統性を与え、その流通を調整する通貨・金融政策の両方が、主たる説明変数となるからである。

⒂　テレによれば、歴史的時期区分によるレギュラシオンの分類は、「領土的」レギュラシオンと「賃労働的」レギュラシオンの二つである。社会的なるものにおいて、前者のレギュラシオンが機能するのは、「土地所有」という諸価値が政治システム・経済システムの中心的価値となっている時代であり、後者のケースでは、賃労働者がそれらのシステムの中心に位置する時代である。詳細については Théret（1992）Ch. 4, 5 を参照されたい。

⒃　こうしたモデル化は、現代の各国民国家の発展様式を分析する際に適用可能である。たとえば、いわゆる高福祉で知られる「北欧型」の経済発展モデルでは、「内包的・相対的」RFF が妥当する、といった推論が成り立つであろう。

第2章　政治的・経済的蓄積の構造と制度的調整レギュラシオン
　　　──課税・財政制度を介した社会的調整の分析に向けて

1　問題の所在

　21世紀初頭の日本において、かなりの不平等感が広がりつつあるという。この不平等感とは次のようなものである。まず第一に、勤労者階層において所得格差が生じ始めていること[1]。第二に、社会経済構造の再生産という観点からすれば、社会的階層間移動が固定化しつつあり、個人の努力と社会的地位とが必ずしも同調しなくなってきていること[2]。第三に、税の不公平感が高まっていること、である。とりわけ第一、第二の事例と比べて、第三の税の問題は、その税の使途の問題とも相俟って、日常生活において容易に実感できることだけに、国民の関心はきわめて高いように思われる。
　実際、かつて高い水準に設定されていた所得税の最高税率は過去幾度となく引き下げられ、今やその累進度もかなり緩やかなものになってしまった。さらに1990年代後半の構造改革路線においては、財政再建が叫ばれ、課税最低限度額の引き下げや消費税率の引き上げといった税制改革が検討され、一部は実現された。対して、税の支出に関して言えば、その総額を抑制すべく、社会保険料の個人負担割合の増大による間接的な医療関連支出の削減が行なわれ、少子・高齢化を事由とした厚生年金支給額の実質的引き下げ案（マクロスライド制の導入）などが実施された。そして、こうした改革の進行に呼応するかのごとく、様々な行政の失敗（いわゆる「失われた年金」など）が明るみに出始め、行政に対する国民の信頼はますます低下する一方である。こうした日本の課

税・財政制度改革の現状は、政府と国民との信頼の絆が弱まっていることを兆候的に指し示しているのであろうか。

もっとも、こうした問いに正確に答えることは容易ではないし、本書の主たる目的でもない。本書の文脈からより重要となるのは、こうした一連の税制および財政改革を要請されるという日本経済の現状が、次のような日本社会の変化を指し示す事例の一つではないだろうかということである。すなわち今日の日本においては、様々な「課税・財政制度」を一つの争点として、かつて国家と国民との間で、明示的にか暗黙のうちにかは別として取り結ばれていた、ある種の「社会経済的妥協」が見直され始めているのではないか、という仮説がそれである。前章で述べたように、課税・財政制度は、経済システムの安定性や不安定性に影響を与える単なる貨幣的・行政的表象の歴史具体的形態という次元を超えたところにある、国民国家の社会経済的安定性を統御ないし阻害し、あるいはまた不安定性を制御ないし促進する制度装置である。そしてこうした制度を介し、様々な社会的アクター間で生ずる、現実の政治的かつ経済的対立や矛盾は一定期間弱まり、またこうした制度の改革が要請されるとき、制度のもつ調整機能が社会的アクター間で再検討されることとなるのである。

レギュラシオン・アプローチは、すでに日本においても数多くの実証研究を生み出しているが[3]、従来の研究は、もっぱら賃労働関係の制度的変容とマクロ経済的成長体制との関係を基軸にして論じられていたように思われる。また、われわれの興味関心からすれば、ややもすればその構図において、政府の経済的役割が静態的に捉えられる傾向にあったように思われる。

そこで本章では、前章に引き続き、「制度としての課税・財政システム」が、また国家そのものが、社会経済システムの安定性や不安定性にどのような役割を果たしているのかを、より動態的でマクロな社会経済システムの構図を再構築することによって再検討してみたい。検討の手順は以下の通りである。まず、われわれは、政治的なるもの（le politique）と経済的なるもの（l'économique）が「制度としての課税・財政システム」を介してどのように接合されるのかを、もっぱら方法論的見地から、ブルーノ・テレの研究成果（Théret, 1992）を援用しつつ[4]、根本的に再検討する。次いで、このような仮説に基づいて、現状分析を行なう際に必要となる諸概念を、暫定的なものではあるが、提示したい。

2 制度としての課税・財政体制
——政治と経済をつなぐものとしての税

　政府の活動を自らの経済理論の中にどのように位置づけるかという問題は、正統派、異端派を問わず、常に大きな論争を伴ってきた。実際、1960年代のケインズ主義全盛期には「大きな政府」、その後のネオ・リベラリズムの時代には「小さな政府」、という経済思想が先進経済諸国の経済政策をリードしたが、21世紀初頭に発生した世界同時金融危機に直面して、再びその中心的経済思想は「大きな政府」へと転換しつつある。今また再び「政府の役割」が見直され始めているのである。とりわけ、他の先進国と比較して、1990年代に「周回遅れの経済危機」を経験した日本にとって、現在最も重要な問題は、経済成長を持続しつつ巨額の財政赤字をいかにして解決するのか、である。

　こうした問題に対して、これまで政府が提示してきた解決策は矛盾した様相を呈している。たとえば小泉内閣は、いわゆる「構造改革」によって歳出の漸次的削減を行ない、財政赤字を解消しようとした。だがその一方で、少子高齢化という人口構成比の変化に伴い、今後大幅な支出増が見込まれる年金への拠出については、国庫負担の2分の1への引き上げを決定した[5]。しかしながら、このように増え続ける財政支出の問題を根本的に解決しようという制度改革は、依然として途半ばである。

　現代の財政危機の問題を経済理論の観点から分析しようとする際に、われわれが往々にして直面する困難は、まさにこの点にある。すなわち、純粋に経済学的論理から演繹される処方箋がいかに正当なものであっても、その処方箋の政治的実施主体である政府は、自らが民主主義の原理を遵守する限りにおいて、国民大衆の要請に応えるものでなければその処方箋を実施できない、というジレンマに直面するのである。これはある意味で、国家の要請と社会の要請との不一致が厳として存在するということであり、財政危機をもたらすのはこうした「国家と社会の不均衡」なのである（真渕, 1994, p. 21）。

　むろん、こうしたジレンマを解明しようとして、政治学と経済学を融合しようとした試みはすでに多数存在している。シュンペーターの『租税国家の危機』を嚆矢とする、こうした研究の代表的なものとしてよく知られているのは、伝統的経済学においてはブキャナンの研究、また異端派経済学においてはオコ

ンナーの研究である（Buchanan and Wagner, 1977; O'connor, 1973）。日本の分析においても、神野直彦の諸研究は、後者のスタンスから国家財政を分析するものであると言えよう（たとえば、神野, 1998を参照）。

こうした諸研究に広く共通しているのは、「社会経済システムの構成において政治の領域と経済の領域が税を基軸として交差している」ことを指摘している点にある。たとえば、神野の諸研究は、社会経済システムにおける媒介項を税制が形成している、と主張している点で、われわれがこれまで述べてきた「制度の政治経済学」の系譜にも連なるものであると言えよう。

そこで本章では、これまで検討してきた社会経済システム論をベースに、制度的なるものと経済的なるものを媒介するものとしての「課税・財政システム」の理論を考察する[6]。以下の議論で基軸となるのは、国家と経済の関係を、税を中心として根本的に再構成することである。

2.1　レント（rent）としての税

一般に、経済学の世界において、税は政府が国民に付与するサービスの対価として捉えられている。政府は、市場において貨幣が財と交換されるのと同様に、国民との間で税と公共サービスを交換する。このような捉え方からすれば、税は機能的には貨幣と同列の存在であり、公共サービスは財と同列の存在である。また、こうした捉え方では、政府が国民と比べて政治的に非対称な強制力を有していることは自明とされている。したがって、オーソドックスな経済学の考え方によれば、政府は初めから特殊な権力をもつ経済主体に過ぎず、課税という行為はそのような政府と国民との特殊市場的な経済的交換の一形態に過ぎない。

しかし、レギュラシオン学派のテレが課税に対して与える解答はまったく異なっている[7]。彼は税を、商業や金融といった様々な経済的交換形態と同列に扱うことを拒否する。実際、税の支払いは、通常の経済取引のように個々人がその支払いを取捨選択できるものではない。個々人は何らかの社会的共同体に属している限り、自らの意志にかかわらず共同体に対して税を支払わなければならない。こうした理解を前提にすれば、統治者と被統治者からなる「政治的関係」は、徴税と公共サービスからなる「経済的関係」に先行して構造化されていることになろう。このような理解から明らかとなるのは、課税の論理を純

粋な経済的論理からのみ引き出すことはできない、ということである。その意味で税は、「国家[8]」が、強制的・一方的に汲み出すことのできるレント（特別利潤）なのである。

　テレは、ここでレントが「自然的資源」から引き出されるものであるとする。この自然的資源とは、具体的には土地であり、人口（労働力）である。たとえば、封建社会において、借地農が領主に地代（土地レント）を支払うという行為は、土地という自然的資源から生み出された生産物の余剰をその所有者に手渡すということであった。この時代、土地の所有と政治的統治は同義であり、その限りで土地の所有は政治的権力の掌握を直接的に意味した。同時にこうした権力の掌握は、土地に関わる人々を無条件に保護するという義務を領主に課していた。したがって、地代は、領主による政治的保護に対して人々が差し出す経済的対価でもあった。

　対して近代社会においては、所有の対象となる「自然的資源」は人口である。近代においては、もはや土地所有は直接的な政治的権力の掌握を意味しない。なぜなら封建制から解き放たれた人口は、領主に代わる国家の所有の下で、資本家に雇用され、自らの労働生産物から得た余剰を税として国家に支払うからである。したがって、「税とは、地代（土地レント）が社会化したようなもの」であり、近代社会においては「自由労働に対するレント」である（Théret, 1992, 邦訳 p. 49）。

2.2　政治と経済をつなぐものとしての税

　国家は強制的に税を徴収する。しかしそれは、オーソドックスな経済学が仮定しているような、功利主義的に計算し尽くされた対価としてのサービスを与えるものではない。国家はレントを、経済的資源として税の形態で徴収し「経済的に蓄積する」限りにおいて、国民を保護するという「政治的債務」を負うことになるのである。この保護の形態は歴史的観点からすれば多様であり、それは単なる生命の危機に対する保護や領土の保全といった形態をとることもあれば、勤労者の国民的再生産に対する政治的保障という形態をとることもある。とりわけ「国民国家」においては、この政治的債務は「法」という構造諸形態を媒体としながら、社会においては様々な領域における具体的諸制度として明示的に表象される。より具体的に言えば、政治的債務の形態とは、「国家によ

る国民への諸権利の付与・承認」である。国家が国民に、法という媒介によって表象される社会的市民権を基軸とした諸権利を与えるということは、国家がそれらの諸権利に基づいて国民を保護するという義務を負うことにほかならない。したがって、このような原理に従えば、「課税の正統性」は政治的債務の返済が行なわれている限りにおいて有効である。課税・財政諸制度の実際的な運用はまさしく、こうした政治的債務の「国民への返済」の現実的形態である。

このような意味において、税とは国家と国民をつなぐ強力な絆であり、また経済的なものである税の徴収と支出が純粋な経済の論理のみに従うことなく、政治的論理によっても構造化されているという意味において、関係的構造としての課税・財政システムとは、政治的なるものと経済的なるものという異質な領野を結び付ける構造諸形態の一つなのである。

2.3 国家財政と政治的正統性の適合性と不適合性

すでに見たように、課税の原理は、国家による国民からの経済的徴収と国家による国民への政治的債務の返済から構成されている。しかしながら、経済史をひもとけば直ちにわかるように、課税制度そのものの歴史具体的形態はきわめて多様であり、課税の政治的目的もまた時代によって明確に異なっていた。

たとえば、フランスの絶対王政では、王領の直轄地を除けば、税の徴収は国王と契約を取り結んだ徴税官や徴税請負人が執行していた。彼らはこの徴税システムの不備を突き、しばしば不正な手段を用いて国庫への納付金を詐取していたのであり、このことは間接的に国庫の貧窮を招いた。また、王室はもっぱら自らの蓄財、浪費、戦費を賄うために国庫からの支出を行なったのであり、税を国民の生活の向上に役立てようという認識はかなり低かったと言わざるをえない。フランス革命の遠因としてしばしば取り上げられる、ブルボン王朝ルイ16世の財政的乱費はその典型である（*ibid.*, 邦訳第5章を参照）。こうしたことからすれば、フランス絶対王政は、王朝における純粋に経済的な「財政赤字」と、政治的債務を返済していないという意味での王朝の「政治的正統性の赤字」という、二重の赤字に苦しめられていたと言えよう。

反対に現代の政府は、行政装置の一環として官僚制に基づく徴税機関を有しており、その執行に当たっては原則として執行官の裁量は許されず、徴税は明文化された「法制度」を媒介として行なわれる。また、税の支出は、基本的に、

国民が個人では賄いきれない社会的リスクを政府が管理・運営する目的で行なわれる。第二次世界大戦後のフォーディズム期における社会保障関連への支出の増大は、こうした目的に合致するものであった。こうしたことからすれば、レギュラシオン学派が定式化したフォーディズム期は、経済成長が持続し税収が増大していた限りでの政府「財政の黒字ないし均衡」と、税の支出を通じて一定の社会保障制度が確立され実施されていた限りでの政府の「政治的正統性の黒字」とを、ともに享受していた時代であった。

　だが、こうした税をめぐる正統性の歴史的転換過程は、「課税の正統性原理」の一般的適用だけでは理解しえない。この転換を理解するためには、社会そのものにおける政治と経済の動態的な関わりあいを分析する、より社会的な概念装置が必要となる。それは「国家の有機的循環」の概念である。

2.4　国家の有機的循環

　すでに前章において述べたことの繰り返しになるが、もう一度ここでテレの論理を確認しておこう。彼は、マルクスの直観を手がかりに、国家を「社会的政治的諸関係の総体」と見なすことから議論を始める（*ibid.*, 邦訳第 3 章を参照）。資本が経済的諸関係の総体であったように、国家は「社会的政治的諸関係の総体」であると捉えられる。さらに、ここで言う国家とは、レギュラシオン・アプローチが言う「構造諸形態」の一つであり、政治的なるものと経済的なるものという構造からなる、社会経済システムにおける「抽象化された歴史的構築物としての媒体」である。

　彼によれば、貨幣が「資本」に転化して、価値増殖しながら有機的に循環するように、「国家」もまた固有な関係的・構造的機能形態をもって有機的に循環する。この国家の構造的機能形態は、政治的機能と経済的機能によって次のように区分される。すなわち、政治的関係の構造的機能形態としての「強制（軍事）国家」および「法治国家」、経済的関係の構造的機能形態としての「租税国家」および「支出国家」がそれである（前章の図 1-2 を参照）。

　こうした国家の有機的循環は次のようにモデル化される。すなわち国家は、課税を行なうために、自らの領土主権を軍事的独占に基づいて確保していなければならない[9]（強制国家）。この軍事力（強制力）を背景に、国家は対内的主権を維持するために法や行政組織を駆使して内政を行なう（法治国家）。次

いで、国家は生産的経済に課税し租税収入を得る（租税国家）。ここで国家は、課税に対する対価を生産的経済に与えねばならない。国家は、国庫からの財政的支出を通じて、インフラの建設など、生産的経済における再生産に必要な基盤を供給する[10]。これが財政支出を介した政治的債務の返済である（支出国家）。したがって、国家収入を再分配することにより、国家の「対内的」正統性が保証され、ここに至って国家の有機的循環が完結するのである。

　こうした国家の有機的循環においては、次のような政治的蓄積および経済的蓄積からなる価値増殖過程が生じる。すなわち、政治的支配を継続するための政治的資源の蓄積や、政治的支配を経済的に支えるための経済的資源の蓄積がそれである。ここで言う政治的資源とは、政治的正統性を維持するための強制力の保持および人口の政治的参加を可能にする、国民への権利能力の移譲を表象する象徴的資本のこと（国民主権、生存権等、社会保護に関わる諸権利）であり、経済的資源とは、領土ないし労働力としての人口や国家の経済的権力基盤としての租税収入のことである。この限りで、象徴的資本の蓄積という裏づけのない無分別な財政的支出は、国家の有機的循環の「構造的定常性」を攪乱することとなる。したがって、こうした二つの蓄積過程が同時に進行する（あるいは停滞する）ことによって国家の社会的制御能力は高まる（あるいは低下する）。

　ただし、循環に要する期間を、いわゆる長期と短期に分けて考察する場合、次のような点に留意すべきである[11]。すなわち、これらの蓄積過程は、常に「同時に整合的に（あるいは非整合的に）」進行しているとは限らない、ということである。つまり、対象となる蓄積過程の期間の長さ如何によっては、経済的・政治的蓄積の量的変化のみならず、これら資源の質的転換そのものが生じる可能性があるからである。少なくとも、これらの蓄積がその過程の中で自ら質的に転換する可能性は、原理的に排除できない。したがって、時として、次のようなケースが発生すると仮定できるであろう。

　①経済的資源の形態は一定であるがその蓄積量に変化が生じており（具体的水準での領土の拡大・縮小、あるいは人口の拡大・縮小、国庫の豊富さの変化）、他方で政治的資源の質的転換（軍事力の蓄積による支配から象徴的資本の蓄積による支配へ）が生じているケース。

②政治的資源の形態は一定であるが、その蓄積量に変化が生じており（軍事的支配の拡大・縮小、あるいは象徴的資本の累積的蓄積ないし累積的費消）、経済的資源の質的転換（たとえば、劇的な勤労者人口の量的増大を背景とした、土地を中心とした徴税形態から労働力を中心とした生産的形態による徴税形態への移行）が生じているケース。

③また、危機の時代には、いずれのケースにしても、循環過程そのものにおいていずれかの蓄積過程の量的変化が先行的に生じる。

2.5　国家の政治的蓄積と経済的蓄積

　繰り返し述べているように、課税を行なうためには、政治的正統性の確保が不可欠である。この正統性は、当該諸経済それぞれに応じて、直接的・物理的暴力（軍事力）ないし間接的・象徴的暴力（法による支配）の行使によって確保され、この正統性に則して実際の徴税が行なわれる。

　このような正統性の形態における差異は、正統性の行使を可能にする政治的な力の蓄積（政治的蓄積）における根本的な差異をもたらす。

　たとえば、フランス絶対王政において、政治的蓄積は、軍事力の独占に基づいて、宮廷やその他の支配階級内部での領土の維持・獲得を契機として行なわれた。また王室は貴族に対して、戦争への参加や王室への忠誠の報償として様々な称号を与え、領主や財産家たちに対して官位を売却することによって、政治的権力を保持しようとしていた。このような社会においては、依然として自然的資源としての土地所有が政治的権力の獲得機会を提供しており、それを補完する形できわめて狭隘な支配階級間での政治的諸権利の移譲が行なわれていた。

　ただし、こうした政治的支配を維持するための経済的蓄積はきわめて緩慢であった。絶対王政は幾度となく周期的な財政破綻に見舞われており、破綻のたびに繰り返される租税改革や公債の乱発はその最たるものであった。実際、徴税の政治的正統性は、軍事力に基づく領土の外延的拡大によってかろうじて維持されていたが、その経済的蓄積において時の政体は数多くの困難に遭遇した。たとえば金属貨幣による徴税は、物理的な貨幣制約に突き当たり、この制約から逃れるために時の政体は次々とその場しのぎの「臨時徴税」を制度化し、公債の度重なる発行が財政の破綻をもたらすこととなった（*ibid.*, 邦訳第5章を参

照)。

　これに対して、国民国家成立以後では、国家の政治的蓄積は政治的参加能力（権利能力）の国民への漸次的移譲とその質的変化を契機として行なわれた。政治的蓄積は、国家からの権利能力の移譲、つまり市民権や社会的権利の承認を根拠とした、国庫からの様々な「社会的支出」を契機として行なわれた。とりわけ20世紀のフォーディズム期においては、勤労者たちの国民的再生産を補完する「社会保障関連への支出」を契機として行なわれた。また国家の経済的蓄積は、国民が労働によって得た所得に依存すると同時に、管理通貨制度の下で貨幣制約を解かれた国民通貨の量と、その時々の政治的情勢に依存する国債の発行に依存することとなった。

　さらに、重要なことは、課税・財政制度が政治的債権・債務の関係を単に表象するにとどまらず、「貨幣的」な経済的債権・債務の関係をもすぐれて表象するということである。先に見たように、課税・財政に関する様々な困難に直面した統治者たちは、政治的主権のあり方が決定的に関与する通貨・金融制度の根本的変容をもって、財政の構造的様態を、そして税の徴収や支出における経済性を劇的に変容させたのである。

2.6　社会的レギュラシオンにおける蓄積モデル

　以上のような分析から得られる帰結は、レギュラシオン学派が主として用いてきたフォーディズム的蓄積体制の議論に応用可能である。フォーディズム的蓄積体制は主に賃労働関係を基軸として論じられていた。これに対してテレは、より社会的な視点から構成される政治と経済の歴史具体的形態を「課税・財政／通貨・金融体制」（Régime Fisco-Financier: 以下、RFF）の概念によって説明しようとする（*ibid.*, 邦訳第3章および第4章を参照）。つまり、先に見た国家の政治的蓄積と経済的蓄積の適合と不整合の様態が、RFFの一般的モデル化を通じて説明されるのである。

　たとえば、前章ですでに述べたように、フォーディズムが妥当する経済社会における政治的蓄積のあり方は、RFFの「内包的・相対的蓄積モデル」によって説明可能である。すなわち、フォーディズムにおいては、政治的権力の正統性は、領土の対外的拡大を基盤としてではなく、国内における諸国民の社会的諸権利の拡大を契機として維持されると同時に、その政治的支配形態

は、物理的暴力による絶対的支配ではなく、法の支配を通じた相対的支配が優勢であった。またこのようなモデル化から、その変種としての「内包的・絶対的蓄積モデル」「外延的・絶対的蓄積モデル」「外延的・相対的蓄積モデル」が導出される。前述のフランス絶対王政のRFFが「外延的・絶対的蓄積モデル」の典型であることは明らかである。そしてこのRFFの持続性は、社会的アクターたちの課税や財政をめぐるコンフリクトと、その結果生じる「妥協」の歴史具体的表現としての法的・行政的制度諸形態の、社会経済システム全体との適合ないし不整合の如何に依存する。

　こうしたRFFの実証的検討を手がかりに区分されるのが、「領土的レギュラシオン」と「賃労働的レギュラシオン」という二つのレギュラシオン様式である。前者は、土地所有や社会的地位が政治・経済システムに対して全体の優位性をもっていたレギュラシオン様式であり、後者は賃労働や社会的諸権利が諸システムに対して全体的優位性をもっていたレギュラシオン様式である。これらのレギュラシオン様式において、政治的な事柄と経済的な事柄を媒介するのが、課税体制、財政体制、通貨体制、金融体制、そして官僚制なども含めた「行政制度」全体によって表象される法体制、行政体制である。特に留意すべきは、歴史具体的形態をもつこれらの諸体制が、歴史的・空間的可変性をもって相互に補完的に機能し、また固有の階層性を維持しつつ、社会的レギュラシオンの構造的定常性を支えているという点である。もちろん、こうした体制の相互補完性や階層性は常に一定ではなく、国家の有機的循環過程の進行に固有な時間性の中で、その支配的な位相は変化する可能性があるが、これは当該経済の実証的分析から明らかにされるべき領域である。

3　戦後日本におけるRFFの分析に向けて
　　　——方法論再考

本節では、テレの国家財政に関する一般理論を土台に、戦後日本の課税・財政体制の実証分析に応用可能な、政治的蓄積と経済的蓄積のモデルの構築を試みる。

3.1　福祉国家論から見た日本——その問題点
　周知のように、戦後の先進経済における発展は、可処分所得の増大と公共

サービスの増大を背景に進展した。日本においても、税の再分配メカニズムを通じた公共サービスの提供が、「日本型」福祉国家体制の維持に一定程度寄与したことは論を俟たない。だが、日本の社会保障体制が福祉先進国に匹敵するものであったかどうかは、常に疑問視されてきた。たとえば、G. エスピン゠アンデルセンは、『福祉資本主義の三つの世界』において各国の福祉国家体制を三つの基軸的体制（社会民主主義体制、保守主義・コーポラティズム体制、自由主義体制）に大別して類型化しているが、その「日本語版への序文」の中で、日本はそのいずれにも妥当しない第四の体制ではないかと類推している（エスピン゠アンデルセン, 2001）。彼の類型化に従えば、結局のところ日本の福祉国家体制は、「残余主義的な社会保障モデル」の亜種に過ぎないように思われる。日本の研究においてもこれと類似の結論が引き出されており、たとえば橘木俊詔は、「日本は非福祉国家であった」と断言している（橘木編, 2003, p. 583）。

たしかに、日本の社会保障における諸実践は、政府による社会保障制度の普遍的拡大という道をとっておらず、その意味で日本は国家が「福祉」を主導した国ではなかったと言えよう。橘木が指摘しているように、税を通じて社会化されるべき社会保障の費用が、日本においてはメゾ・レベルないしミクロ・レベルの経済主体、すなわちもっぱら企業や家計の負担によって賄われてきたことは事実である（同上）。しかしながら、先に述べたような日本型福祉国家に関するこうした結論は、国家の社会保障体制が、社会保障の非商品化の原理への収斂や、社会保障の商品化＝市場化という二項対立によって類型化されるという分析手法から、必然的にもたらされる帰結に過ぎないように思われる。いわばこうした福祉国家モデル論においては、社会保障制度が全面的に社会化されている国々が中心にあり、その社会化の程度の強弱に応じてその他の国々が周辺部に位置づけられるのである。

むろん、われわれはこれらの諸研究の貢献を懐疑的に見るべきだと言っているわけではない。こうした類型学は、社会保障体制の国際比較静学にはきわめて有益であり、各国ごとの社会的・政治的制度における差異がモデルにどのような影響を与えるのかを浮き彫りにしている点で、きわめて有意な結論を導き出している。しかしながら、こうした方法においては、社会保障体制の転換がどのような社会的・政治的契機に従って生じるのかという問題は、残念ながら後景に退いていると言わざるをえない。この限りにおいて、これらの分析から

は、「当該国に固有な危機」を分析するうえで不可欠な、政治的主権の転換を視野に入れた処方箋を引き出しえないように思われるのである。とりわけ社会保障の領域において生じている問題の解決には、どのような形であるにせよ、国民的な政治的妥協ないしその妥協を政治的に表象する諸機関を介した意思決定が不可欠である。こうした政治的妥協の形成・発展・消滅の過程と、物的な経済的蓄積循環の過程との関係を問うこと、これこそが「制度の政治経済学」にとってきわめて重要な分析視角であろう。

要するに、われわれは一定の政治的意思決定プロセスを明確に組み込んだ、「政治経済体制」の分析を欲しているのである。このような観点からすれば、2で検討したテレの議論は、いわゆる「福祉国家モデル」論よりも有益であると考えられる。なぜなら、「政治的債権・債務に基づく政治的主権の構築」という分析視角は、社会保障にのみ特化した、つまり戦後先進諸経済の制度的特質にのみ限られた分析視角よりも、よりいっそう普遍性を有するからである。実際、国民によるすべての政治的要請は、ひとえに社会保障にのみ集約されるわけではない。たとえば、国家財政の問題を官僚の裁量的決定に委ねるのではなく、何らかの形でその意思決定プロセスを分権化させたい、という国民の欲求の発動もまた、RFFの変化にとって重要な契機であろう。これは、レギュラシオン・アプローチの観点からすれば、制度の構築を媒介とした法・行政体制への国民の民主主義的な政治的関与を可能にする、ある種の「政治的蓄積過程」と見なすことができよう。こうしたことを単なるイデオロギーの問題にとどめることなくモデル化するために、先に述べた「債権・債務関係による政治的主権」の構築という観点が重要となるのである。

3.2 RFFの分析視角

以上のような観点を前提にして日本の国家財政の実証分析を行なう際に、さらに留意すべき点がある。それは、国家財政の問題をどのような政治・経済上の変化から読み解くべきかという分析対象の問題である。一般に、オーソドックスな経済学の立場からすれば、財政における変化の分析は、国庫における歳入と歳出という貨幣的・数量的変化に力点が置かれることが多い。その場合、既存の課税・財政制度の存在それ自体がモデルの前提とされることが多く、モデルから制度そのものの欠陥が指摘されることはあっても、制度の構築・維

持・消滅に関わる政治的決定プロセスがモデルに組み込まれていることは少ない。

税が、政治的なるものと経済的なるものの絆である、という直観を生かして、政治的・経済的制度変化を組み入れた「政治経済体制」の一般的モデル化を行なうためには、何よりも国家財政における基盤的諸制度とは何かを明確に規定すべきである。また、制度主義的アプローチの立場からすれば、国家財政において相互に影響を与えあっている諸制度の「補完性」および「階層性」にも注意を払わねばならない。さらに言えば、固有の時間性の中でこうした補完性や階層性そのものが変化することについても、実証的に分析されねばならない。

このような問題意識に立脚して、われわれは、まず国家財政の実証分析、すなわち RFF の実証分析における基盤的諸制度を次のように規定する。

① 課税制度。これは、税の徴収に関わるあらゆる諸制度のことである。具体的には、立法府による税制の編成形態のあり方（法体制における課税制度の形態）、税制の実行機関である徴税組織の形態のあり方（行政体制における課税制度の形態）、およびこれらの体制をベースに実現される、構造的・数量的変化を伴うすべての貨幣的徴税過程の機能的因果連関（先の二つの形態に基づいたマクロ経済的総体としての課税体制）、に関わる諸制度がそれである。

② 財政制度。これは、税収をどのように管理・運営するのかに関わるすべての諸制度のことである。具体的には、立法府における財政的枠組みの編成形態のあり方（法体制における財政制度の形態）、より具体的な税収の分配および支出の編成形態のあり方（行政体制における財政制度の形態）、およびこれらの体制をベースに実現される、構造的・数量的変化を伴うあらゆる税の貨幣的再分配過程のあり方（先の二つの形態に基づいたマクロ経済的総体としての財政体制）、に関わる諸制度がそれである。

とりわけ重要なのは、課税・財政制度においては、基本的に各年度における歳出・歳入の収支バランスが「均衡すること」を要請されるということである。また、企業組織などとは異なり、国家財政においては、剰余金の積み立ては原則的に認められていない（いわゆる会計年度独立の原則）。しかしながら周知

のように、たとえば日本において政府は、こうしたきわめて強い制度的な財政制約を実質的に緩和すべく、資金運用部資金を代表とする財政投融資などの特別会計という、いわば「第二の予算」を、弾力的に運用してきたのであった[12]。

　こうした諸制度から歴史具体的に生み出される現実の総体的表象が、「課税・財政体制」である。ただし、課税・財政体制の実際の動態的変化においては、課税体制の変化と財政体制の変化が常に対称的な位相にあるとは限らない。とりわけ現代の政治・経済体制においては、課税体制と財政体制はむしろ非対称な位相にあり、法・行政体制を介して「相互補完的関係」にありながらも、往々にしてこれらの体制間には強い「階層性」が存在する。

　たとえば、国家財政における歳入の変化は、経済的蓄積体制の制約を強く受ける。またいったん課税制度が確立されてしまえば、歳入は、何らかの制度改革（たとえば税制改革）が導入されない限り、経済成長率に比例して変化するだけである。したがって、成長体制が一定成長率の下にあり、きわめて大きな政治的妥協の変化が生じていない場合、課税体制と財政体制の補完性を前提する限り、課税体制のみが政治的要因（政治的妥協の変化）によって転換したとしても、課税・財政体制の改善に寄与する度合いがかなり低いと言わざるをえない。

　これに対して、国家財政における歳出の変化は、経済的蓄積体制の制約を受けつつも、その変化の割合は常に比例的なものではない。時として突発的に、歳入の増加以上に歳出が増加することもありうるのである。すでに述べたように、国家による課税の正統性が保持されており、当該国民国家が通貨主権を確立している限りにおいて、国家は政治的債務を政治的かつ経済的形態でもって支払わねばならない。また、こうした債務の支払いがない限り、国家の課税の正統性は脆弱化する（たとえば、体制レベルでの納税意識の低下）。このような正統性を維持するために、国家は政治的蓄積の経済的表現としての歳出の量的増大およびその質的転換でもって、その目的を果たそうとする。

　つまり、経済的蓄積体制の状況とは無関係に、政治的蓄積過程の質的転換（たとえば、象徴的なるものの変化に伴い、市民権の新たな拡充を行なわねばならないとき）が生じた場合、政府は「課税・財政体制のレベルで」その政治的債務を経済的形態の変化（たとえば歳出の増大）でもって精算しなければならないのである。また、貨幣が主権貨幣である限りにおいて、政府は、歳出の

変化に、法・行政体制内部での財政に関わる法制度の変更や新設によって対応可能である（たとえば国債の増発など）。

要するに、「政治的蓄積と経済的蓄積の循環」モデルを前提にする限り、財政体制の変化は課税体制の変化に先行するのであり、政治的な意思決定プロセスは、第一に財政体制の、次いで課税体制の変更を、主要な操作変数にするのである。したがって、様々な政治的権力の介入の自由度が高く、経済的秩序の変化に対応させやすいという意味において、財政体制は経済的秩序において、課税体制と比べてより政治的な位相に位置づけられる。

加えて最も重要なことは、課税・財政に関わる諸制度の創出には、「秩序レベルでの」政治的債務の保有者および政治的債権の保有者双方の「政治的妥協」が必要であるという点である。また、すでに述べたように、こうした妥協の根本的変容は、「政治的蓄積」の質的変化をもたらす。だが、この妥協の形成を、勤労者と国家という代表的主体の対立・闘争から易々と演繹してはならない。なぜなら、税制が国家の有機的循環の中で機能的かつ循環的に作用するためには、すでに述べたような多くの媒介の諸制度が必要だからである。たとえば、中央集権の度合いが強い課税・財政体制においては、強固な法的・行政的権限をもつ税務・財政官僚群が補完的に要請されるであろうし、彼らが徴税や税の再分配の計画・執行において有する諸権限の強さや弱さ、つまり実際の税務の計画・執行において法制度上彼らに与えられている「政治的裁量の範囲」がどのようなものなのかもまた、課税・財政体制の機能性に大きな影響を与える。そして、課税・財政体制において法体制と行政体制のどちらが制度的階層性を有するのかという問題を論じることは、国民が保有する政治的債権がどの程度社会化されているのかという問題を論じることにもつながるのである。

3.3 政治的蓄積と経済的蓄積の指標

ここで、課税・財政体制の実証分析に利用可能な、国家の政治的蓄積と経済的蓄積の具体的指標を明らかにしておこう。さしあたりここでは、戦後日本をその分析対象にすることを想定している。

まず、政治的蓄積に関して言えば、その代表的指標は以下の通りである。

①市民権に代表される、社会的諸権利の国民への移譲とその実現度。たとえ

ば社会保障制度の拡充は、その国民国家において政治的蓄積が進行していることを意味する。また、教育制度の充実度も重要な指標の一つである。さらに言えば、社会保障に限らず、たとえば予算編成とその執行に関して何らかの私的代表がその決定プロセスに積極的に関与できるような制度装置の出現（新たな妥協の基礎的条件の変更）は、政治的蓄積が深化していることの証左となる。

②次いで、行政体制の法体制からの相対的自由度。法・行政体制は国家の政治的正統性が最も強く反映される体制である。この体制において、行政体制の自由度が高いほど、政治的蓄積の進行は阻害されると仮定しよう。たとえば、税制の変更には政治的権力の関与が決定的に重要である。しかしながら、議会ないし内閣による統制力を超える自由度をもつ、過度に強力な官僚群の存在は、国民が保有する「政治的債権の自己決済能力」を弱める。逆に、（形式的ではあるにせよ）民意を反映しているであろう立法府の権力が官僚の裁量的行政権力を上回れば、国民の自己決定能力は高まる。これは課税体制が「議会主導型」なのか、それとも「官僚主導型」なのかを判別するうえで、重要な指標となろう。

③最後に、徴税過程の平等化の度合い。この度合いが高いほど、政治的蓄積の進行は促進されていると仮定しよう。直接税や間接税といった税制の徴収形態における差異とは独立に、徴税行為そのものが確実に履行されているか否かは、徴税における平等性の原則に関わる問題である。より具体的に言えば、日本では、国民の所得をどれくらいの割合で税務当局が把握しているのかを示す、いわゆる所得捕捉率の問題がそれに当たる。これに関しては、すでに多くの実証研究を通じて、日本において、給与所得者、事業所得者、農業所得者の所得捕捉率が、それぞれ9：6：4（クロヨン）であり、近年はそれが10：5：3（トーゴーサン）であることが明らかにされている。ただし、われわれの観点からすれば、所得捕捉率そのものが問題なのではなく、このような業種間所得捕捉率の低さがいかなる税制上の要因によるものかを強調することにある。

次いで、経済的蓄積に関して言えば、それは以下の通りである。

①租税収入とその分配の量的変化、およびその分配構造の変化。より具体的には、財政的バランスの時系列変化を考察すること、また国家財政における歳出の項目別変化を時系列で考察することがそれである。たとえば、社会保障や教育関連への支出の減少や増大に伴って、その変化分がどのような分野へ再配分されているのかを、時系列に基づいて考察することである。ちなみにこうした指標は、一般の財政学的分析で用いられるものとほぼ同一である。しかしながら、われわれの分析視角から重要となるのは、次の点である。すなわち、財政的バランスの変化が生じているときの、課税・財政体制の全体的制度的構図はどのようなものであるのかを考察することである。したがって、上記の指標を用いて、課税体制と財政体制の相互補完性や制度的階層性の程度を計測することができるであろう。

②次いで、財政支出に関する法・行政体制の関与における階層性。より具体的には、租税収入の再分配に関して、法体制と行政体制のどちらが支配的決定権を有しているのかを分析することである。たとえば、日本においては、国家予算編成とその実施に関して最終的に国会の承認を必要とするが、往々にして予算の内実そのものは、国会提出以前に財務省を中心とした官庁間の折衝において決定済みであり、この草案が国会の審議によって「根本的に」変化するということはほとんどありえない。もちろん、当該内閣の意向がこうした官庁間での折衝に先立って反映される（つまり内閣主導型の予算編成）こともあるが、このような決定プロセスを経ることはきわめて稀である。したがって、「官僚主導型」財政体制か、それとも「議会主導型」財政体制なのかを判別することが重要である。たとえば日本の「官僚主導型」財政体制の下では、法体制と行政体制の間に強い階層性が存在していると言えるであろう。

③最後に、就労人口における産業別構成比率の変化。税が自由労働のレントであるならば、いわゆる勤労者数の増大は、税収の増大をもたらす。同時にこの勤労者数の増大は、政治的蓄積の原資をも構成することになる。より長期的な観点からすれば、勤労者数の増大は、政治的蓄積の質的転換をもたらす契機となりうるのであり、その意味で、この指標と財政支出の様態に関わる指標は、ともに政治的蓄積と経済的蓄積の循環性のあり方双方に関わるきわめて重要な指標であると思われる。

3.4 社会的レギュラシオン様式と政治的蓄積・経済的蓄積の循環モデル

　ここまで分析してきた政治的蓄積と経済的蓄積の循環モデルは、見方によれば、オコンナーの「政治的正統性機能と経済的蓄積機能」(O'connor, 1973) という分析モデルときわめて近似しているように見えるかもしれない。しかしながら、われわれのモデルにおいて重要なのは、こうした蓄積の循環が、様々な媒介的諸制度（その通時的・共時的形態としての様々な体制）によって構造的定常性を維持されていること、それぞれの制度が補完性と階層性をもっていること、そしてこれらの制度は政治的妥協の変化を契機として変容する、という点にある。したがって、民主主義の進展が財政赤字をもたらすというオコンナーの分析に見られる悲観主義的展望のみが、われわれの視野にあるのではない。また、このような政治的秩序と経済的秩序の動態的相互連関の重要性は、すでにレギュラシオン学派においても、方法論上必要不可欠なものとして認知されている (Boyer, 2001, p. 12)。したがって、テレの図式を土台に、われわれの循環モデルを図示すれば図 2-1 のようになるであろう (Théret, 1992, 邦訳 pp. 214-215 の図を参照)。

　この図を順次説明していこう。まず、この循環モデルは、矢印の外側にある体制（制度）の変化が生じなければ、一定の定常性をもって構造的に再生産されると仮定しよう。こうした仮定を前提にして、今ここで、成長体制の変化（たとえば税収の減少や増大）が生じたと仮定しよう。その場合、この変化は国家の経済的蓄積のあり方に見直しを迫るようになる（たとえば、税収不足による税の再分配機能の見直し）。これに対する政府の具体的対応策は、増税や公債の発行（ないし減税や公債の償還）といった課税体制の変容である。しかしながら、このような国家の経済的蓄積の変化が「循環的傾向」をもって生じるのに対して、その政治的蓄積の変化はむしろ「累積的傾向」をもってしか生じない。なぜなら、その経済的循環の期首に、政治的債務の精算内容がいったん確定してしまえば、法・行政体制（具体的には内閣や官僚制度）は往々にして政治的債務の精算に対してその量的変化で対応しようとするからである。その意味で、法・行政体制と課税・財政体制とは、きわめて非対称な階層的関係にある。

　次に、法・行政体制の変化が生じるのは、この循環モデルにおいて象徴的なるものの変化（政治的債務の精算内容の変容）や、政治的正統性に対する不

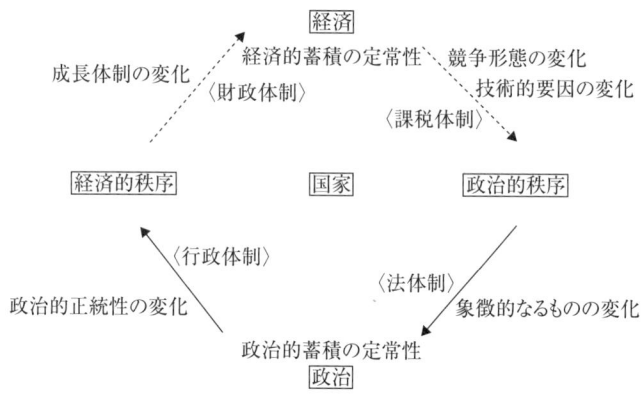

図 2-1　国家の政治的蓄積と経済的蓄積の循環モデル：理念型

```
                              経済
                    経済的蓄積の定常性  競争形態の変化
          成長体制の変化                  技術的要因の変化
                    〈財政体制〉
                              〈課税体制〉

   経済的秩序          国家          政治的秩序

              〈行政体制〉    〈法体制〉
          政治的正統性の変化        象徴的なるものの変化
                    政治的蓄積の定常性
                              政治
```

注：────▶　政治的蓄積の進行　┄┄┄┄▶　経済的蓄積の進行
　〈　〉はそれぞれ媒介的諸制度を表わす。矢印の内側の領域はレギュラシオン様式を表わす。また、矢印の外側にある変化はすべてその可能性を表わしている。なお、この図式では国家が中心に位置しているが、それは便宜的なものであり、社会的政治的諸関係の総体としての国家が経済と政治の両方を支配しているという意味では決してない。現代社会においては、国家の位相は「より経済的次元」（図式で言えば右上方へシフト）に位置づけられる。

信（ないし信任）が生じたときであり、あるいは成長体制そのものの危機や国民国家間の経済的・政治的競争形態の深刻な変化や産業技術構造の変化が生じているときである。このような場合、政治的蓄積の内実は変容する可能性がある。たとえば、国家の政治的正統性が弱体化しているとき、政治的債権・債務の関係は、次のような形で見直される可能性がある。すなわち債権と債務そのものが質量ともに見直されること、がそれである。そしてこの見直しは、常に国民の権利能力の拡大となって現われるとは限らない。逆に国家は政治的債権の縮小を求めるかもしれないのである[13]。こうした政治的債権・債務を表象する「象徴的資本」の蓄積は、この場合、停滞するか縮小されることとなる。

　要するに、国家の経済的蓄積と政治的蓄積は、同時進行の過程でありながら、蓄積に要する時間性が根本的に異なっているのである。いわばこれら蓄積の循環過程の進行とともに、政治的蓄積と経済的蓄積の間に一定のずれが生じる、と考えることができよう。

　各々の体制を構成している諸制度は、一定の期間、一定の慣性をもって、こ

第2章　政治的・経済的蓄積の構造と制度的調整

うしたずれから生じる矛盾を緩和するが、これらの蓄積のずれは、最終的には、政治的妥協の根本的見直しを、したがって各々の体制を構成している諸制度そのものの転換を要請する。そしてこれは、政治的・経済的諸関係の総体である、媒体としての国家の変容を意味することとなるのである。かくして、「政治・経済体制」における制度変化は、成長体制の変化と、国家の有機的循環を支える各々の体制との適合性ないし不適合性から生まれるのであり、これが社会的レギュラシオン様式の変化をもたらすのである。

4　結びに代えて

しかしながら、この国家の政治的蓄積と経済的蓄積の循環モデルは、未だ実証的分析による洗礼を受けていない。本書では実現できないが、われわれに残された課題は、こうした仮説を戦後日本のRFFの実証分析に適用し、その仮説の妥当性を吟味することである。特に日本の場合、ヨーロッパのように、国民が政治的状況に直接対峙するといった構図が存在しにくいことがすでに明らかにされている。したがって、テレの言う「政治的債権・債務」の関係による政治的蓄積という説明図式がそのままの形で妥当しない可能性もある。しかしながら、さしあたりわれわれが、日本型の「政治・経済体制」の特徴として認識しているのは、日本における「法・行政体制」の特異性である。この体制の分析には、日本の政治風土や独特な官僚機構に関する精緻な分析が必要となるであろう[14]。

こうした認識を起点として、われわれはたとえば、いわゆる日本のフォーディズム期の成長体制と課税・財政／通貨・金融体制との相互補完性や階層性を何よりもまず実証的に検討しなければならない。また、伝統的経済学においても認められているように、経済政策の有効性は、政府に対する経済主体の信任度に大いに左右される。これをわれわれのタームで表わせば、国家の政治的正統性を表象する「象徴的資本」の蓄積の度合いが、経済政策の実施において、またその有効性に、きわめて大きな作用をもたらすということである。しかしながら留意すべきは、伝統的経済学とわれわれの分析との間には根本的な差異が存在している点である。すなわち、前者はミクロ・ベースのアプローチであるのに対して、後者はマクロ・ベースのアプローチなのである。したがって、

マクロ・構造的な「象徴的なるもの」を分析対象に収めたアプローチを真に有意なものにするためには、先に開陳されたモデルに依拠して、戦後日本の経済政策における諸実践と、そこからもたらされた諸帰結を整理・検討することが不可欠であろう。

しかしながら、こうした実践的諸課題の検討とは別に、われわれには残されたもう一つの課題が存在する。それは、レギュラシオン・アプローチをその理論的系譜に即してのみならず、その制度主義の諸理論との相対比較の中で検討することである。次章では、構造主義との対話の中で、レギュラシオン・アプローチがいかなる独自性を確立したのかを、方法論の観点から検証する。

⑴　たとえば、橘木（1998）を参照。
⑵　たとえば、佐藤俊樹（2000）を参照。なお、こうした不平等論に実証的側面から疑義を呈している研究として、盛山（2003）がある。
⑶　たとえば、平野（1996）、宇仁（1998）がその代表的研究である。
⑷　なお、Théret（1992）のCh. 5とCh. 6は、訳書では訳出されていない。Ch. 5については、中原・斉藤訳（2002）を参照されたい。
⑸　2008年に成立した年金制度改革は、小幅な修正にとどまった。いわゆる「賦課方式から積み立て方式へ」といった、あるいはまた「保険方式から税法式へ」といった、根本的な制度転換は2009年夏の政権交代によっても実現されていない。
⑹　なお、以下の**2.1**〜**2.3**および**2.4**の一部は、中原（2003b）の論考を加筆・訂正したものである。
⑺　以下の議論の詳細については、Théret（1992）邦訳第2章を参照されたい。
⑻　ここで留意すべきは、テレが、政治的統治者を、オーソドックスな経済学においてしばしば所与とされるような「政府」という代表的主体に還元していない点である。この点については後述する。また、この点についての詳細は、Théret（1992）邦訳第2章、中原（2001；2003a）を参照されたい。
⑼　なお、近代国家は、その社会が基底に置く自然的資源（土地や人口）に応じて、「領土国家」と「賃労働国家」に大別される。前者においてはこのモデル化が直接妥当するが、後者においては、国家の軍事的独占の重要度は相対的に低下し、対内的主権の正統性を確保するための、法による支配の重要性が高まる。
⑽　賃労働国家のケースでは、これに加えて、勤労者の再生産に必要な社会保障関連の支出が行なわれる。
⑾　ここで言う長期と短期との区別が意味しているのは、必ずしも歴史具体的な時間性による区別ではなく、国家の有機的循環の構造的定常性が持続する時間性と、その内生的な傾向の累積がもたらす、循環の構造的定常性がもつ構造それ自体の変化に必要な時間性との、ある意味で抽象化された時間性に関する区別のことである。
⑿　第二の予算としての財政投融資は、日本が戦後の占領期を経て高度経済成長期へと向かう時期の、資本蓄積のあり方に決定的に関与していた。大蔵省財政史室編（1998）によれば、講和後の「独立予算」期において、財政投融資の総額は民間銀行のそれを大きく上回っていた。

したがってこの時期の財政投融資は、民間の資本蓄積の脆弱さを補う以上に、「国家資金主導型の」資本蓄積の発展に大いに寄与していたのである (p. 15)。われわれの分析視角からすれば、この時期の課税・財政体制は、経済的成長体制を単に補完するものとしてではなく、まさに経済的成長体制の原動力をなしていたのである。なお、この財政投融資に代表される特別会計制度という「官僚主導型の財政体制」は、小泉政権下に厳しい批判にさらされ、抜本的な制度改革を余儀なくされた。このような事実は、日本における国民と国家との政治的債権・債務関係の漸進的変化を示唆していると言えよう。なぜならこうした変化は、国家が蓄積した財政資本を国民の制御下に置くことを指向しているからである。

(13) たとえば、現在の日本において支配的な象徴的なるものが、自由主義イデオロギーへと傾きつつあると推論するならば、日本は、このような事例の典型をなしている可能性があろう。

(14) たとえば、こうした事情についての独自な研究として、真渕 (1994)、久米 (1998) がある。また、戦後日本の財政史を総括したものとして、大蔵省財政史室編 (1998) がある。これは、戦前から講和まで、昭和 27 年から 48 年まで、昭和 49 年から 63 年まで、の三部に分かれて刊行されており、現在第三部が刊行中である。

第3章　構造からレギュラシオンへ
——レギュラシオン・アプローチの方法論的革新性とは何か

1　問題の所在

　革新的な社会経済学理論としてフランスで産声をあげたレギュラシオン・アプローチは、「構造主義」をその理論的源泉にもつとしばしば言われてきた。しかしながら、「制度の政治経済学」の一潮流としてレギュラシオン・アプローチが発展を遂げるにつれて、このような源泉への明示的言及は、いつしか行なわれなくなってしまったように思われる。むろん、「レギュラシオン・アプローチは構造主義をすでに乗り越えている」とする立場 (Lipietz, 1989) に立てば、構造主義そのものはたしかにその理論的「源泉」の一つに過ぎず、今や単なる方法論上の枠組みの一つに過ぎないのかもしれない。しかしながら、近年の比較制度分析に代表される「制度の経済学のミクロ的基礎づけ」をめぐる諸研究の興隆（たとえば Aoki, 2001）は、レギュラシオン・アプローチに対して、このような問題をもう一度根本的に再考せざるをえない状況をもたらしている。なぜなら、こうした研究を受けて、レギュラシオン学派内部でも、ミクロの経済主体による制度生成論が議論され始めているからである (Amable, 2003)。もしレギュラシオン・アプローチが「構造主義」を源流にもち、今なおそれを方法論上有益であると考えているならば、ミクロ・ベースの社会経済システム論を受け入れるためには、きわめてラディカルな認識論上の転換ないし概念操作が必要であろう。

　はたしてレギュラシオン・アプローチの言う制度諸形態は、比較制度分析が

言うような「縮約均衡としての制度」と同列に論じられる概念へと変容したのだろうか。あるいはレギュラシオン（調整）概念は、「均衡」概念との理論的対立の中で、つまるところ後者に吸収されてしまったのであろうか。こうした問いに答えるには、今一度構造主義的・制度主義的系譜を辿りつつ、レギュラシオン・アプローチの方法論上の革新性とは何かを詳細に検討する作業が必要となろう。

本章では、こうした視角から、まず構造主義の認識論を類型化しつつ、政治経済学において構造主義がどのように受容され、拒絶されていったのかを概観する。次いで、レギュラシオン・アプローチに継承されるべき「構造主義」的方法論とは何かを、「媒介としての制度」概念を中心として考察する。最後に、以上の考察をふまえ、「レギュラシオン」概念の方法論的革新性を提示する。

2　構造主義の諸類型
——方法論的構造主義・記号論的構造主義・哲学的構造主義の相克

構造主義一般を論じる場合、まず直面する困難は、その定義やアプローチの多様性である。現代の制度主義的アプローチがそうであるように、構造主義もまた、決して一枚岩ではなかった。

たとえば代表的な構造主義分析である C. レヴィ＝ストロースによる研究（Levi-Strauss, 1962）は、その人類学的分析の中で、未開部族に見られる儀礼や慣習という表象の中に、隠された「関係的構造が存在している」ことを指摘した。とりわけ重要なのは、この「構造」が、「現実の」儀礼や慣習を「通じて」のみ陽表化されるのであって、具体的な儀礼や慣習そのものの「中に」直接認知できるものではないという点である。したがって、近代合理性の観点からすれば、きわめて不合理に見える様々な「現実の」儀礼や慣習そのものは、記号的暗喩としての「関係的体系」を有している。表象と関係的構造、共時態と通時態といった諸概念に基づくレヴィ＝ストロースの研究は、近代という一つのパラダイムのみをもって世界を解釈しえないことに対して、積極的な意味づけを与えたのであった[1]。

だが、このレヴィ＝ストロースの構造概念だけでは、構造主義一般を包含することはできない。レギュラシオニストであり、フランス構造主義の研究者でもあるブルーノ・テレによれば、「構造主義者たちの対立領域としての構造主

図3-1 構造主義者たちの対立領域としての構造主義

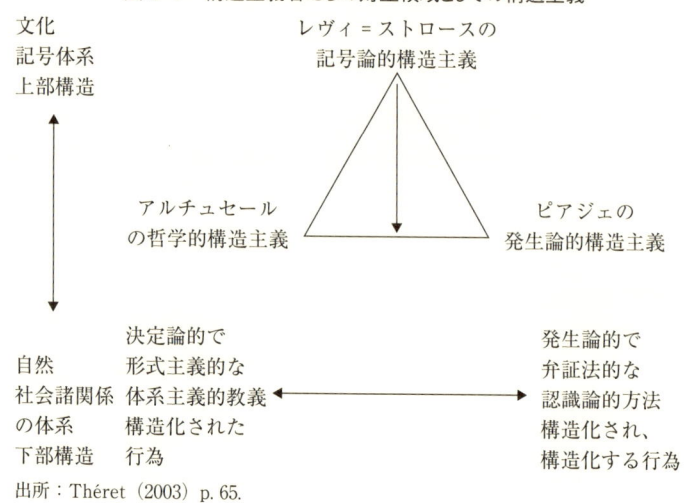

```
文化                レヴィ＝ストロースの
記号体系              記号論的構造主義
上部構造                 △
          アルチュセール        ピアジェの
          の哲学的構造主義      発生論的構造主義

          決定論的で          発生論的で
自然      形式主義的な        弁証法的な
社会諸関係  体系主義的教義  ←→  認識論的方法
の体系    構造化された        構造化され、
下部構造   行為             構造化する行為
```

出所：Théret（2003）p. 65.

義」には、方法論的構造主義・記号論的構造主義・哲学的構造主義という三つの極があるという[2]（Théret, 2003, pp. 63-67. 上記の図 3-1 を参照）。

　この図式によれば、構造主義は、まず対極的な二つの視点からなる横軸を基準として類型化される。この極の一つは「構造概念についての認識論的・哲学的規定」という視点であり、もう一つは「社会および個々人の行為の分析装置としての構造的秩序」という視点である（*ibid.*, p. 65）。これまで見てきたように、テレの議論はきわめて難解で、単純な表現をもって説明することが困難なのであるが、誤解を恐れずに言うならば、前者の視点に立つ構造主義は、見えない、隠された構造を「認識すること」にのみ、もっぱら力点を置く構造主義である。やや乱暴な言い方になるが、これは、たとえ現実の社会の進化や個人の行為を分析する方法の土台として構造概念を用いたとしても、究極的にはすべてが不変の構造に還元されうるということを、哲学的・認識論的に規定すること、それのみを探求する構造主義である。したがって、この視点からすれば、個々人の行為が構造化されることはあっても、個々人の行為から構造化がもたらされることはないのであって、現実の実践による構造の変化の可能性はそこから排除されている。この構造主義とは、俗流的なアルチュセール解釈に代表される哲学的構造主義である。

それに対して、後者の視点に立つ構造主義は、「構造化された秩序」が理論的抽象化を通じて社会の分析枠組みとして認識されうること、そして個々人の行為が構造からどのような影響を受け、またどのように構造に影響を与えるのかについて、力点をおく構造主義である。ここにおいても、隠された関係としての構造概念は重要ではあるが、より強調されるのは、構造が現実の社会や個々人の行為における実践の原型である、という点である。この原型を「構造的秩序」と呼ぶならば、これに対応した現実的な「実践的秩序」という認識論上の分析水準が必要となる。テレによれば、行為と構造の分析に基づいて発生的認識論を論じたJ. ピアジェの構造主義は、こうした極に位置づけられるという。また、図3-1 において、レヴィ＝ストロースが左右両極の中間に位置づけられているのは、レヴィ＝ストロースが、構造の発見や行為の構造への還元のみに構造主義の意義を見いださず、儀礼や慣習という「象徴的実践の秩序」を重視したからである。

　また、このように構造を捉えることによって、俗流的なアルチュセール解釈のそれにおいては拒絶された構造の変化の可能性を、認識論上分析できるようになる。なぜなら、実践的秩序の水準に、「構造化され、構造化する諸個人の行為」を導入することによって、実践的秩序から構造的秩序への反映を考察することが可能になるからである。

　さらに、この類型化においてはもう一つの重要な縦軸が存在する。テレが唯物史観の比喩を用いて、図3-1 の左に示しているのは、構造それ自身が社会のどのような構成要素に対応すると想定されているのかという、もう一つの理論的な問題である (*ibid.*, p. 66)。つまり、構造の投影物であり実践的なものである社会的なるものの構成の原動力は何であるのかという問題である。こうした視点からすれば、社会的なるものの原型を、「コミュニケーションの象徴体系の総体としての文化」に見いだすレヴィ＝ストロースにとっては、上部構造こそが決定的に重要な構造であり、反対に、「社会諸関係や物質的自然」にそれを見いだす俗流的なアルチュセール解釈にとっては、下部構造こそが重要な構造となる (*ibid.*)。

　古典的な唯物史観をめぐる解釈の問題は今ひとまず措くとして、こうした、レギュラシオニストでもあるテレの構造主義理解を援用すれば、レギュラシオン・アプローチが継承した構造主義を推論することができる。「初期の」レ

ギュラシオン・アプローチは、意識的にせよ無意識的にせよ、総じて次のような方法論に依拠していたように思われる。すなわちこのアプローチは、俗流的なアルチュセール解釈の批判から始めてすべてを構造に還元することを拒否し、現実の分析を重視する。しかし現実の分析のためには、方法論上、構造的秩序の認識とそれに対応する実践的秩序の認識が必要となる。この構造的秩序と実践的秩序を媒介するモノが「制度諸形態」であり、その総体的表現がレギュラシオン様式である。

ただし、次の点には注意すべきである。後節で明らかになるように、「初期の」レギュラシオン・アプローチと、「現在の」レギュラシオン・アプローチ[3]との間には、方法論上決定的な差異が存在する。しかし、ここでは次の点を簡単に指摘しておこう。初期のアグリエッタやボワイエによる研究成果を図3-1に依拠して理解する限りにおいて、なるほどそれらの研究は、俗流的なアルチュセール解釈による構造主義の限界は超えていると言えよう。だが他方で、マルクスが唯物史観の公式で提起した問題意識、すなわち上部構造の問題については、ブルデューのハビトゥス論やノルム論が存在していたとはいえ、初期のレギュラシオン・アプローチでは、社会経済システムの構図の中に完全には統合されていなかったのである。次節では、こうした構造主義の認識論を政治経済学の諸潮流に即して簡潔に整理してみよう。

3 政治経済学と構造主義
――均衡と構造の相同性を超えて

周知のように、構造主義の源流は言語学に求めることができる。たとえば、F. ペルーは、ピアジェを引用して、「構造主義はレヴィ=ストロース以前にソシュールの研究を通じて1937年にすでにフランスに取り入れられていた」こと、そして「ソシュールの言語学における構造主義的アプローチに端緒を与えたのは経済学であった」ことを指摘している。すなわち、「ソシュールは、L. ワルラスやV. パレートに触発されて、発展の諸法則（通時態）と比べて、相対的に独立している均衡の諸法則（共時態）を、言語学に導入しようとした」のである（Perroux, 1971, p. 332; Piaget, 1968）。このような指摘が正しければ、構造主義的アプローチの認識論上の主たる貢献の一つである共時態概念は、早くからいわゆる経済学における均衡概念の影響を受けていた、と言えよう[4]。た

しかに均衡の法則は、それが存在するのであれば、市場的交換といった表象の背後に隠された、内的首尾一貫性をもつある種の「構造」であると言えよう。このような相同性の詳細については後に考察する。

周知のように、このような形でフランスに移植され、レヴィ＝ストロースによって展開された「構造」概念は、政治経済学の領域で新たな進展を見せる。ルイ・アルチュセール、エティエンヌ・バリバールらによる構造主義的マルクス主義の分析がそれである。たとえばアルチュセールは、構造の存在論を生産様式の再生産という観点から探求し続けると同時に、その再生産の様式が、各々自律した諸審級から構成され、支配的なるものをもつ、社会的統一体の「中で」重層的に決定されることを主張したのであった (Lipietz, 1989)。

このような「構造主義的」アプローチの認識論的特徴は、次のように要約できよう。まず、現実の社会において、具体的表象をとって立ち現われている現象の背後にある関係的構造の「存在」を明らかにし、次いでこれらの構造を構成している諸要因の内的因果関係の論理を明らかにすること（共時態分析）、さらにはその歴史的連続性を考察すること（通時態分析）、である[5]。

しかしながら、政治経済学における「構造主義的」アプローチは、その後、通時態分析と共時態分析との接合という問題に悩まされることになる。すなわち、構造の変化の契機を何に求めるのかという問題である。N. プーランツァスによる構造の領域の反映としての「実践の領域」という次元の導入は、まさにこのような難問を、政治的審級における妥協の総体としての国家という「主体」を想定することによって、乗り越えようとしたことの帰結であった (ibid.)。

プーランツァスの貢献を分岐点として、その後二つの構造主義的アプローチが併存することになる。すなわち、前節で指摘した構造主義の類型化に従えば、哲学的構造主義と発生論的構造主義の間に位置しながら、社会的なるものの原型を、もっぱら上部構造に求めるのか下部構造に求めるのかによって分析の位相が異なる二つの構造主義的アプローチがそれである。今便宜的に、社会的なるものの原型をもっぱら上部構造に求めようとするアプローチを「システム統合論的・構造主義的」アプローチ、それを下部構造に求めようとするアプローチを「歴史経済主義的・構造主義的」アプローチと呼ぼう。前者は、通時態と共時態の認識論的接合といういわゆる哲学的問題意識から出発し、政治や経済といった、よりホーリスティックな観点から、社会経済システムの全体的統一

とその歴史的発展を構造主義的に分析するアプローチである。たとえば、1970年代から 1980 年代にかけてのネオ・マルクス主義的伝統に依拠したジェソップなどの政治経済学者たちの理論潮流が、これに該当するであろう（Jessop, 1985）。対して後者は、個別的審級内部（たとえば経済的なるもの）での共時態における諸要素の関係的構造の分析から出発し、個別的システムの要素的構造分析とその内生的変化によって、システムの歴史的発展を説明するアプローチである。経済学における非主流派の諸学派、たとえばアメリカ・ラディカル派（社会的蓄積構造学派、いわゆる SSA）による資本主義の構造変化に関する分析（Bowles, Gordon and Wiesskopf, 1983）やレギュラシオン・アプローチの分析は、まさにこうした潮流に位置づけられるであろう。

とりわけ注目すべきは、レギュラシオン・アプローチやアメリカ・ラディカル派は、通時態分析と共時態分析の接合という問題に対して新たな解決法を見いだしたという点にある。すなわち彼らは、「構造を反映するモノとしての制度が、歴史的かつ一時的にシステムを安定化する作用」に着目したのだった。彼らは構造的秩序における社会諸関係の重要性を認識しつつ、より実践的な「構造を実質的な構造たらしめるもの」、要するに「構造が具体的水準において構造化されたもの」としての制度の重要性に着目した。彼らは「制度」を自らの分析枠組みに取り入れることによって、先のような歴史的変化の可能性を説明できない構造主義的アプローチに固有なアポリアを超克しようとしたのである。ここに至って、社会経済システムの認識論上の争点は、構造分析から制度分析へと劇的に転換されることとなった。

しかしながら、次のことを指摘しておくことは無益ではなかろう。実のところ、この転換の過程において曖昧なままに置かれ、忘却された一つの認識論上の問題が存在するように思われる。すなわち「結局、構造は動態的概念なのか、それとも静態的概念なのか」という問題がそれである。

すでに述べたように、共時態の内的因果関係を叙述する関係的構造という認識は、構造それ自身が自らの論理にのみ従って完全に「閉じたもの」であることを了解する考えである。と同時に、構造は歴史的時間性の中で変容するものでもある。少なくともレヴィ＝ストロースをもって嚆矢とする本来的な意味での「構造主義」アプローチは、この両者の統合を目指すものであった。

実際、すでに述べたように、構造的機能の連続性と首尾一貫性という側面を

重視するならば、構造は均衡ときわめて大きな認識論上の相同性を有していることになる。だが、厳密な意味での均衡概念は、要素間の相互連関を機能主義的に叙述するが、たとえ一時的であるにせよ、それら諸要素が結果としてある関係的構図の下で「矛盾なく」連関し、力学的な意味で固着化されることを強調する概念である。換言すれば、要素間の動態は最終的に必ずある関係的構図に「収束」してしまう。したがって、均衡概念によって過程そのものを論じることはできても、歴史的変化の契機をそこから引き出すことはできない。

かくして、このような狭義の構造主義的アプローチに立脚する限りにおいて、内的相互連関の機能性それだけを取り出しただけの「構造」分析は、均衡分析の亜種に過ぎず、いわば「小文字の」構造主義分析に過ぎない。われわれは、諸主体間の相互的な因果連関をいかに強調しようとも、また諸審級間の相互的対立をいかに強調しようとも、それがもっぱら機能主義的に導かれ、その限りで、ある構造が一つの因果連関に導かれて固着化される、またその関係的構造の変化そのものをその内的因果関係から引き出しえないような意味での「構造」の認識論には依拠しない。換言すれば、構造概念を安易に均衡概念に代替するようなアプローチには与しない。

われわれは「動態の帰結」としての構造概念ではなく、「動態のあり方そのものの関係的総体」としての構造概念を重視する。重要なことは、構造を、静学的にそこへ至る「均衡経路の残像」としてではなく、むしろ動学的に「関係として再生産され、変化する枠組み」として認識することである。

かくして、F. ペルーがいみじくも指摘しているように、「われわれは、枠組みの動態性（人口、イノヴェーション、諸制度）と、機能の連続性（たとえば、市場の作用や市場以外の作用を通じた、需要と供給の相互的適合）とを区別する」べきである（Perroux, 1971、傍点は引用者による）。したがって、われわれにとって重要なのは、長期の歴史的時間性の中で関係として再生産される「枠組みとしての構造」と、一定の歴史的時間内部での諸機能の因果関係から導かれる「単なる機能的表象としての構造」とを認識論上明確に区別すべきであるということである。実は、後述するように、制度というタームが構造に取って代わった昨今の制度主義的アプローチにも、この種の混乱が見られるのである。

4 構造から制度へ
——媒介概念の重要性

すでに述べたように、期せずして1980年代前後に、政治経済学の諸学派は、構造が具体的水準において構造化されたものとしての制度に着目し始める。たとえば、「初期の」レギュラシオン・アプローチ (Aglietta, 1976) は、「構造諸形態[6]」の概念を用いて、資本主義経済の調整における「構造諸形態」の重要性を指摘した。アメリカ・ラディカル派もまた、「社会的蓄積構造」(SSA) の概念を用いて、労働市場の制度的構造化による資本蓄積の長期的変化を説明した (Bowles, Gordon and Wiesskopf, 1983)。加えて、アメリカの政治学においても、1950年代および60年代に優勢を誇っていた認知論的行動主義学説への批判から、1970年代にはすでに「新しい制度主義アプローチ」が台頭していた (Thelen and Steinmo, 1992)。

こうしたアプローチの中で、とりわけ初期のレギュラシオン・アプローチにおいては、構造というタームが制度というタームよりも、その分析においてより上位に位置づけられていたように思われる。この時期のレギュラシオン・アプローチの研究に、まま見られたこうした傾向の原因は、一つにこれらのアプローチがともにマルクス主義的構造主義の影響を強く受けていたことに求めることができよう。レギュラシオン・アプローチの創始者の一人であるアグリエッタは次のように述べている。「われわれは、諸制度の内へ編成された複合的な社会諸関係を構造形態と呼ぶ」(Aglietta, 1976, 邦訳 p. 39)。こうした定義には、構造主義的アプローチの影響が色濃く残っている。つまり、現実の制度は社会的な関係的構造の歴史具体的な反映物であり、その限りでの構造諸形態と現実の諸制度は別のものであるという認識に基づいているのである。ここから引き出されるのは、現実の諸制度は自らの内に、社会諸関係によって刻印された「構造化された構造」をもつということである。したがって、ここでの「構造諸形態」とは、構造内部の関係の構造（関係によって構造化されている構造）と、歴史具体的な社会制度との、中間に位置する媒介的構造を表わすものであると理解すべきであろう。この限りで構造諸形態は、歴史具体的表象としての制度における「関係的構造」の原型を構成している。そして何よりも重要なのは、この時点でのレギュラシオン・アプローチにおける理論的抽象化水準のコ

アは、賃労働関係といった「社会諸関係」であり、いわば歴史具体的制度は社会諸関係が具体化した形態を指し示すものでしかなかった、という点である。

しかしながら、こうした制度の認識論は、新古典派経済学から進化経済学に至る様々な学派が、「制度が重要である」という問題意識の下で自らの理論の構築に取り組み始め、制度主義的アプローチが百花繚乱の様相を見せ始めるとともに、徐々に変容してゆく。レギュラシオン・アプローチにおいても、制度と構造との厳密な認識論上の差異を問うという視角は後景に退き、もっぱらより具体的な制度の類型化と、それらの制度が現実においてもつ「機能的な因果関係による」調整作用に焦点を集中させてゆくのである。特にボワイエはこうした理論の発展に精力的に取り組み、彼の研究はその後のレギュラシオン・アプローチにおける実証分析にとってきわめて重要な方法論的基礎を提供することとなった。たとえば、五つの「制度諸形態」（構造諸形態ではない）からなるレギュラシオン様式が、社会的アクターたちや諸集団の対立や矛盾を方向づけ誘導するという主張は、制度が実践的水準で機能的な調整作用を有していることを強調するものであった[7]（Boyer, 1986）。

同時に、実証分析における研究が進行する中で、レギュラシオン・アプローチは別次元の問題に直面する。それは制度の生成に関わる問題であり、さらにはマクロ的社会経済システムのミクロ的基礎づけという新たな方法論上の問題である。

レギュラシオン・アプローチが構造主義的アプローチにその源流をもつ以上、特に後者の問題の解決はきわめて困難であったはずである。なぜなら、構造主義的アプローチは、本来的に方法論的個人主義と鋭く対立するものであったからである。しかしながら、レギュラシオン・アプローチには個々のアクター（および諸集団）の行為とマクロの全体的帰結とを媒介する有効な概念装置が存在していた。すなわち「制度化された妥協」概念がそれである。

歴史具体的な社会経済システムの発展を分析しようとして、実践の水準においてプーランツァスが政治的審級に導入した「妥協（compromis）」概念を継承したレギュラシオン・アプローチは、個々のアフターと社会的なるものを媒介するものとして「制度化された妥協」の概念を重視する。「資本主義経済が、諸主体や諸集団の対立や矛盾が存在するにもかかわらず、とにもかくにも一定期間安定的動態を示すのはなぜか」というレギュラシオン・アプローチに

固有の問題意識は、この制度化された妥協（政治的・経済的次元において首尾一貫性をもつ諸制度の全体的表現）を通じて説明される。諸アクター[8]は政治的・経済的次元で他の諸アクターと対立するのであるが、この対立は永遠ではありえない。諸アクターは「とにもかくにも制度化された妥協」がもたらす経済的・政治的ヘゲモニーの下に置かれるのであり、この妥協が様々な緊張や対立を一時的にせよ抑え込む、というのである。ただし、この妥協の形成は「歴史の思わざる発見」に依存する。これが彼らの言う資本主義経済システムの調整（レギュラシオン）過程の特徴である。この概念によって、レギュラシオン・アプローチは、構造主義的アプローチが抱えていた主体の行為と社会経済システムの歴史的変化の接合というアポリアを解決しようとしたのだった。

　しかしながら、この「制度化された妥協」という概念は、実のところ諸刃の剣であった。なぜなら、このような妥協のシステム安定化作用を機能主義的に強調すればするほど、彼らはかつて「調整と危機」という現状分析の視角に基づいて自らが否定してみせた「均衡」概念と、レギュラシオン概念との明確な認識論上の差異を示すことができなくなってしまったからである。

5　「制度化された妥協」論から「均衡としての制度」論への変容

　マクロの諸矛盾や対立の制度による調整機能、つまりレギュラシオン・アプローチの言う制度化された妥協の機能を強調するだけでは、もはやその他の制度の経済学（たとえば比較制度分析など）に対する理論上の優位性を誇示することはできない。なぜなら比較制度分析もまた、ミクロ的レベルから出発して、諸主体のゲーム論的利害対立が、政治をも含む様々ないわゆるマクロ的水準のドメインにおける「同意ないし合意」に帰結すると捉え、制度をそうした「均衡の要約的表現」と見なすからである（Aoki, 2001）。

　こうした理論的展開を受け、第二世代のレギュラシオン・アプローチの研究者である B. アマーブルは、制度的妥協の概念を端緒として、制度生成の問題を「ゲーム論」的手法によって克服しようとしている。彼は、制度を「政治的妥協の表現」と見なし、「制度のデザインは分配の問題をめぐるコンフリクトを反映し、まさしく個人の相互作用から、非対称的な権力や利害の対立を反映する制度的均衡がもたらされる。〔……〕制度は非対称な権力的状況にお

けるエージェントの戦略的行為の帰結として立ち現われる」と捉える（Amable, 2003, p. 10)。このような理解を、すでに検討した事柄と突き合わせてみれば、アマーブルにおいては、レギュラシオン・アプローチの言う制度化された妥協が制度的均衡という用語に対置されているという推論を行なうことができるであろう。

　アマーブルの議論は、たしかに「歴史の思わざる発見（妥協）」という用語を設定することで、制度生成の問題を巧みに回避した初期のレギュラシオン・アプローチにおける方法論上の問題点を、比較制度分析的な分析手法を導入することによって解消しようとする一つの試みである。実際、彼は、厳密な形式論理に基づき、諸エージェント[9]の様々な利害対立から出発して、政治的妥協へと至る制度の均衡諸経路を明快に描写している（ibid., p. 48, fig. 2.4)。

　この説明図式は基本的に「上位のゲーム」と「下位のゲーム」という二層のゲームから構成される。前者のゲームはより「政治的なもの」であり、後者のゲームはより「経済的なもの」である。またこれらのゲームに参加可能なエージェントの質と量は、それぞれのレベルにおいて大いに異なっていると想定されている。

　こうした制度的諸均衡、すなわち諸エージェントの諸々の利害対立から帰結する複数の戦略的均衡（妥協点）は、まず経済的レベルにおいて生じる。このレベルにおいては、組織（たとえば企業）を媒介項にして、諸エージェントはゲームを通じて各々の戦略的行為を行なう。これが経済的動態をもたらし、それらの均衡からもたらされる帰結が諸エージェントにフィードバックされる。しかしながら、このエージェントの行為が直ちに社会的レベルでの妥協に連関するのではない。こうした異質な利害関心をもつエージェントは、「経済的利害の共同体的表現」である社会諸集団に近接するものと見なされる。すなわち、異質なエージェントたちは複数の利害関心という諸々の共通集合に類別されるのであり、より具体的には労働者と経営者といった別々の社会的諸集団に要約され、代表される。この限りで、このゲームへ参加するエージェントは制約され、また制度的均衡そのものも、より政治的なものへと変質する。

　次いで、こうした代表的社会諸集団は「共通の政治的目標をもって集団的に活動することを表明する社会的政治的諸集団」へと、さらに要約され、代表される。具体的には経営者団体や労働組合として表象されるこれらの諸集団の中

から、戦略的ゲームを通じて、自らの政治的要求を実現しようとする「支配的社会ブロック」を形成する集団が現われ、この支配的ブロックを基軸とする「政治的連合」が、現実の政策の実施を通じて経済システムに働きかけるようになる。この政治的連合がデザインする制度は社会におけるゲームのルール（たとえば法制度）となり、既存の「政体」や社会における「理念」に影響を与え、さらには経済システムと政治システムの双方に影響を与えるのである（*ibid.*, pp. 47-50）。

　以上のようなアマーブルの定式化は、ゲーム理論をレギュラシオン・アプローチが受容可能かどうかという根本的問題をひとまず措いたうえで言うならば、次のような点で、既存のレギュラシオン・アプローチが抱えていた問題を一定程度解消することに成功している。

　まず、経済的利害をベースとするミクロ的なエージェント間の戦略的ゲームから始めて、政治的レベルでの均衡を表象する社会的・政治的連合の形成を首尾一貫した因果連関に基づいて説明していること。次いで、政治システムの経済システムへの関与という（とりわけ政策決定やその実施に関わる）問題を、アド・ホックに処理するのではなく、社会集団や社会的・政治的諸集団といった中間項をモデルに取り入れることで内生化していること。さらには、フォーディズム論以来議論されてきた「国民的軌道の多様性がなぜ生じるのか」という問題が、エージェントによる戦略的ゲームから帰結する「複数均衡」のモデル化によって理論整合的に説明可能となったこと。たとえばアマーブルは、諸エージェントが所与のゲームのルールの枠内で、「分権的選択」を指向するのか、それとも「コーディネート重視の選択」を指向するのかといった戦略的選択の違いが、比較制度分析にとってきわめて重要であると指摘する（*ibid.*, p. 51）。つまり、経済レベルで表象される諸エージェントが、徹底的に自己の利害を探求することから生まれるいわば競争的な制度的均衡と、他のエージェントとの利害のすり合わせを重視する合意に基づく制度的均衡との違いが、最終的に社会的・政治的連合レベルでの制度的均衡の違いを、さらにはより「上位の」政治的・経済的均衡としての諸制度における差異をもたらすと見なされる。そしてこうしたモデルに基づく社会経済システムの類型化が、彼の言う「資本主義の多様性（diversity）」アプローチの基礎を構成しているのである[10]。

6　制度の正統性と構造

しかしながら、ゲーム論を基礎とした「資本主義の多様性」アプローチへと変化したレギュラシオン・アプローチが制度の経済学一般にもたらす、以上のような無視できない理論的貢献にもかかわらず、確認しておかねばならない問題が存在する。それは、諸エージェントが制度を制度として認知し、それに服従ないし非服従するよう仕向ける契機とはいったい何であるのかという問いである。比較制度分析はこの問題に答えるため、慣習や文化という規範的要素を準備している。これらの要素が制度に正統性を与え、主体による制度の認知を「事前に」方向づける。またこうした規範がどのように形成されるのかという問題は、制度的均衡の歴史依存性の仮説によって説明され、さらには制度の階層性や相互補完性の仮説によってその全体的秩序性の形成が説明される（Aoki, 2001）。

実際、アマーブルも、Aoki（2001）の研究を引用して注意を喚起しているように、「誰も従わない法は制度ではない」と見なす（Amable, 2003, p. 52）。つまり、たとえ現実に、政治的妥協の表現としての制度、すなわちゲームのルールが、諸エージェントの行為から複数の均衡点を経由して形成されたとしても、その制度に正統性がなければ、誰も制度として承認しない。ここで言う正統性とは、社会の構成員が戦略的均衡に至るゲームに参加する以前に「すでに自ら頭の中で当然のこと」としてあらかじめ認知していることによって、なおかつ構成員の大多数が先験的に「正しい」と見なしているある種の「規範」によって、与えられるものである。要するに、その社会に固有の既知の慣習や文化が制度に正統性を与えるのであり、この慣習や文化が異なれば、正統性を与えられる制度の序列性も異なることとなる（ibid., pp. 52-53）。

しかしながら、われわれは次の点を看過することはできない。すなわち、この妥協ないし均衡としての制度に実効性を与える正統性（ここではさしあたり慣習的で文化的な規範）は、戦略的ゲームが行なわれるまさにその瞬間に、すでにゲームの枠組みを構成している。つまりこの理論枠組みにおいて、慣習や文化という規範は、ゲームの実行時にすでに諸エージェントの行動様式に反映されているのであって、いわば戦略的ゲームにおける「外挿的条件」に過ぎな

い[11]。もちろん、こうした規範がすでに異なる時系列で別の戦略的均衡によって歴史的に成立しており、これを所与とする限りで、諸々の規範が個別的戦略ゲームの外挿的条件を構成しているのだという論理も成り立つ。しかしながら、先に述べたアマーブルの「政治的・経済的均衡としての制度」の循環的説明図式からも明らかなように、一つの政治的・経済的均衡としての制度が、均衡の連続体として一つの歴史的動態を機能的に構成するまさにその瞬間において、戦略的ゲームに正統性を与える何かはすでに機能しているのであって、論理的な時間性において別の時系列を経由して機能しているわけでは決してない。

　ではこの正統性を与えているものとはいったい何なのか。これこそまさに、構造主義アプローチが強調する「構造」にほかならない。制度に正統性を与える「現実の」慣習や文化の諸機能の原型は、それが制度として現勢化される以前に構造によってすでに与えられている。この限りにおいて、構造的全体は部分的決定に優先しているのである。

　ここに至ってわれわれは、これまでの議論をふまえて、構造主義的社会認識論を再定義することができる。構造主義的アプローチの認識論を、初期のアグリエッタの定義を参照しつつ、制度を組み込んで解釈し直せば、社会経済システムは次のように捉えることができる。すなわち、まず隠された構造があり、その構造内部には様々な水準で諸々の関係がある。またこの構造は、抽象的水準において、連続した因果関係の表現としての機能性をもつ。これらの機能性をもつ隠された関係的構造は、現実の社会諸制度の中に刻印されているのであるが、歴史具体的表象としての制度が立ち現われるのは、その限りにおいてである。この表象としての制度もまた、構造と同様に具体的水準での連続した因果関係の表現としての機能性をもつ[12]。したがって、認識論の水準で重要なことは、社会経済システムの制度認識における抽象的水準と現実的水準とを明確に区別することであり[13]、さらに言えば「制度は言葉の厳密な意味において構造ではない」と明確に定義することである[14]。すでにこれまでに繰り返し強調してきたように、いわば制度は認識論上構造的秩序と実践的秩序との中間点に位置づけられるのである。

7　構造と制度の二重ループ

かくして、レギュラシオン・アプローチにとって構造と制度を基軸とした社会経済システムの認識論は次のように捉えられるべきであろう。

社会経済システムは、過去から構造を受け継ぐ。構造は、様々な社会的領域で過去に構成された枠組みとしての諸関係の総体に過ぎず、過去の具体的事象の洗礼を受けて彫琢されたいわば遺物である。しかし、このような本質を忘れ去られた構造は、諸々の社会的実践を強く制約する。過去に生起した事象に関する様々なもの・思考・行為に関与する習慣や文化は、今やその本来の問題意識や意味を離れて、現在という時間の中で再び捉え返される。このような契機において制度は「現勢化」され、諸アクターをシステムの中で実践的水準において構造化する。したがって、現勢化された制度を認知した現実の諸アクターの思考様式やその行動パターンは、一定の社会的な「構造的に定常的なるもの (invariant stractuel)」に従うこととなる（この用語は Théret, 1992 による）。

しかしながら、現実に階層化され、社会に埋め込まれた存在としての諸アクターは、こうした構造的定常性から逸脱しようとする存在でもある。それゆえ自らが埋め込まれた社会的場の移動を模索する諸アクターの行為から、様々な緊張と対立が生まれる。こうした対立や緊張は、「経済的・政治的・社会的」といった様々なレベルに現前するが、これらはもっぱら一時的に既存の制度的妥協や「象徴的レベルでの制度化された妥協」（たとえば文化や慣習）を通じて緩和される。ここで留意すべきは、たとえこうした諸制度的妥協が形成されたとしても、アクター間の敵対性は根本的には解消されていないという点にある[15]。なぜならこれらの制度的妥協とは、お互いを承認しあったうえで「宥和的に合意したことの象徴的記号」ではなく、お互いを承認することなく「敵対的に妥協したことの象徴的記号」だからである。この限りで制度とは、構造と実践の媒体であると同時に、実践的水準で常に各々のアクターが新たなヘゲモニーの獲得に向けて「継続的に闘争するための歴史具体的対象」でもある。制度的妥協を「合意」として捉えた場合、その変化の契機は状況依存的合理性に依拠したアクター間のゲームの行く末に委ねるしかないが、それを「諸アクターの絶えざる闘争的対象」と捉え返すならば、制度変化の契機は、常に「経

済的で政治的なもの」から、すなわち各々の水準におけるそれぞれのアクター間での経済的合理性および政治的合目的性をめぐるヘゲモニックな「敵対性」からもたらされることなる。

かくして、次のように言うことができる。構造は自らに固有な機能形態をもち、実践もまた自らに固有な機能形態をもつが、これら二つの形態を固有の時間性の中で媒介しコミュニケート可能にするものこそ、制度にほかならない。またそれは、アクター間での敵対性の高まりが、その歴史的時間性の中で、過去に形成された構造的定常性と現在の事象がもつリズムとの間のずれを支えきれなくなったとき、すなわち両者のコミュニケーションを媒介する「構造諸形態」としての機能を自ら果たせなくなったとき、変化の契機が訪れる場でもある。

このような理解を前提にした場合、ミクロの行為論をマクロの全体的帰結と接合しようとするアマーブルの野心的な試みは、きわめて有効である一方で、制度を一面的に捉えすぎる嫌いがあるように思われる。なぜなら、彼における制度の機能性に関する議論は、ヘゲモニー論を援用しつつも、基本的には「ゲームからコンセンサスへ」という因果連関によって貫かれており、そこでは諸アクターの敵対性という概念はコンセンサス形成のための道具的概念でしかないように思われるからである。つまりわれわれの立場からすれば、アマーブルのアプローチにおいて、政治的なものの構成原理は妥協ではなく「コンセンサス」である、と言えるのである。

われわれにとってより重要なのは、一定の時間性の中で経済的なものであろうと政治的なものであろうと、「対立と合意が繰り返されることを動態的に関連づける枠組みとしての制度」であり、「コンセンサスへ収束する」という静態的な閉じた因果連関の残像としての、つまりこのような理解に従う限りでの、均衡としての制度ではない。むしろ強調すべきは、「制度的妥協」を常に脅かす、それぞれのアクター間での「敵対性」に基づく「動態的な対抗的関係」である。

実際、政治的レギュラシオンの分析を重視する政治経済学者たちも、類似した指摘を行なっている。彼らによれば、レギュラシオン・アプローチは本来社会的な対立や緊張を重視するものであったにもかかわらず、制度生成の問題を考慮するうちに、「闘争主義（antagonism）」と「コンセンサス主義」が統合可能であると考え始めたという。これはアマーブルの試みを見れば明らかであろ

う。さらに、彼らは次のような重要な指摘をも行なっている。すなわちレギュラシオン様式とは、システムの再生産に関わる諸要素と秩序の均衡化に役立つ諸要素とをともに有する総体なのであって、そのどちらか一方に収斂して考察しうるものではない、というのである（Commaille et Jobert dir., 1998, pp. 22-23）。これら二つの主義は、一つの概念に「統合される」ものでもなければ、いずれかを支配的なものと見なすべきものでもない。言うなれば、これら二つは、社会という全体性の中で常に「対抗しつつ動態的に共存するもの」なのである。

　むろん、このように言うからといって、コンセンサスとしての制度の機能作用を無視すべきであるということではない。しかしながら、制度がコンセンサスの維持・形成を促すこともあれば、そのコンセンサスを破壊する元凶になることさえありうるということを、決して看過すべきではない。つまり、諸アクター間の緊張は常に「コンセンサス」を生み出すが、それはまさに「一時的な」妥協の産物であり、諸アクターが抱えている根本的な矛盾や利害対立は、一定のヘゲモニーの下で一時的に緩和されているに過ぎない。現実の制度は、その形成において社会的敵対関係が強く反映されているのであるから、その関係においてヘゲモニーを行使される立場にあるものにとっては、現存の制度は矛盾的存在でしかありえない。この矛盾は新たな敵対性が発生するための根本的存在要因であり、この新しい制度それ自身を再び浸食し、今度は新たな対立や緊張を生み出す源となるのである。

　したがって、われわれの観点からすれば、制度の機能そのものは両義性を帯びている。すなわち、制度は諸々の対立や緊張を緩和すると同時に、それらを新たに発生させるものでもある。これこそが、構造主義的アプローチと制度の政治経済学との接合を指向するアプローチにおける社会経済システムの認識にとって重要な概念なのである。

8　レギュラシオン概念の革新性とは何か

　しかしながら、すでに見たように、第二世代のレギュラシオン・アプローチの関心は、「制度化された妥協」の生成過程をミクロ的に基礎づけようとすることに集約されつつあり、われわれが重視している構造主義的アプローチは、経済的構造の内的因果連関（均衡的構造）の視点を除いては、彼らにとってほ

ほその存在意義を失っているように思われる。さらに言えば、アマーブルの著作においては、「レギュラシオン」という用語そのものも、過去の研究の文献学的整理という文脈で触れられているに過ぎない（Amable, 2003, pp. 75-77）。とするならば、「レギュラシオン」概念そのものは、かつて構造が制度に取って代わられたように、「政治的・経済的均衡としての制度」や「社会経済システムの多様性」といった諸概念に全面的に取って代わられねばならないのであろうか。

　答えは否である。まずわれわれは、レギュラシオン・アプローチが構造主義的アプローチの遺産を継承しつつ、制度の政治経済学の諸成果を活用することは可能であると考える。ゲーム理論との安易な方法論的・理論的総合にはきわめて慎重であらねばならないのは当然にしても、そうしたアプローチが重視している諸個人・諸集団間の妥協や合意が現実の制度形成に果たす役割を、過度に否定する必要はない。なぜならすでに見たように、レギュラシオン・アプローチ自身も、制度化された妥協がもたらす秩序の安定化作用を認識しているからである。しかしながら強調すべきは、この制度化された妥協をもって「レギュラシオン機能」をすべて説明できるわけではないということである。実際、この妥協概念は、構造と実践を媒介するレギュラシオン様式が「実践的秩序において現実に機能したことの結果」を単に指し示すものに過ぎない。むしろレギュラシオン様式の重要な機能作用とは、「レギュラシオン様式を介して社会的秩序が再生産され、またその存在そのものが社会的秩序を構造化する」ことにある。まさにこの後者の観点に依拠することによって、レギュラシオン・アプローチは、経済還元主義の罠に陥ることなく、政治や文化の領域をも包摂した、独自な動態的社会経済学理論の構築を目指すことができるのである。

　次いで、われわれはレギュラシオン概念が、たしかに未だ完成には至っていないとはいえ、なおも実り豊かな概念的発展の可能性を秘めていると考える。たとえば、すでに詳細に検討してきたテレ（Théret, 1992）の理論によれば、メタ・レベルでの構造としての「政治的なるもの」と「経済的なるもの」の間に「象徴的媒介としての制度」が屹立しており、この二つの構造にともに属する象徴的媒介（法、貨幣、イデオロギー）が、自律し、閉じられた政治の論理と経済の論理を、一方から他方へ、またその逆へとコミュニケートすることで、社会的なるものの構造に統一性を与えている。制度化された妥協もまたレギュ

ラシオン機能の一側面ではあるが、しかし、社会的なるものそれ自身に統一性と正統性を与えるということもまた、レギュラシオン様式の重要な機能である。

　さらに、「媒介」という制度の機能に着目することは、テレの定義する意味とは別の側面からもきわめて重要である。なぜなら、制度を「象徴的媒介」と捉えることによって、厳密な形式論理によって武装したはずの科学としての経済学がしばしば陥っている隘路、すなわち理論と現実との乖離というジレンマを回避できる可能性が立ち現われるからである。

　これを検討するために、今、Aという現実の制度が存在すると仮定しよう。諸個人ないし諸集団は、この制度を一つの参照基準として行為するであろう。形式論理にのみ則るならば、こうしたアクターたちには、Aという制度に従うか従わないかという二者択一の選択しか与えられない。しかし、ここでさらに、より現実的なアクターの行為を想定してみよう。アクターたちは、自らに刻印された相異なる慣習や文化に基づいて、その制度の正統性を斟酌したうえで、自らの行為を実践するであろう。したがって先のケースと比べて、より多くの選択と合意（たとえば、Aを否定したものが、何らかの要素を取り入れることによって改変された制度）が成立する可能性が立ち現われる。だが、形式論理上の選択の収束性とは異なる、次のような実践的レベルでの開放性という問題が存在することを看過してはならない。すなわち、はたしてアクターたちはその「実践において」、Aという制度をデザインしたアクターたちの意図に従って厳密に、あるいはアクターたちの妥協や合意からなるAという制度の内実を絶対的に、認知しうるのだろうか、という問題がそれである[16]。

　現実の制度は、それが狭義での物理的な存在性をもつものではない限りにおいて、言語ないし文言を介してその意味内容を伝達するものにほかならない。その限りにおいて、アクターによる制度の認知という実践において、制度はアクターたちの認知能力に依存した一定の解釈を被る、きわめて相対的な仲介物である。こうした特性をもつ制度は、その受容者たちによる、同一の意味内容に対する相異なる解釈を介さずして、つまり認知上のずれを伴わずして、現実の行為を構成しえない。したがって諸行為の実践的基準としての現実の制度は、常に象徴的、つまり相対的で曖昧な仲介物である。同じようなグランド・デザインに従って社会経済システムに導入された制度が、異なった情勢においてそれぞれ異なった帰結をもたらすのは、ひとえに制度が実践的水準において「解

釈の多義性」を回避できないからである。この多義性の存在は、制度そのものが、自ら埋め込まれた社会的情勢に即して、場合によっては修正され、変容する可能性を示唆しているのである。

　こうした制度の特性は、他方で、社会経済システムが構造の呪縛から抜け出ことができる可能性をもたらす。いわば構造の投影物として現実の社会に介在する制度は、実践的レベルにおいて「閉じられたもの」としてのみならず、経済や政治といったそれぞれの実践的秩序に対して常に「開かれたもの」としても機能しているのである。制度諸形態を介した社会経済システムそのものの変容の契機はまさにここにある。このような「実践的秩序に収束と開放の契機を与える媒介的な制度諸形態の総体」こそがレギュラシオン様式である。われわれがあくまで均衡概念を否定し、レギュラシオン概念に固執する理由はここにある。なぜならメタ理論としての均衡論は、解釈の余地を、すなわち実践上のずれをいっさい考慮しえない論理構造を有しているからである。

9　結びに代えて

　われわれは、レギュラシオン・アプローチの構造主義的系譜を再検討する中で、初期のレギュラシオン・アプローチに萌芽的形態で存在しながらも、いつしか忘却されてしまった社会経済システム認識論を、構造主義的アプローチと、象徴的媒介というテレのオリジナルな議論とを基軸に再検討してきた。今やテレの象徴的媒介をベースにした社会経済システム論は、レギュラシオン・アプローチにおいても重要な地位を占めつつある[17]。その他の「制度の経済学」の多くが、「信頼」や「慣習」といった文化的なるものをミクロ・レベルで「制度」に包含し始めている現在、これに対抗する「象徴的なるもの」の概念は、マクロ・レベルでの政治的なるものの経済学的分析を指向するすべての政治経済学にとって、重要な分析枠組みを提示していると言えるのではないだろうか。その際に重要な指針となるのは、政治的なるものにおける「敵対性」の概念をどのように組み込むかである。

　いずれにせよ、すべての理論がそうであるように、こうした理論の妥当性は、実証分析への援用によって証明されねばならない。こうしたマクロ的水準での象徴的媒介の議論を最も有効に活用できるのは経済政策論であろう。なぜなら

第 3 章　構造からレギュラシオンへ

国家は、様々な政策の実行に際して、自らの政治的正統性という「象徴的媒介」に依拠しなければならないからである。とりわけ課税・財政政策こそが、政治的なるものの領域において最も激しい敵対性と矛盾が顕在化する実践的領野である。次章では、この象徴的媒介の一つである「貨幣」を取り上げて、その具体的媒介機能について検討しよう。

⑴　われわれは、こうしたレヴィ=ストロースの構造概念の解釈そのものが論争的なものであることを了解しているが、ここではひとまず通説的な解釈に基づいて、彼の言う「構造」を定義しておく。
⑵　この研究においては、構造主義と制度主義がどのような点で対立しているのか、またそれぞれがどのような代替関係ないし親和的関係にあるのかが、レギュラシオン・アプローチを基軸に明快に整理されている。なお、テレが依拠する制度主義の根幹は、J. R. コモンズのそれである。
⑶　ここで念頭に置いている、「現在の」レギュラシオン・アプローチとは、ボワイエが『レギュラシオン理論――知の総覧』第 2 版の「あとがき」(Boyer, 2001) で総括しているアプローチのことである。
⑷　ワルラスの均衡概念と構造概念との相同性を厳密に比較検討した文献として、たとえば最近のものに Ragot (2003) がある。
⑸　ただし、よく知られているように、後期のアルチュセール学派は、歴史を「主体なき過程」と見なしたとしばしば非難されており、このような指摘が正しいとすれば、後期のアルチュセール学派は、テレの言う哲学的構造主義のほうへさらに内向してしまったと言わざるをえない。
⑹　これは、後のレギュラシオン・アプローチにおいては「制度諸形態」と呼ばれる。なお、本章における議論の文脈からすれば、制度諸形態というタームと構造諸形態というタームを安易に対置すべきではない。この理由は以下で述べる。
⑺　ここでいう「調整作用」とは、レギュラシオン・アプローチにおける固有概念である「調整（レギュラシオン）」概念によるものである。調整概念の検討は後に行なう。
⑻　レギュラシオン・アプローチは往々にして、方法論的個人主義を批判するがゆえに、個々の行為者を主体（sujet）と形容せずにアクター（acteur）と形容する。ここで言うアクターとは当事者のことであるが、この用語にはもう一つ「役者」という訳語も存在する。こうした用語へのこだわりは、レギュラシオン・アプローチが依然としてホーリスティックな構造主義的アプローチに与しているがゆえに、主体は完全に自律しておらず、常に構造の影響を受けている（主体の役割を演じている）という見解を崩していないことの現われであると言えよう。
⑼　ちなみに、アマーブルが主体ではなくエージェントという用語を用いていることは無視すべきではない。エージェントはあくまで「行為者ないし代理人」であり、このような用語を用いることによって、彼もまたミクロの経済主体が、言葉の厳密な意味での方法論的個人主義に従った自律した個人、すなわち「主体」ではないと主張しているとも理解できよう。
⑽　こうしたアプローチのメルクマールは、Hall and Soskice (2001) による「資本主義の多様性（variety）」アプローチである。彼らは資本主義経済を、「自由市場経済」と「コーディネイトされた市場経済」とに大別し、システムに首尾一貫性を与える制度の相互補完性と階層性を重視する。なおアマーブルも、システムに首尾一貫性を与えるものとしての、制度のこ

⑾　したがって、きわめて当然のことであるが、個人は戦略的ゲームの遂行において、すでに何らかの規範を自らのものとしているのであり、経済合理性のみを基本的性向とする自律した存在ではない。たとえば磯谷（2004）は、個人をシステムの中で「すでに社会化されている存在」と見なす。そして、個人は常に自らの存在に先行する諸制度の影響を受けながら、学習を通じて自己形成し、またそうして「制度化された個人」が制度の形成や変化に影響を与えていくという。

⑿　もっとも、この因果関係の表現としての機能性のみをもって、すべからく「構造」と定義するならば、議論はまったく異なる。しかしながら、われわれは前節で指摘したように、こうした「構造」理解を言葉の厳密な意味での構造としては捉えていない。

⒀　この限りにおいて、「構造とは現実を抽象したものである」（Théret, 2003, p. 71）。また、ラゴがこうした問題に関するテレとロルドンの議論を要約して述べているように、彼らは「制度とは現実を抽象したものが現勢化されたものである」と考えている（Ragot, 2003, pp. 101-102）。本章で考察しているわれわれの制度と構造をめぐる議論は、このようなテレやロルドンの定義に示唆を受けたものである。

⒁　ただし、ラゴが述べているように、構造を過去に形成された「閉じた制度」と見なすならば、この限りで「構造としての制度」という認識は成り立つ（Ragot, 2003, p. 103）。またラゴは、制度を「開かれた構造」とも認識しており、時間軸における変化の可能性の有無が構造と制度を存在論的に分離していると見なしている。

⒂　こうした「合意」を重視するアプローチを根本的に批判し、「敵対性、対抗性」を重視する社会学的研究として、たとえば Mouffe（2005）を参照されたい。ムフはカール・シュミットの政治学に独自の解釈を施し、イギリス・ブレア政権の「第三の道」を「合意主義的政治アプローチ」であるとして厳しく批判している。以下のわれわれの議論もこの研究に大いに示唆を受けている。

⒃　実際、たとえば大浦（2008）は、進化ゲーム理論でも「認知レベルの現象や意識レベルの現象が数理的なモデル化が難しい」として、「社会科学の研究を進める上で、意識や価値観の形成や変化という問題は、行動レベルの変化と並んで重要な問題である」と指摘している（p. 42）。

⒄　たとえば、レギュラシオン・アプローチを回顧したボワイエの研究（Boyer, 2001）は、フォーディズムそのものを、象徴的なるものという媒介的制度を組み込んだ形で再考している。

第4章　制度、構造、レギュラシオン
——社会システムにおける制度の機能的多元性

1　問題の所在

　経済学において、「制度」というタームが脚光を浴びるようになって久しいが、このような理論的潮流において「制度」というタームそのものの内実は、きわめて多義性を帯びている。一方の極には、ヴェブレンの創始的研究の再評価に始まり、制度＝思考習慣と捉える現代制度学派、マルクス的な構造的社会認識論に視軸を置くレギュラシオン・アプローチや社会的蓄積構造アプローチが、他方の極には伝統的経済学における与件としての制度観を継承・発展するコースを始めとした「新制度」学派や、制度をゲームのルールと捉える比較制度分析が存在しており、日本においてもまた、マルクスとケインズの貢献を土台として、制度の経済学諸学派の総合を目指す「社会経済システムの制度分析」アプローチなどが独自に構築されつつある。このような意味からすれば、行為論・構造論の別を超えて、今や経済学は、「制度」という経済システムの構成要素を無視しては成立しえないと言えるであろう。

　しかしながら、このような学派を超えた「制度」的分析の興隆は、それぞれの学派間での理論的・方法論的差異をひとまず措くとして（むろんこれ自体考察すべき固有の問題であることは間違いない）、まさに「その成功のゆえに」新たなアポリアに直面しているように思われる。管見の限りでは、その内容は以下の二つから構成されているように思われる。

　まず第一に、諸学派がいかに経済的領域内部に自らの研究対象を禁欲したと

しても、「制度」という本質的に社会性を帯びる対象を自身の分析の出発点に置き、そこからの理論的発展を指向する限り、現実の社会的・政治的動態の考察を可能にする独自な概念を自らの理論的枠組みの中に取り入れずにすませることはできない。実際、たとえば比較制度分析は、国家を代表的なマクロの「制度的主体」として経済的機能の側面から自身の分析に組み込んでいる[1]（青木・奥野・岡崎編, 1999）。他方、レギュラシオン・アプローチは当初から国家を重要な制度諸形態の一つと見なしており、たとえば、本書が基本的に依拠しているブルーノ・テレ（Théret, 1992）をはじめとする諸研究は、「制度としての国家」の経済システムへの挿入のあり方をめぐって精力的な研究を行なっている。

　次いで、近年大きな議論の対象となっているのは、経済的「主体としての」諸個人と経済的パフォーマンスに対する「制度」の位置づけに関わる問題である。つまり、「制度」とは、新古典派総合流の主体相互間での「与件」の一変種でしかないのか（新制度学派や比較制度分析）、それとも本書が一貫して主張する社会的なるもののダイナミックな進化・変容を制約する、あるいはまた方向づけつつそれ自身変化する、構造的な性質をもつ「媒介的諸形態」なのか（現代制度学派やレギュラシオン・アプローチ、社会的蓄積構造アプローチ）、さらにはまた、ミクロ・マクロ両主体の行動に対して与えられる可変的「場」なのか（塩沢, 1997）、という問題がそれである。すでに多くの研究が示しているように、「制度」を自身の理論的枠組みに取り入れている経済学諸学派が、その内実において分化するのは、まさにこの点においてである。

　制度としての国家の問題は、政治的なるものをどのように経済学の理論的分析に取り入れるべきなのかというきわめて大きな問題をはらんでおり、その検討は本書の前半ですでに検討された。それに対して、諸個人と制度の問題は、本来の経済学的分析に即して最も活発な議論が交わされている領域であり、一定の共通見解も形成されつつある。しかしながら、われわれの問題関心からすれば、この問題に関してもいくつかの点において未検討の問題や認識上の混乱が存在しているように思われるのである。そこで、本章においては、制度認識に関するいくつかの研究を整理しつつ、経済システムの構成にとって制度がいかなる機能を有しているのかに関して、いくつかの仮説を提示する。まず第一に検討されるのは、経済システムの構成における制度の位置づけに関する問題

である。そこではわれわれは、すでにいくつかの研究が提示している「個人と社会をつなぐものとしての制度」という見解を基軸に、「制度によるシステムの構造化」という作用に着目する。第二に、制度の経済学諸学派によって、このような制度の認識に基づく社会経済システムの基幹的制度の一つと見なされている「貨幣」を取り上げて、制度としての貨幣の調整機能に着目し、制度認識に関わる論争に混在している問題を析出する。この際われわれは、前章までで検討した「象徴媒介としての貨幣」理論を議論の中心に置くこととする。実際、一口に制度と言っても、それがどのような水準で捉えられるべきものなのかについては、管見の限りきわめて議論が錯綜しており、われわれには、資本主義的経済システムにおいて一定の歴史的区分の中で理念的な形で表象される「諸制度の構造的関係性」と、現実的な歴史的可変性をもつ「制度的システム」とを、明確に区分することが必要であることを論じてみたい。

2　経済システムの「制度」的分析の諸相

2.1　「社会」の認識論的水準
——部分 - 全体アプローチと全体 - 部分アプローチの間で

われわれが制度というタームを通じて、支配的経済学のパラダイムの限界を認識し、その代替物の構築を論じようとするのであれば、周知の事実の確認といういささか冗長なものではあっても、まずは従来の経済学においては「社会」という枠組みがどのように構築されると考えられてきたのかという「認識」に関わる水準から議論を始めなければならない。

現代制度学派のG. M. ホジソンは、支配的経済学の雄である新古典派経済学が分析の対象として認識しているのは、何よりも「抽象化され普遍化された個人」であり、具体的存在としてきわめて大きな差異性をもつ個人ではないことを指摘する（Hodgeson, 1999, p. 103）。このような個人から出発する新古典派経済学において、社会的なるものはあくまでこの「諸個人の行為」の事後的な帰結として存在するに過ぎない。各経済的主体の行為が制約を受けるのはもっぱら「市場」に関わる諸原理であり、そこにおいて一定の地理的・空間的範囲で存在する社会的要素は、過去から引き継がれた所与の条件に過ぎない。つまりこの経済学は、方法論的には「部分」から「全体」を導き出そうとするのであ

る。

　他方、この対極をなすもう一つの経済学的潮流が存在する。カール・マルクスの経済学がそれであり、この経済学を方法論的・認識論的に精緻化したものが、ルイ・アルチュセールの「構造主義的マルクス主義」である。

　周知のように、アルチュセールを旗頭とする構造主義的分析は、俗流的なマルクス解釈に基づく単純な「土台と上部構造」による「社会」認識に疑義を呈して、経済、政治、イデオロギーという構造を分節（＝接合 Articulation）し、その分節され自律した構造を全体の構造（社会構成体）が支配すると指摘した。そこにおいては主体の自律性は存在せず、存在するのはただ構造の再生産のみであり、経済という物象化された世界が全体を規定するという。今このようなアルチュセール解釈をひとまず議論の俎上に乗せるならば、アルチュセールの方法は、「全体」が「部分」を構成するという認識に基づいていると言えるであろう[2]。ただし、このアルチュセール解釈はきわめて俗流的なものであり、その意味でわれわれは、この解釈に全面的に依拠して以下の議論を進める意図はまったくないことを、ここで強調しておこう。

　これらのアプローチを、今仮に、それぞれ、認識論上における部分-全体アプローチ、全体-部分アプローチと措定するならば、これらが逢着する社会認識のあり方はきわめて一面的である。なぜなら、これらのアプローチの論理に従えば、認識論上で構築される「社会」は、部分から構成されるものであれ、全体から構成されるものであれ、事実上「変化のない単一のもの」に還元可能であるからである。たとえば、前者のアプローチでは、個人の行為の集積が「社会」であり、後者においては初めから「社会」が存在している。いずれのアプローチを選択したとしても、認識論上の「社会」にはいささかの変化も生じないであろう。というのも、前者の言う主体とは、それが抽象的かつ普遍的なものであるがゆえに同質的なものであるからであり、同質的な主体が紡ぎ出す帰結は時間的空間的差異を超越して同一のものであろうからである。また、全体が初めから存在し、その支配性が絶対的なものであれば、部分としての主体はいささかの変化も被らないであろう[3]。

　したがって、これらの簡潔な確認から、支配的経済学が認識論において依然として大きなアポリアを抱えていることがわかる。すなわち、部分であれ全体であれ、その「普遍性」を前提とした認識論では、現実の「社会」の変化を捉

第4章 制度、構造、レギュラシオン

えることはできないし、可能性としても容認しえないのである。実際、現実の「社会」は、これらのアプローチが想定しているような単純なものでもなければ、変化の可能性をもたないものでもない。また、部分と全体が矛盾なく存立する可能性はきわめて稀であろう。必要なのは、認識水準において、「社会的行為における部分としての主体と、その行為帰結としての全体（あるいはまたその逆の相関関係）」を、一方が他方を規定すると同時に他方が一方を規定するという意味において、媒介する第三の要素を設定し、また具体的水準においてその認識上の連関が反映される「実践的要素」を抽出することである。これこそ、近年のいくつかの経済学の潮流が再び議論の俎上に乗せ始めた「制度」概念である。

2.2 部分と全体を媒介するものとしての「制度」

ヴェブレンの研究をもって嚆矢とする経済学への「制度」概念の現代的援用は、前節で述べた認識論上の二つのアプローチに従えば、次の二つに大別可能である。

まず、部分 – 全体アプローチに属するものとしては、伝統的経済学における与件としての制度観を継承発展する R. コースをはじめとした「新制度」学派や、制度をゲームのルールと捉える比較制度分析がある。他方、全体 – 部分アプローチに属するものとしては、先にも引用したホジソンらの現代制度学派や、マルクス的な社会認識論に基軸を置くレギュラシオン・アプローチや社会的蓄積構造アプローチがある[4]。

たとえば、比較制度分析は、制度を次のように捉えている（青木・奥野・岡崎編. 1999）。まず、資本主義経済システムは多様性（空間的・時間的差異性）を帯びている。そして、経済システム内部においては制度的補完性が成立しており（ある一つの慣習・制度は他の慣習・制度の成立ないしその安定性を前提にして自身の存在条件を確立している）、経済システムはその歴史的進化に伴ってその経路依存性を有する（経済システムの慣性とシステム外部における変化との漸進的かつ相互依存的な進化）と捉えている。ここでの部分としての主体は、制度を「所与とする」戦略的ゲームの中で行動し、そのゲームの結果として時として制度は見直される可能性がある。したがって、制度の見直しは大いに蓋然性を帯びている。

他方、アルチュセール「主義」の構造論に対するアンチテーゼとして提示されたレギュラシオン・アプローチにおけるレギュラシオン様式の概念は、一般に、賃労働関係、貨幣制約、資本の競争形態、国家の挿入形態、国際体制という「制度諸形態」が行為主体（個人間、企業間、国家間）の能動的ないし受動的闘争から形成され、これらの制度諸形態が一定の歴史的制度的慣性をもちながら全体と部分を誘導し方向づけると捉える。ここでは、全体としての社会的帰結や、部分としての諸主体の行為は、制度が形成されるや否や拘束的に誘導されることが強調されている（ボワイエ, 1996）。つまり、その意味で、レギュラシオン・アプローチもまた制度諸形態の変化の可能性を「歴史の思わざる発見」（Lipietz, 1989）に求めている。制度の漸進的変化の可能性は状況依存的な諸主体の行為から顕現する制度（たとえば「制度的妥協」）に依存すると捉えられているとはいえ、主体間のコンフリクトを契機とした制度そのものの見直しは、全体的帰結がもたらすそれと比べて従属的な位置に置かれているように思われる。
　つまり、どちらのアプローチとも、経済システムにおける「制度」の重要性を認識しながら、「制度の構築における主体性とその拘束性」に関してどちらか一方に分極化する傾向にあり、言葉の厳密な意味で、「制度」は部分と全体をつなぐものとは捉えきれていないように思われる。
　このような制度分析の部分と全体をめぐる分極化に対して、前出のホジソンは制度を次のように捉えようとする。彼はヴェブレンの「制度＝思考習慣」概念に依りながら、「制度は、主体の頭の中の『主観的な』考えであると同時に、主体が直面する『客観的な』構造でもある。制度の概念によって、習慣や選択といった個人的行動のミクロ経済的世界と、非人格的な構造に見えるマクロ経済的世界とが、結び付けられる」（Hodgeson, 1999, p. 144.）と主張する。
　われわれの問題関心からすれば、ホジソンのこのような主張は大いに意義がある。なぜなら、彼のこの主張は、認識水準での経済システムの「構成」において、「制度」は諸主体の主観的な行動規範であると見なされると同時に、全体的帰結の客観的・構造的枠組みを構成することを示唆しているからである。つまり、制度は部分における主観的関係性を構成すると同時に、全体における各部分間での関係を構造的に構成するのである。
　しかし、このような理論的研究は、制度論的アプローチにおける最も重要な

第4章　制度、構造、レギュラシオン

テーマであるがゆえに、ホジソンのみならず数多くの研究者によって探究されている。たとえば、塩沢由典は、部分と全体との相互的領域を一定の揺らぎをもって設定する場として制度を捉え、「ミクロ・マクロループ」という独自な経済システム認識論を提示している（塩沢，1997）。さらに植村博恭らは、その塩沢の貢献からも示唆を受け、よりいっそう明示的に、「媒介としての制度」を分析の基軸に置く独自な「社会経済システムの制度的分析」を提唱している（植村・磯谷・海老塚，1998）。これら二つの研究はともに、その意味で従来の部分-全体アプローチないし全体-部分アプローチが抱えていた困難を乗り越えようとする試みである。誤解を恐れずに言えば、上の二つのアプローチにおいては、塩沢が経済システムにおける制度による構成作用と因果性の構築をかなりの程度柔軟に捉えているのに対して、植村らは経済システムにおける制度の構造的規定性を重視しているという差異を有しており、厳密には両者のアプローチを同一のものと見なすことはできない。とはいえ、「制度」を媒介的なものとして捉えている点で、一定の共通項を有していると捉えることは可能であろう。

今、「社会経済システムの制度分析」アプローチを例にとって、より具体的に検討するならば、それは社会経済システムを次のように捉えている。第一に、個人の行為から直接間接に形成される「制度やルール（その総体としての経済システム）」には、唯一不変のものは存在せず、かなりの程度、以前の社会経済的枠組みのあり方に左右される。第二に、制度やルールは単一のそれとしては「機能しえず」、他のいくつかの制度やルールとの構造的両立性がもたらす作用を通じて統一的機能をもつ。経済システムは「市場」や「政府」・「企業」といった諸制度の「束」として捉えられる。第三に、システムの変化は、外生的に与えられるというよりも、むしろ内生的に、各主体間における行為の集積→各々のシステムでの妥当性の可否→既存の制度やルールの存続ないし見直し→主体への働きかけ、といった循環図に基づく「累積的・動態的な関係性」からもたらされる（同上，序章）。もちろん、実践的水準では、ある特定の集団や主体から一方的に通告されることによって制度が改変されるケースもありうるし、主体の働きかけや改変への意志よりも制度の慣性が強力なケースも考えられうる。しかし、いずれの水準においても、制度は社会経済システムの構成において、「部分と全体をつなぐもの」として社会経済的水準で配置されるので

ある。

2.3 制度の構造化作用と全体的関係性の変化の可能性

以上のような「社会経済システムの制度分析」アプローチの制度認識からわれわれが引き出すべきことは、制度が各々の部分的水準内部において「一定の関係性を構築するための基点」となり、各々の水準において形成される関係性が再び制度を介して他の水準と結び付けられているという点にある。実のところわれわれは、こうした「制度の経済学」が支配的経済学に対して独自性をもつとすれば、それは制度が社会経済システムそのものに「すでに構造的に」埋め込まれていると同時に、その埋め込みのあり方が累積的・動態的な仕方で漸進的に変化するものと捉えられている、という点にあると考えている。つまり、きわめて抽象化され、具体性を削ぎ落とされたメタ・レベルにある制度は、ミクロのコンフリクトやゲームから「のみ」構成されるものでもなければ、諸主体に等しく課せられるルールにとどまるものでもない。それは、諸主体間、諸集団間、そして主体と構造との間に存在するそれらの関係性の「結節点」としてのみならず、個々の主体の行為や全体のパフォーマンスが「自らの水準のみでは」変化させることのできない全体的関係性を「構造化する諸要素」としても機能するのである。それゆえ、「全体的関係性」はこのような機能的二重性を帯びる制度を媒介とした、部分と全体との累積的・動態的変化を通じてのみ、初めて構成可能になる。このような論点は、先に述べたような俗流的なアルチュセール解釈に基づく構造主義的マルクス主義とは異なる新たな構造主義的・制度的アプローチの可能性を示唆しており、一定の関係性が一定の歴史的時間の中で、部分と全体のあらゆる水準において制度を媒介として「構成」され、一定の構造的因果性を有すると理解することが可能であることを指し示している。

実際、制度を以上のように理解するならば、「制度」はもはや単なる媒介ではない。たしかに制度は部分と全体をつなぐものであるが、それだけにとどまるならば、制度は社会経済システムを安定させることはできない。なぜなら、分権化された経済システムの下では、制度という媒介項が、部分的水準であれ全体的水準であれ先在し、そこに現前する「間主体的関係性」を一定の条件の下で「構造化」しない限り、社会的全体性は維持されえないからである。

第4章　制度、構造、レギュラシオン

今、メタ・レベルにおいて各々の制度が有する「媒介」という機能そのものに着目するならば、それは、ある水準内部における主体の行為が、その水準内部における他の主体に対して影響を与えるという機能をもつだけでなく、「ある水準で生じた帰結を他の水準へ転化する」（全体の帰結が部分に対して、あるいはその逆の方向へ）という機能をももたねばならない。なぜなら、社会経済システムが全体性をもって存立可能なものである限り、各水準内部での、そしてそれらの間での、相互依存性および因果性が一定の期間有効性をもちつつ、一定程度強固に連接されていなければならないからである。要するに、制度を介したこの各水準内部での、そしてそれらの間での連接の状態が構造化であり、全体の構造の構造化こそが経済システムに一定の「全体的秩序」を与えるのである[5]。

さらに、このルーティン化され固定化されたある種の循環の図式は、少なくとも次のような次元からなるものと理解されねばならない。すなわち、社会経済システムにおける諸主体間の水平的次元での関係性（たとえば市場における商品交換は形式的には平等な交換関係と見なされる）、および垂直的次元での関係性（たとえば諸個人の貨幣および貨幣的財への接近可能性の程度はすでに構造的に決定されており、この構造化作用を通じて貨幣に基づく市場への諸個人の参加形態はあらかじめヒエラルキー化されている）が、それである。

しかし、この構造化作用は、一定期間存在するものに過ぎない。なぜなら、社会経済システムの累積的・動態的循環の中で、構造化の構図や現実的水準におけるその機能それ自体もまた変化するからである。したがって、一定の歴史的時間の中で「秩序づけられた」社会経済システムは、変化の可能性をもつ制度を媒介項として、他の秩序づけられた社会経済システムへ変化する可能性を有するのである。

以上、認識論のレベルにおける媒介としての制度を検討してきたが、われわれにはなおもいくつかの課題が残されている。すなわち、社会経済システムにおける「媒介としての制度」の特定の諸範疇とは何か、また、このシステムをより具体的に構成する「機能的制度の諸水準」はいかにして区別されるべきか、がそれである。

3　制度としての貨幣の多元性

3.1　メタ制度としての貨幣

　前節においてわれわれは、いくつかの制度主義的アプローチを簡潔に跡づけることで、「社会的なるもの」の認識において「制度」が媒介的水準に位置づけられうることを確認した。そして部分（個々の主体の行為）と全体（経済システム内部の相互依存性と因果性からもたらされる構造化）の双方に変化の可能性と持続性を与えるものこそが「制度」であると結論づけた。では、この「制度」は現実の資本主義経済システムにおいては、より具体的にどのような諸範疇で語ることができるのだろうか。

　おそらくこのような問いに対しては、様々な範疇を挙げることができるであろう。場合によっては従来の経済学において基礎的範疇とされてきた多くのもの（たとえば市場、労働、資本、国家等々）を制度として捉えることが許されるかもしれない。実際、すでに述べたように、レギュラシオン・アプローチにおいて「制度」として考察される基幹的制度は賃労働関係であり、比較制度分析にあっては今や国家（政府）は市場経済にとって欠かすことのできない制度的補完物である。しかしながら、現時点において、理論的水準で最も研究が進んでいるのは、「貨幣」を制度として捉える研究である。以下では、その代表的研究事例としてアグリエッタとカルトゥリエの研究（Aglietta et Cartelier, 1998）を取り上げ[6]、前節で得られた認識論に関わる結論を再確認してみよう。

　伝統的経済理論において、いわゆる行為主体間相互の交換を基軸としたシステム（市場）の単なる交換媒体に過ぎないものと捉えられる貨幣は、アグリエッタとカルトゥリエによれば「制度」である。彼らにあっては、貨幣はもはや、「古典派の二分法」を前提として捉えられる、実物経済に何ら影響を与えないヴェールではなく、個々人の経済的行為のあり方と社会経済的帰結の双方に架橋するものであり、貨幣システムのダイナミズムが経済的秩序のあり方をも規定するという意味において、「制度」として捉えられる[7]。

　さらに、カルトゥリエの貨幣論を自身の独自な経済システム分析に取り入れる「社会経済システムの制度分析」アプローチにあっては、貨幣は「メタ制度」であると理解される（植村・磯谷・海老塚, 1998, p. 50）。この貨幣理解は、わ

れわれにとってもきわめて重要である。なぜなら、貨幣をその歴史性・空間性を刻印された実体レベルで捉えるのではなく、より抽象的な構造のレベルで、すなわち「メタ・レベル」で捉えることによって初めて、制度としての貨幣は実体的制約を解き放たれ、抽象的水準で部分と全体をつなぐものとして理解しうるからである。このような貨幣理解は、理念的水準における「メタ制度としての貨幣」と、歴史具体的社会的空間に現われる「貨幣制度（システム）」とを、認識論的に峻別可能にする。このことを明確に意識することによって初めて、歴史的現実がまとう複雑な表象に目を奪われることなく、「制度を媒介として構成されている社会的関係」を構造的に把握しつつ、その構造化作用から現実に形成される「貨幣的制度の具体的機能」を論じることができるのである。なお、本節の目的は、これらのアプローチに内在する貨幣理論そのものの理論的妥当性の検討を行なうことにはない。以下での議論は、もっぱらアグリエッタとカルトゥリエの諸説の検討を中心に、「メタ制度としての貨幣」が経済システムにおいてどのような構造的関係性を構成するのか、また「機能的システムとしての貨幣」が部分と全体をつなぐものとしてどのように現実に現前するのかという問題に、議論を限定する。

3.2 制度としての貨幣と機能的貨幣システム

まず彼らは、方法論的個人主義（その代表としての新古典派経済学）と方法論的ホーリズム（マルクス経済学）の双方を批判して、「価値論を基礎に置く経済理論」を拒絶して貨幣を出発点とする経済理論の地平を探究する。そして、社会経済システムの認識において「貨幣は市場関係よりも論理的に先行」し、「近代的な貨幣形態は、〔……〕独立した諸個人間での交換関係の結果ではない」ことを全面的に主張する（Aglietta et Cartelier, 1998, p.131）。そして、貨幣は経済的なものに関わる部分（個々の主体）と全体（社会的なるもの）をつなぐ媒介システムであり、「貨幣は市場よりもさらに根本的な社会的紐帯である」(ibid., p. 132) と規定される。ここにおいて貨幣は、もはや発生論的に捉えられるのではなく、制度として市場経済に一定の形を与えると同時に、主体間の貨幣を介した運動が、市場経済に対して一定の秩序と不均斉をもたらすものと捉えられる。

次いで彼らは、「貨幣」が「支払いシステムと呼ばれる明確な制度的前提条

件を土台として」(ibid.)、次のような三つの構成要素からなっていると捉える。すなわち、経済的大きさ（価格や個々の富）を指し示すことを可能にする「共通の計算単位」、次いで諸個人の分権的活動の条件である「貨幣鋳造の原理」、そして、いかにして交換における等価性が経済的大きさを決定するのかを説明する「清算ルールの原理」、がそれである (ibid., p. 134)。そして、貨幣を「支払いシステム」と捉えることによって、経済的水準において「諸個人間の関係を量的形態に転換することが可能」(ibid., p. 136) となるのであり、また彼らが、経済システムにおいて諸個人が「販売することができる以前に、購買できる能力をもたねばならない」(ibid.) と述べるとき、このアプローチにおいてケインズの有効需要の原理が制度論的アプローチの下で復権される。

　つまり（メタ・レベルでの）制度としての貨幣は、経済的関係性の中で分権的に行動する諸個人に対してその具体的数量的指針を与え、諸個人の貨幣的支出は一定の秩序づけられた経済的関係性を構成する。しかしこの関係性は常に均斉のとれたものであるとは限らない。なぜなら、諸個人の貨幣的債権・債務はその市場的交換において一定期間内に必ずしも清算されうるとは限らないからである。したがって、その経済的関係性を一定の秩序下に置くためには、機能的システムとしての「制度的アンカー」が必要となる。それが貨幣鋳造に関わるシステムであり、その貨幣的債務の清算に関わるルールである。とりわけこれらのシステムとルールは、主体による貨幣信認の問題に関わっているがゆえに、システムとしての貨幣において決定的に重要なものとなる。たとえば、金属貨幣システムの下での貨幣を介した諸個人の経済行為と、信用貨幣システムの下でのそれ（金という実体をもつモノによる最終的決済システムなのか、それとも政治的権力によって裏打ちされた信用による最終的決済システムなのか）とでは、諸個人の貨幣に対する正統性の捉え方も異なれば、自らの貨幣的債務が返済されうるかどうかという債権・債務関係の清算のあり方もまったく異なる。とりわけ、信用貨幣システムにおいては、その清算ルールを制度的関係として構造化する「政治的信認」のあり方如何によって、この債権・債務関係の構造は不安定と安定の両極を揺れ動く可能性がある。

　このような制度としての貨幣は、「社会的水準」においてもまた、一定の構造的連関の構成を媒介するものと捉えられる。この水準においては、諸個人、諸集団、あるいは国家までもが、貨幣を介した「経済的関係の構造化作用」に

基づく「社会的債権・債務関係」の動態的な運動に従うこととなる。この社会的債務とは、「諸個人と社会全体、ここでは『他者』との関係から」貨幣を媒介として構造的に取り結ばれる関係であり、「すべてのものが承認する支払い手段の獲得が、その代償としてすべてのものに対して」もつことになるものである (ibid., p. 136)。要するに、制度としての貨幣は、社会的なるものにおいて人間間の関係を経済的関係における量的関係性に転化すると同時に、その量的関係は、社会的なるものにおける人間間の「政治的」関係に反映される。その意味において、一定の社会的秩序の下で、貨幣は「経済的領域に関わる水準」と「政治的領域に関わる水準」とを媒介するのである[8]。

ここに至って、認識論上では、一定の社会的秩序が形成されたその瞬間から、経済的行為主体としての諸個人・諸集団は「分離」され、貨幣的形態の下で「社会的債務」という関係的構造に規定されることとなる。分権化された市場経済の下では、貨幣への諸個人のアクセス形態とその貨幣的支出形態とが錯綜した諸個人間の経済的相互依存関係を規定するのであり、この関係は貨幣的表象での社会的債務という形で階層化され、社会的なるものの水準における人間間の「政治的」関係性の初発的条件をも形成することとなるのである。

3.3 制度としての貨幣の構造と機能

以上の論点を、制度認識の観点から整理すれば、次の二点を指摘することができよう。

まず第一に、貨幣はもはや経済的関係性を構造化する制度としてのみならず、「社会経済システムの制度分析」アプローチが指摘しているように、政治的なるものをも包含した社会的秩序そのものを構成するメタ・レベルで認識される制度である。

第二に、メタ制度としての貨幣による経済的関係の構造化作用は、本来的に自己調整的機能を備えていない（なぜなら貨幣的債権・債務関係が常に清算される保証は存在しないから）がゆえに、現実の社会経済的秩序の維持には、現実に生じる経済的事象における不均斉や矛盾を「調整ないし制御するという機能」を有する歴史具体的諸制度からなるシステムが必要となる。

第一の論点は、われわれが問題の所在において指摘するにとどまっていた制度の経済学に固有のアポリアを、再び議論の俎上に乗せるものである。今、ひ

とまず、アグリエッタとカルトゥリエが言うように、「個人と社会をつなぐもの」としての貨幣が政治的権力関係の原基的形態を形成するということを容認するならば、政治的権力関係の現象形態はすべて貨幣的形態の反映ということができるであろう。

たしかに、国家という政治システムは、課税や財政といったシステムの政治的管理を通じて経済システムに挿入されている (Théret, 1992)。しかし、アグリエッタとカルトゥリエの議論についての、われわれによるこのような理解が正しいとしても、この議論は経済が政治を支配するという、いわゆる経済決定論の図式を離れていないように思われる。その意味で、次節で検討するような象徴的媒介というもう一つの貨幣機能の導入が不可欠である。

第二の論点は、従来「制度」というタームに暗黙のうちに割り当てられてきた「経済的事象の調整ないし制御という機能」が、実は、制度が経済システムにおいて果たす役割の一側面を指すものでしかないことを指し示している。前節において述べたように、媒介としての制度は経済的関係の一定の構造化作用を有するのであるが、この構造化は一定の「秩序」を形成するだけであって、安定化そのものまでを保証するものではない。それゆえ、現代の資本主義経済における現実の経済政策においては、そのメタ制度としての貨幣が経済システムに与える一定の秩序を調整ないし制御する具体的「貨幣制度」の創設が求められるのである。その意味で、メタ制度としての貨幣そのものは、時間的・空間的差異を超えて、先に述べた「三つのルールや原理」を不可欠の「前提条件として」要請するが、それに対応する具体的貨幣制度は、経済システムそのものの歴史的変態に従って、またそれが現われる空間的差異に応じて、(金本位制や信用貨幣制度といった) 多様な形態をもって顕現する可能性がある。すなわち、資本主義経済システムにおけるメタ制度としての貨幣は、そのシステムを基本的に構造化していると同時に、現実の経済システムにおいては多様な調整的機能をもって顕現することとなるのである。

したがって、経済システムにおけるこのようなアグリエッタとカルトゥリエの制度としての貨幣認識論からわれわれが読みとるべきことは、制度としての貨幣が経済システムの構成において「構造化作用と調整的機能」という二つの異なる次元での機能的「多元性」を帯びているということなのである。

第4章　制度、構造、レギュラシオン

4　社会的債務と象徴的媒介としての貨幣

4.1　社会的なるものと全体性

　実は、以上のようなアグリエッタとカルトゥリエの貨幣概念を前提にしつつ、テレもまた、独自の貨幣論をアグリエッタとオルレアンの編集による『主権貨幣』の第6章で論じている[9] (Théret, 1998b; Aglietta et Orléan, 1998)。

　アグリエッタとオルレアンは、同書の「序説」において、社会はすでにそれが存在した時点で全体性を有しており、その全体としての社会をつなぎあわせ、作り上げているのは、個々人の平等で自由な契約的合意ではなく、歴史的与件として存在する様々な「社会関係」であると主張する[10]。これらの社会諸関係は様々なレベルで「社会的紐帯」を構成するが、それぞれの社会関係はそれ自身、より上位の集団的諸価値に従属する[11]。したがって、「集団的諸価値は、個人の行動に秩序を与える諸規範の源泉である」(Aglietta et Orléan., 1998, p. 13)。

　社会は、こうした諸々の社会関係の原領域を歴史的実践過程の中で作り上げてきたのであるが、その関係のメタ・レベルでの構成原理が、すでに述べた「社会的債務」の概念である。人間は生命誕生の瞬間から過去に形成された社会関係の恩恵を被っている、すなわち社会的債務を負っており、その債権を表象するのは、時代によっては、天・地であり、神であり、祖先であり、地上に存在する何か（きわめて貴重なモノ、儀礼、祭司、君主、そして貨幣）であった。それらは債権を有しているからこそ、権威であり、正統性を有する。

　こうした社会認識論を敷衍し、テレは債務を次のように措定する。

> われわれにとって債務とは、人間間のすべての交易の基礎にある原初的な社会的紐帯にほかならず、商品交換、贈与・反贈与、様々な再分配を伴う徴税、といったすべての取引の背後に隠れている構造である。実際、これらの取引は結局のところ、「債務創造の手段」に過ぎない。(Théret, 1998b, p. 253)

　「生の債務」と呼ばれる、すべての社会関係に先行する「構造」は、歴史的過程を通じて太古から社会的なるものを規定してきた。現代はそれが「供儀」

という表象から「貨幣」という表象に移行した時代に過ぎないのである。

したがって、「貨幣は個人間の諸関係からの債務の解放および債務の現世化を可能にする、同質化の演算子であり、債務の抽象化の演算子である。貨幣のおかげで債務は移転を介してより広い空間の下で循環することができる。計算貨幣は、質的差異を数的に秩序づけられた量的連続体に転換し、代数総和としての社会的全体性が、同次的ではあるけれども微分されたものとして、また、諸個人の集計値として、表象される可能性を広げる」(*ibid.*, p.254)。

この債務の貨幣化は、近代においては債権の公・私二重の次元（贈与・反贈与および商品交換）での分裂化をもたらす。そしてそれぞれが「政治的債務」と「経済的債務」という二重のレベルで現われる。これは、序章で述べた「経済的なるもの」と「政治的なるもの」との位相に相即して立ち現われる債務である。経済的債務は「ある全体性に対する個人の負債」であり、その債務は時間の中で過去から受け継いだものではなく、その債務の決済は部分的な全体性（経済的秩序）の中で行なわれ、またある時点の未来へと先送り可能なものであるがゆえに、いつでも価値実現可能である代わりに不確実なものでもある。それに対して政治的債務は、過去から引き継がれたものではあるが、経済的債務とは異なりその関係は逆転しており、それは「人間に対するある全体性の負債」となる。これを決済するためには、主権的権力は「人間を保護する何か」、すなわち「諸集団の社会的保護」を実践しなければならない。そしてこの債務は主権的権力の正統性を規定し、その決済のありようは制度化された妥協の形態に依存する。

しかしながら、経済的なるものの内部においてもまた、貨幣によって表象される債務は公・私二重に存在する。すなわち、一方においてそれは単なる商品交換の媒体としての貨幣形態および貯蓄と保険という貨幣形態となって、他方では、社会保険と福祉事業という貨幣形態となって、債務は現われる。

4.2　貨幣の機能形態の循環

こうした社会的債務としての貨幣は、第1章で詳細に検討されたように、テレの議論に従えば、社会的なるものの「象徴的媒介」でもある。第1章2.3で述べたように、現実世界（人間とモノとの関係からなる構造）と想像世界（人間と人間の関係からなる構造）とを等質化し、コミュニケーション可能に

第4章 制度、構造、レギュラシオン

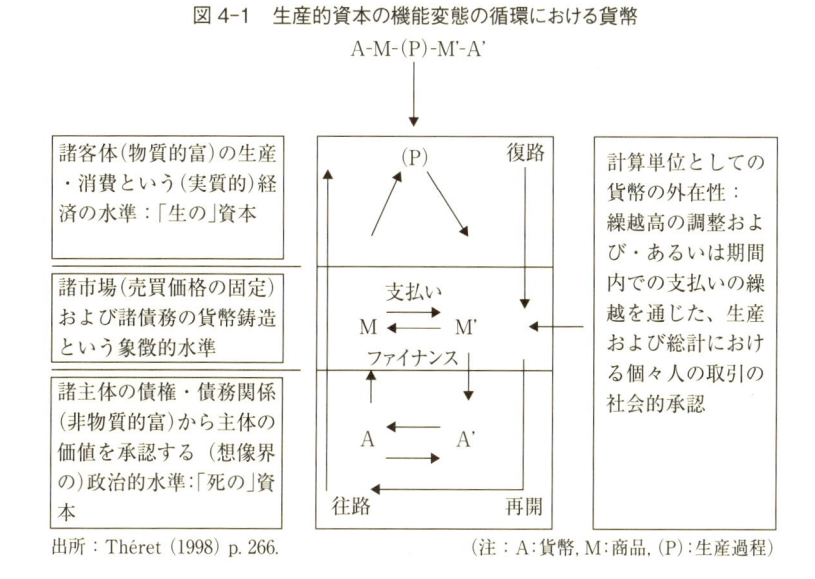

図4-1 生産的資本の機能変態の循環における貨幣
A-M-(P)-M'-A'

諸客体(物質的富)の生産・消費という(実質的)経済の水準：「生の」資本	(P) 復路	計算単位としての貨幣の外在性：繰越高の調整および・あるいは期間内での支払いの繰越を通じた、生産および総計における個々人の取引の社会的承認
諸市場(売買価格の固定)および諸債務の貨幣鋳造という象徴的水準	支払い M ← M' ファイナンス	
諸主体の債権・債務関係(非物質的富)から主体の価値を承認する(想像界の)政治的水準：「死の」資本	A ← A' 往路 再開	

出所：Théret (1998) p. 266.　　　　　(注：A:貨幣, M:商品, (P):生産過程)

するためには、それらの世界を媒介するための中間領域が必要である。それが象徴世界であり、そこで主たる機能を担うものが貨幣・法という象徴的媒介であった。この概念に基づき、テレは象徴的媒介としての貨幣が、経済的循環の中で、象徴的かつ媒介的に機能する様式を措定する。それを図式化したものが「貨幣の機能形態の循環図」(図4-1) である。

　先に述べた象徴的媒介としての貨幣・法の説明は、もっぱら社会経済システムの認識論のレベルにとどまるものであったのに対し、社会的債務の概念が「象徴的媒介としての貨幣の理論」に導入されることによって、今やモノ記号としての貨幣は、経済的秩序と政治的秩序を通約可能にする、より実体性を帯びた媒介として立ち現われる。以下ではこの図4-1を参照しながら、その秩序間の転化がいかにして行なわれるのかを確認しよう。

　まず、左側の項目は、上から「現実世界」・「象徴的世界」・「想像世界」に対応する、経済・象徴・政治の水準を表わしている。一番上の記号は、いわゆるマルクスの生産資本循環の図式である。テレは、この図式に象徴の水準と政治の水準を導入することで、貨幣の媒介機能を明らかにしようとする。右側の項目は、一般的な経済的機能と見なされている「計算単位」としての貨幣が、生

産資本の循環の外部で社会的総計の単位で調整されることを示している。したがって右側からの矢印は、市場という象徴的水準で調整された貨幣総量が生産資本に投下される、ないし引き上げられることを意味している。

　われわれは、こうした図式を見た場合、まず経済の水準から議論を始めようとする。しかしながら、本章で検討してきたように、貨幣とは過去から政治的・経済的に受け継がれた「生の債務」を象徴するものであり、あらゆる社会的なるものに先行する。したがって、この循環は、何よりも貨幣から始めなければならない。だが、生産過程へ編入される諸主体は、自らの政治的存在を自らの政治的債権・債務の関係によって構造化されている存在である。つまりこの政治的水準において、その貨幣所有のあり方そのものによって、諸主体の政治的存在はすでに常に階層化されているのであり、こうしたヒエラルキー構造の下で、生産資本の循環が開始されるのである。

　さて、こうして開始された生産資本の循環は、次いで、商品との交換段階に至る。この水準では、政治的水準において貨幣に転化された政治的債務は、その債務を社会的に負う義務をもつ君主や国民国家が制定する、より実体的な「貨幣」へと象徴的に転化される。図中にある「諸債務の貨幣鋳造」とは、社会的債務としての貨幣を、現実世界で交換可能な媒体に象徴的に転化すべく、主権的権力がその価値（債権・債務の構造）を政治的に承認することにほかならない。この象徴レベルでの主権による社会的債務の承認こそが、主権的貨幣を生み出すのである。

　さらに、こうして社会的承認を受けた貨幣は、現実の商品交換の過程へと至り、生産過程の中へ編入される。そして生産過程の中で生み出された新たな商品は、再び市場という象徴的な水準でその価値を評価されることとなり、貨幣へと転化され、資本として蓄積されてゆく。

　こうして、経済的再生産の中でのこうした財の生産・消費は、最終的に資本蓄積という、貨幣的（経済的）価値としては認知可能であるが、物理的存在としては認知困難なモノに象徴的に転化される。この水準では、貨幣はもはや単なる計算単位ではなく、政治的水準における主権的権力の承認を介して、社会的全体性の下で象徴される媒介物である。この象徴的媒介機能がなければ、資本は社会的全体性の中でそのモノとして承認されえないのであり、また再びその経済的再生産の中へ編入されえない。そして、この社会的レベルで象徴され

第4章 制度、構造、レギュラシオン

た資本の存在は、債権・債務という純粋に経済的な関係を、資本を持つ者（債権者）と持たざる者（債務者）という政治的・権力的な関係へと転化する。ここに至って、政治的諸関係から出発した債権・債務の関係は、貨幣というメタ制度を媒介として、経済的諸関係へと転化されるのである（図4-1の「再開」へと向かう矢印）。

要するに図4-1によれば、貨幣は経済的秩序を外部から数量的に調整する単なる道具ではありえない。貨幣は、こうした道具主義的な機能に加えて、諸主体の間で構造化されている債務・債務の関係を「経済的かつ政治的に象徴、媒介する」という機能を有しているのである。

4.3 調整的・同盟的貨幣──レギュラシオン空間と妥協としての中央銀行制度

以上見たように、現実世界から想像世界への転化過程において、貨幣は常に社会的全体性からもたらされる「債権・債務の関係」を経済的に調整するために必要な媒介物である。だが、こうした転化過程は、単に、経済（資本蓄積）のレベルにおいてのみ起こりうるのではない。なぜなら、本書の前半で述べたように、社会的なるものには、「経済的なるもの」と「政治的なるもの」それら自身を構造化するもう一つの調整レベルが必要となるからである。これこそが社会的債権・債務関係を政治的に生産するために必要な、象徴的媒介としての貨幣の、もう一つの機能である。

テレは、この機能を次のように定義する。

> 近代貨幣は、私的債務の支払い手段、とりわけ賃金という手段──これは資本家が勤労者に対して義務を負う私的債務である──であると同時に、社会がすべての市民に対して負う債務の支払い手段でもある。この貨幣は社会的なものの全体性に対する、媒介的関係と無媒介的関係という二重の関係の中で捉えられる。前者の媒介的関係は、貨幣が循環的再生産を保証している経済的秩序における貨幣の諸機能に関連する関係であり、後者の無媒介的関係は社会保護の新しい紐帯を基礎づける、政治的なるものと経済的なるものとの同盟形態としての関係である。(*ibid.*, p.264)

この引用から明らかなように、貨幣は、経済的債権・債務関係を再生産する

モノであると同時に、社会的なるものとその成員である市民との政治的債権・債務関係を再生産するモノでもある。端的に言えば、後者の関係は、主権的権力が市民を保護するという債務を有していることを、そして市民は主権的権力に対して自らの保護を要求できるという債権を有しているということを意味していることにほかならない。

　こうした政治的債権・債務の存在は、なぜ主権的権力が国民を保護する諸政策（社会保障や公共財の提供）を実践しなればならないのかを説明するうえでの基礎的要素である。すでに繰り返し述べてきたように、主権的権力の行使は、政治的合目的性に従って実践されるが、この合目的性は、何よりも社会的債権・債務関係によって制約される。したがって、社会保障の諸政策は、経済的合理性のみによって、また政治的合目的性のみによって実践されるべきものではない。それは政治的なるものと経済的なるものとが、社会的なるものの首尾一貫性を保証するという共同の目的の下で、同盟（ないし妥協）することによって、初めて実践されるべきものなのであるである。

　そしてこれらの政策が貨幣によって（たとえば財政支出といった貨幣的形態を通じて）実践される限りにおいて、貨幣は経済的なるものの領域を超えて、「政治的なるもの」と「経済的なるもの」の同盟を、また社会的なるものに首尾一貫性を与えるという「紐帯としての機能形態」をもつ。

　要するに、社会的首尾一貫性をもたらす貨幣の調整機能（レギュラシオン）は、経済的なるもの内部での再生産を保証しつつ、政治的なるものと経済的なるものの「同盟関係」（ある種の妥協）をもたらす。換言すれば、「貨幣の調整的機能（レギュラトワール）」が債務の決済システムを保証しつつ、「貨幣の同盟的機能（アリアンス）」が、経済的なるものと政治的なるものとの間での債務の相互移転を可能にするとともに、貨幣それ自身によってそれぞれの秩序の境界が確定される。とりわけ貨幣の同盟的機能は、蓄積レジームのレベルでは課税・財政システムおよび通貨・金融システムによる社会的調整という形態で作用する。なぜなら、すでに詳細に検討したように、税の徴収とその支出という、すぐれて社会的・政治的な行為は、税を課すという行為を可能にする正統性を国家が有していること、すなわち市民を保護するという社会的の債務を負っており、その債務を債権者たち（市民）に返済しなければならないことの政治的・経済的実践形態にほかならないからである。

　とりわけ、この貨幣による国民国家経済の調整（レギュラシオン）は、その政治的・経済的「秩

序間の相互依存が、各秩序内の経済において計算単位が循環することを保証する適切な通貨レジームを調整するとき、有効となる。そのとき各秩序での計算の論理は異なっているとはいえ、各々の秩序においても同一の道具が考慮に入れられるであろうし、またどのような起源のどのような債務も、同一の貨幣でもって調整することが可能になるであろう」(*ibid.*, p.271)。

この通貨レジームの近代的実践形態が管理通貨制度であり、その権威を階層的に保持するのが中央銀行である。したがって、経済的なるものと政治的なるものの制度的妥協形態である中央銀行の役割は、次のように定義される。

> 資本主義の発展とともに、唯一の国民的貨幣を発行する国家の主権的権力は、経済的秩序の中を合法的に流通すべく諸々の私的貨幣と妥協しなければならない、一つの公的貨幣を発行する権限へと還元される。各国においてこの「社会的」制度を組織するこの妥協とは、まさしく中央銀行にほかならない。実際、これこそまさに仲介的制度である。というのも、この制度は経済的秩序と一体のものとして発生しながら（中央銀行ははじめから商業銀行であり今なおそうである）、政治的秩序にも挿入されているからである（たとえば、中央銀行券の強制適用を課す能力のような主権的属性が中央銀行には認められている）。このようにして、どの中央銀行も、公的なものと私的なものとの間で確立された妥協——中央銀行はその制度的産物である——に対する諸々の違反について、それらに判定を下し、査定を行ない、制裁を加える役割を果たしている。まさしく中央銀行が経済的なるものとの一体性をもつがゆえに、中央銀行と国庫との婚姻は〔……〕、様々なレジームによって調整されることが可能である。(*ibid.*, p. 272)

かくして中央銀行は、政治的なるものと経済的なるものの制度的妥協として立ち現われるのである。

5 結びに代えて

われわれは、経済システムの構成における「制度」の認識論的位置づけをめぐるいくつかの研究の整理と検討を通じて、それらの議論に内在するいくつか

の課題を明らかにしてきた。その過程で明らかになったことは、通常具体的水準において認識される傾向にある「制度」という経済システムにおける構成要素が、メタ・レベルにおいて部分と全体との関係性の結節点を構成すると同時に、一定の社会的秩序の形成においてシステムの構造化作用を有するということであった。むろんこのような見解はミクロ・ベースの制度論を軽視しているという点で、依然としていくつかの困難を抱えているとはいえ、マクロ・ベースの制度論に関して言えば、一定の認識論上の混乱を整理するうえで有益な論点であると思われる。

　また、メタ制度としての貨幣に関するアグリエッタとカルトゥリエの研究の検討を通じて、「制度としての貨幣」をメタ・レベルでの「構造化作用」という機能と具体的レベルでの「調整的機能」とに分離して捉えることによって、理念的形態としての貨幣の制度的・構造的関係性の探究可能性と歴史具体的な形態としての貨幣システムの多様性の容認とを確認することができた。従来見られた制度というタームの多義性は、このような構造化作用と調整的機能との混同にあるのではないかというのがわれわれの結論であった。さらに、いわゆる制度論の範疇を超えて、レギュラシオン・アプローチにおける「貨幣」認識論が、伝統的な貨幣概念をいかにして乗り越えているのかを確認した。そこでは貨幣は「政治的なるもの」と「経済的なるもの」を象徴的に媒介すること、そして調整的および同盟的という二重の機能性をもつことが明らかにされた。

　加えて、政治と経済の調整を重視し、制度を象徴的媒介と見なす、テレのこのような制度理解は、レギュラシオン・アプローチに大きな方法論的変化を与えた。すでに指摘したように、こうしたテレの分析は、レギュラシオン・アプローチにおける「政治的なるもの」に関する認識の深まりをもたらした。また、アプローチそのものが異なっているとはいえ、「政治」を重視するS. パロンバリーニの研究が現在も進行中である。

　実際、われわれが本章で分析の対象としたテレの研究（Théret, 1992）は、その後も、アグリエッタ、カルトゥリエの研究と歩調を合わせつつ、貨幣のさらなる文化人類学的分析の深化や金融危機の類型化へと展開され始めている（Théret dir, 2008）。

　しかしながら、こうした象徴的媒介の理論に基づく制度分析は、何よりも「貨幣」・「法」・「言説」の三つで構成されていたはずである。残念ながら、貨

幣以外の「法」・「言説」についての象徴的媒介としての機能の分析については、その後大きな進展は見られていないように思われる。そこで最後に、**5・6**章において、戦間期から戦後期に至るフランスの経済政策の諸実践を例にとり、これらの象徴的媒介がレギュラシオン様式の変化にどのような影響を与えたのかを分析してみよう。なぜなら、経済政策をめぐる各社会集団の対立と妥協こそが、政治的なるものと経済的なるものとの闘技場(アリーナ)であり、そこでは、財政・金融政策を通じて「貨幣」が、各種法制度の確立を通じて「法」が、そして政策をめぐるイデオロギーや経済思想の対立と妥協の知的源泉としての「言説」が、レギュラシオン様式を方向づけ、誘導するからである。

(1) ただし、比較制度分析は単純でフラットな契約・交換のゲームのプレイヤーとしてのみ「国家」を捉えているわけではないようである。というのも青木・奥野・岡崎編 (1999) は、ゲームの均衡状態がプレーヤー間で「共通に信じられていること」をも含んでおり、「国家とは、いわば共同観念の世界における事柄をも含む概念」であると述べているからである (p. 9)。

(2) ただし、ここで次のことだけは指摘しておきたい。遺稿集の刊行などを通じてアルチュセールの再考が進んでいる現在においても、アルチュセールの議論を評して、社会における重要な「主体を忘却した全体主義」を主張したものと捉える見解が支配的である傾向にある。しかしながら、すでに幾多の研究が示唆しているように、この見解は一面的に過ぎる嫌いがある。少なくとも、『資本論を読む』第2巻「資本論の対象」におけるアルチュセール自身の叙述に従えば、彼がマルクスのテキストの読解を通じて「構造」というタームによって示したかったのは、資本主義経済における諸構造の「構造的あり方を読みとること」であり、全体としての構造の中で各々の構造が自律性をもちながらいかにして「分節=接合されるのか」という点に尽きると思われる。たしかに、アルチュセールが経済という「最終審級による決定」に固執していたことは事実であるとはいえ、問題はあくまで、いかにして部分としての構造が全体の中で統一性をもつのかであり、その分節=接合にあくまで拘ったからこそ、彼はこの第2巻において、資本主義経済に固有のイデオロギー的偏差がどれほどわれわれの資本主義認識にバイアスをかけているか、つまり構造的関係として認識しうるものを見えなくしているのかを、くどいほど繰り返し述べているのである。彼は別の論考 (Althusser, 1970) において、自律的に運動しようとする主体を構造へ従属させる装置として「イデオロギー」を捉えているが、この見解は、逆に言えば、構造としての政治や経済がそれ自身のみでは自律しえないことを示唆している。つまりこの見解は、われわれが以下で「制度」(ここには当然イデオロギーも含まれる) というタームで述べるような、「部分としての主体と全体としての構造をつなぐもの」が社会的システムの認識という作業においては不可欠であることを暗示しているように思われるのである。また、ピアジェ (Piaget, 1968, 邦訳 p. 130) が指摘しているように、アルチュセールの構造主義は、構造の内的全体性の完結性と支配性を強調するものであるというよりも、彼が諸構造の分節 (とその重層的決定) を強調しているという点から見て、むしろ「動態的な構成主義」(部分の相互作用が全体を作り上げ、全体が部分に作用する) によるものであると捉えるべきではないかと思われる。このような構成主義的観点から見た「構造」概念こそが、以下で述べるわれわれの制度的アプローチに対して多くの示唆を与えるように思われる。

(3) 以上のような二つのアプローチに関してはすでに多くの研究が存在しているが、たとえば、後者のアプローチの研究としてチューレンバーグによる分析がある（Cullenberg, 1996）。われわれもこの研究から多くの示唆を得ている。この研究においてチューレンバーグは、デカルト的全体性概念とヘーゲル的全体性概念をともに棄却し、アルチュセールがマルクス的全体性概念を再構築することによって脱中心的な全体性概念を提示した、と論じている。「部分と全体との峻別は、社会的全体性に対するデカルト的・ヘーゲル的還元主義的アプローチにのみ厳密に妥当する峻別であり、そこでは明白な二分法が部分と全体との間で行なわれており、一方が他方の偶然的本質であると考えられている。しかしながら、脱中心化された全体性においては、部分も全体も一方から独立して存在してはいない。〔……〕お互いは一方によって重層的に決定されている。部分と全体との峻別をこのようにぼやけさせることは、重層的決定に基づく認識論が思考過程と物質的現実との存在論的ギャップに対して行なっていることと、異なっているのではない。なぜなら、そのようなギャップが存在することは否定されているからである。まさに重層的決定に基づく認識論へのコミットメントが、理論と物質的現実との存在論的峻別を拒否しているように、脱中心化された全体性と重層的に決定される偶然性へのコミットメントもまた、過剰なまでに部分と全体との厳密な峻別を否定する」（*ibid.*, p. 146）。

(4) なお、このような大別は以下の議論を行なううえで必要となる、あくまで便宜的なものであることに留意されたい。なぜなら、この認識論上のアプローチに基づいて、単純に大別できない諸要素を各々の学派は含んでいるからである。とりわけこの視角からの差異だけを捉えて、現存の「制度」の経済学を語ることはきわめて危険であろう。

(5) たとえば、方法論的に革新的なものをもつものとして登場しつつも、制度の経済学の観点からすれば一定の統一的見解をもたないように見えるレギュラシオン・アプローチの「レギュラシオン」概念は、このような制度認識に基づけば、「秩序づけられた社会空間の構成の状態のこと」を指し示していると捉えることが可能であろう。もっとも、このような見解はわれわれにオリジナルなものではなく、テレの研究においてすでに明確に打ち出されている（たとえば、Théret, 1992, 邦訳第 2 章を参照されたい）。

(6) これらのアプローチに関する詳細な理論的検討に関しては、たとえば片岡（1994）、マルクスの価値論と貨幣論の位相を論じた海老塚（1997）、植村・磯谷・海老塚（1998）の序章・第 1 章がある。また、Aglietta et Cartelier（1998）の論文に関する詳細な紹介と検討については、それぞれ坂口（1999）、太田（1999）、最新のレギュラシオン派の貨幣論に関する研究については坂口（2005）を参照されたい。

(7) 実のところ、いわゆるポスト・ケインジアンの「貨幣的生産理論」においても、制度的アプローチの重要性が指摘されている。たとえばパシネッティは、ケインズや彼の追従者たちがもっぱら根本的なレベルで研究を行なっていたとはいえ、慣習的レベルでの分析をも忘却していなかったと主張している（Pasinetti, 1999, p. 12）。加えて、ホジソンも、マルクス派やポスト・ケインズ派から示唆を受けて、貨幣が「制度的に承認された媒介」であるがゆえに正統的計算単位であることを指摘している（Hodgeson, 1999, p. 144）。

(8) 実際、この貨幣的アプローチから、「社会経済システムの制度的分析」は、貨幣的存在が資本へと転化し、資本へのアクセス形態（資本の所有）が社会的なるものにおける諸主体の階層性を構成し、このシステムを基軸として経済的なるものからの「政治的権力関係の導出」が演繹されうることを示唆している（植村・磯谷・海老塚, 1998, p. 53）。

(9) テレのこの論文は、アグリエッタとオルレアンの貨幣論を基本的に踏襲している。なお、Aglietta et Orléan（1998）は、坂口明義氏監訳で刊行される予定（2010 年）であり、本書の執筆にあたっても、その草稿段階のいくつかの訳文を参照させていただいた。ここに記して御礼申し上げる。むろん、引用に際してありうべき誤りの責がすべて筆者に帰せられること

は言うまでもない。
(10) なお、Aglietta et Orléan (1998) の「序説」には執筆者全員の署名がなされている。
(11) それらの諸価値は、たとえば「男と女」の関係、それよりも上位の「夫婦」の関係、さらには「家族」における関係、「地域」における諸関係、「市民権」によって包含される諸関係、最も全体的な「社会」、といった具合に階層化されており、より上位の価値であればあるほど、その社会的全体性は高まる。

第5章　戦間期フランスとレギュラシオン
　　——社会的妥協としてのケインズ主義の受容過程

1　はじめに

　戦後30年間にわたって、先進資本主義諸経済は前例のない安定的発展期（いわゆる資本主義の黄金の30年間）を経験したが、その際公的権力による経済政策運営の行動指針となったものは、ほとんど例外なく「ケインズ主義的政策」であった。ケインズの革新性をどのような点に見いだすかというアカデミックな潮流内部での論争とは裏腹に、この政策は、イデオロギー的対立を乗り越えて、基本的にはほとんどすべての先進資本主義経済によって採用されたのだった。
　レギュラシオン・アプローチは、戦後の先進資本主義経済における高度経済成長を、いわゆるフォーディズムの概念によって捉えている。それによれば、その体制は、テーラー主義の導入による生産性上昇益の増大およびそれに伴う労働者の実質賃金の増大という需給両面でのマクロ経済上の好循環、つまり大量生産・大量消費というマクロ経済的構図を形成した。とりわけ、需要面での労働者の購買力の増大を支えたのは、国家ないしは地域レベルで課せられた様々な賃労働関係の調整策、つまり福祉国家体制の確立や直接賃金の団体協約化といったものであった。レギュラシオン・アプローチの用語を使うなら、これらの調整策は資本と労働とのコンフリクトから引き出される「社会的妥協」を具現化した制度諸形態であり[1]、一般にはケインズ政策と呼ばれているものである。戦後の先進資本主義経済は、このような社会的妥協に依拠して発展し

第5章　戦間期フランスとレギュラシオン

てきたのであり、とりわけアメリカおよびフランスがその典型であったと言えよう。

このような戦後における「社会的妥協」としてのケインズ政策の勝利を方向づけることとなった分岐点は、おそらく1929年の大危機に求めることができる。ところが、その社会的妥協の生成過程そのものは、従来典型的なフォーディズムを体現していると言われてきたアメリカとフランスとでは、かなりの程度異なっている。つまり、1930年代の大不況に対処すべく、アメリカで行なわれたニュー・ディール政策の実践を見るまでもなく、ケインズ政策がその萌芽的形態としてアングロ・サクソン諸国においてはすでに戦間期に顕在化し、戦後期の全面的勝利と連続性を有しているのに対して、フランスにおいては、戦後期のケインズ政策の全面的展開とは対照的に、戦間期にケインズ的な政策が援用された形跡がほとんど存在しない。思想史的観点からして、ニュー・ディールの諸政策がケインズその人の着想と必ずしも同一視できないという点を考慮した場合においても[2]、ニュー・ディールの諸方策の方法論的骨子がケインズの思想と一定の連続性を示しているのに対し、フランスにおいて戦間期になされた諸方策は、明示的には、ケインズ的政策との連続性を示してはいない。

このような差異は、レギュラシオン・アプローチの観点からすれば、大危機に対して各国民国家が選択する国民的軌道が異なるという側面から説明可能であるが、しかし、失敗した選択から急激にもう一つの選択へと方向転換するためには、各国民国家において、別の選択へと至るための歴史的・文化的土台、ひいてはその選択に対する国民の社会的妥協の存在が不可欠である。したがって、フランスにおける戦後の急速な政策転換を理解するためには、戦間期のフランスでのケインズ理論をめぐる歴史的・文化的状況、また戦間期の経済政策におけるケインズ的色彩の有無、さらにはケインズ理論をどのような形で具体的に受容した集団が存在したのかを検討する必要がある。このような作業を経て、戦後の急速な政策上の方向転換を初めて理解することができるであろう。

そこで本章では、前章までの政治的なるものと経済的なるものとのレギュラシオン・アプローチに基づき、まず、フランスにおけるケインズ理論の思想的・学説的受容過程を析出し、その過程が相対的に微弱であったことを検討する。次いで、アメリカのニュー・ディール政策に対応するフランスの選択、す

なわち「ブルム内閣の実験」を「ケインズ的命題」との対比において考察し、その実験の準ケインズ的な傾向を提示する。最後に、フランスにおけるケインズ理論の受容者たちがどのような集団であったかを論じ、彼らのケインズ理解を素描して、彼らと戦後期における制度諸形態としてのケインズ主義との関係を考察する。

2 ケインズ理論普及の相対的微弱性

まず、フランスにおけるケインズ理論の導入過程において何よりも特徴的なことは、アングロ・サクソン諸国と比べてその普及が総体的に遅れていたことである[3]。『一般理論』は1936年にイギリスで公刊され、同年ケインズ自身の手による序文が付された日本語版、ドイツ語版が公刊されている。それに対して、『一般理論』以前の主要な著作、たとえば『平和の経済的帰結』は1919年、『平和の新しい考察』は1922年、『金融改革論』は1924年、『フランスに関する考察』は1928年、『ケインズ説得評論集』は1933年に、それぞれフランスにおいても公刊されていたにもかかわらず、『一般理論』だけが1942年の公刊であり、イギリス本国での公刊とかなりの時間的ずれを伴っていた。このような『一般理論』公刊の時間的遅れが生じた理由は、主として『一般理論』に先行してフランスで出版されていた前述のような諸著作における、ケインズのフランスに対する政治的スタンスにあった。というのも、それらの著作、とりわけ『平和の経済的帰結』は、第一次世界大戦後のドイツの処理をめぐって行なわれた英米仏各国の協議の過程（いわゆるベルサイユ条約の成立過程）に対するケインズの見識を表明したものであったが、大蔵大臣代表としてその会議に出席し、その後各国の対応に失望感を抱いてその職を辞したケインズは、その著作の中で、フランス代表のクレマンソーは自国の利害にのみ関心を寄せている、と峻烈に批判しているからである。とりわけケインズは、フランスが要求しているような途方もない額の賠償金をドイツは支払うことはできないし、そのような戦勝国の利害を中心とした戦後条約の成立を認めれば、ヨーロッパ全体の長期的利害が損なわれる、と主張した[4]。それゆえ、ケインズ一流の歯に衣を着せぬこのような言い回しが、フランス大衆のケインズに対する反感を増幅させ、ケインズは親ドイツ派である、という政治的固定観念を植え付けてし

まったと言える。つまり、フランスにおけるケインズその人の評価は、経済理論家としてよりもむしろ、フランスに敵対的な意識をもつ「辛辣な批評家」としての評価が先行していたのである。

同時に、フランス人全体の意識という問題に加えて、当時アカデミックな世界においても、ケインズの学説に対する敵対的な意識が存在した。

1930年代のフランスにおける著名な経済学者としては、A. アフタリオン、C. コルソン、G. ピルー、C. リスト、J. リュエフ、といった人々が挙げられるが、彼らのうち幾人かは、当時すでにケインズの著書を読んでおり、彼の理論に対する批判を展開していた。とりわけリュエフは、強烈な古典派理論の信奉者であったために（古典派の理論によれば貨幣的現象は経済諸活動の諸条件を「受動的に」反映したものに過ぎない）、ケインズが言うような経済循環における貨幣数量の意図的操作による政府の経済活動という見解に、真っ向から反対する論陣を張った。ケインズに対する彼のこのような批判は、戦後においても変わることなく、引き続き次のように批判している。

> 『一般理論』は貯蓄のない投資が導く購買力の増大を正当化しており、したがって必要性から美徳を作り上げることに成功している。『一般理論』はこのような性格を有しているがゆえに、インフレ的傾向の土台となっている。このインフレ的傾向こそがケインズ以後の経済学を決定的に特徴づけている。（Rueff, 1972: Rosanvallon, 1987, p. 26 からの引用）

また、リストは、ケインズの危機分析を非難して次のように述べている。

> アングロ・サクソン系の経済学者たちは、今のような危機のときには、とりとめのない妄想にとらわれるのであり、その妄想はすべて、われわれの経済体制が新たな危機に陥っているという思想から生まれている。現在のような危機は、戦争や紙幣によって物価が大混乱した後に起こる、物価調整の例外的で異常な危機なのだ。（Rist, 1955: Rosanvallon, 1987, p. 26 からの引用）

つまり、彼らにとって、危機は一時的不均衡を表わすものに過ぎなかったのである。

とはいえ、ケインズの有効需要理論および彼の市場メカニズムへの懐疑に対する、このような自由主義的経済学者たちによる批判は、他の諸国で展開されたケインズ批判と比べて取り立てて独創性に富むものではない。むしろこのような批判は常識的で、特殊フランス的なものでもない。

しかしながらケインズの理論は、イギリスの学界において、一方では古典派の理論に立脚した批判者を、他方では多数のその理論的信奉者を同時に生み出したのに対して、フランスの学界においては、前述のような紋切り型の批判があっただけで、ケインズ理論の強力な信奉者は現われなかった。これはなぜであろうか。おそらくその理由は、逆説的ではあるが、ケインズ理論が、イギリスでは当時の経済政策に関する歴史的伝統から断絶していたのに対して、フランスでは自国の経済政策に関する歴史的伝統とかなりの程度重なりあっていた、という歴史的・文化的事情に関わっている。

より具体的に言えば、イギリスにおいては、アダム・スミス以来のレッセ・フェールの思想（自由競争、個人主義、安価な政府、均衡財政主義）、つまり価格の自由な動きが経済を調和に導くという見方が主流をなしていたのに対し、フランスにおいては、コルベール以来のディリジスムの思想、つまり国家が経済活動を直接的または間接的に「指導し方向づける」という見方が支配的であったのである。このようなディリジスムの思想が育成された背景には、第一に、フランスでは1789年の市民革命を経て、国家権力による支配の正統性が、「自由と平等」という革命の理念の国民的達成を標榜する限りにおいて確保されていたために、国家の社会への介入が容易であったこと、第二に、工業国としてのフランスの相対的後進性に由来する産業化という緊急の課題に答えるために、経済活動への国家の介入が正当化されていたこと、が挙げられる[5]。したがって、経済活動に関する国家介入という思想そのものは、フランスにおいてはその歴史性に鑑みた場合、何ら斬新性をもつものではなかったのである。

そのことを例証するように、リストは、完全雇用を経済政策の中心に据えたケインズの思想が「偏ったものではあるけれども魅力的である」と述べた後に、「その思想は、1848年の革命によって宣言された、労働者の権利に関する旧来の思想と合致するし、とりわけ深刻な失業危機の場合にも合致する」と述べている（Rist, 1955: *ibid.*, p. 31 からの引用）。要するに、フランスはイギリスに先んじて、公共事業に関する国家＝企業家という強力な伝統を有していたのである。

とりわけ、公共事業は失業に対する手段として認知されていたのであり、1848年革命時の国立工場の設置を見るまでもなく、保守的な政治家でさえ、この時期から失業を解消する手段としての国家介入の合法性を認めていた。このような政府の公的介入の合法性が当時において容認されていた例として、ティエールが1850年に述べた次のような文言を挙げることができるであろう。

> もし国家が繁栄期に民間産業の競争者とはならず、民間企業が活発であるときには国家は介入の手を休め、また民間企業が停滞しているときに国家が積極的に活動するのであれば、好況期に景気が過熱することはなくなり、景気後退あるいは不況期に景気が悪化することはなくなるだろう。(ibid., p.31からの引用)

したがって戦間期においても、政府が大規模な公共事業を行なったからといって、革新的な政策を行なったという意識はフランスでは存在しなかったのである。

有効需要理論に関する理論的見地から見ても、ケインズの理論はフランスにおいては独創性を誇示するものではなかった。つまり1930年代には、「ブルムの実験」における理論的根拠であった、いわゆる「購買力理論」が支配的であったために、需要の増大に依拠して経済を刺激するという考えはフランスでは周知のことであり、これは「過小消費説」ないしは「供給過剰説」としてすでに認知されていたのである。これは、当時社会主義者であった経済学者M.モゼが次のように述べていることからも窺い知ることができる。

> 一般的な考えは、豊富な販路と再生産能力の完全利用に必要な消費需要を喚起することである。それゆえ、何よりもまず賃金が増大しなければならない。賃金の増大が購買力の移転であることはおそらく正しいが、資本家ないしは経営者が事前に受け取る賃金の使途と、賃労働者が受け取る賃金の使途とを比較する必要がある。前者は所得を退蔵し、貯蓄し、後者は反対に自らの基本的欲求を満たそうとしてたちまちのうちに支出し消費してしまう。続いて貨幣はより急速に循環し始め、経済生活における幾千もの回路が循環し、経済生活に健全さと活力を与える。(ibid., p.34からの引用)

ところが、きわめて重要なことであるが、モゼは『一般理論』を読んだ形跡がないのである。

したがって、1930年代におけるフランスのケインズ思想受容の障害は、その思想があまりにもフランスの伝統と近親性を有していたがゆえに、『一般理論』の有する革新性を認知できなかったということ、同時に、ケインズ理論に見られるような理論形態は、すでにフランスにおいて先駆的形態として存在していたという、特殊フランス的な意識の存在に集約されうるのである。

加えて、以上のような学界におけるケインズ思想受容の障害をもたらした文化的背景にも触れる必要があろう。実際フランスでは、19世紀以来科学としての経済学に対する、実践家としての政治家の根深い不信感が存在していた。歴史的に見て、自由主義者であろうと共和主義者であろうと、大部分の政治家たちは、経済学が政府の活動指針として役立ちうるのだという経済学者たちの自惚れに警告を発し続けてきた。この政治家と経済学者との対立の争点は、国家の活動を方向づけねばならないのは経済学か、それとも政治学なのか、という各々の学問の科学としての普遍性をめぐって、常に展開されていたのである。したがって経済学は、政治家たちにとっては実践的な学問とは見なされず、実際の経済運営にその理論が反映されることはほとんどなかったのである。このことは、ケインズ理論が受容されつつあった1930年代においても、基本的には変わりはなかったと言える。

また、フランスにおける経済学教育のあり方も、ケインズ思想受容の文化的障害となった。実際経済学は、50年代中頃までは法学部の中で講義されていただけであり、あくまで副次的な学問に過ぎなかった。その科目が公教育において発達したのは戦後であり、しかもその科目が学問的に発展したのは、純粋にアカデミックな潮流とは言い難いENSAE（国立高等航空宇宙学校）やENA（国立行政学院）といったエンジニア教育機関、すなわちテクノクラート養成機関であった。したがってフランスが、イギリスのようにアカデミックな領域においてケインズ理論の信奉者をもちえなかった理由は、このようなフランスにおける教育制度とも大いに関連していたと言えるのである[6]。

3 「ブルムの実験」
――ケインズ的テーゼとの曖昧な関係

すでに見たように、ケインズ理論の思想的普及の相対的微弱さが、1930年代のフランス社会のケインズ理解の態様を特徴づけているのであるが、そのような情勢の中でケインズ理論は、1930年代の大恐慌に具体的に対処する経済政策の立案および実施に際してどのような影響力をもちえたのであろうか[7]。

1934年2月6日のファシスト暴動に抗して発生した2月11日の左翼連合によるゼネラル・ストライキ、そしてその後頻発した大規模な工場占拠ストライキは、1936年6月5日に、フランス社会党のレオン・ブルムを首班とする、1848年以来の左翼統一戦線からなる人民戦線内閣を生み出したが、この政権は、先行の内閣が実践していた伝統的な経済政策による国家介入の枠組みを乗り越えて、かつてない規模での公的権力の介入に基づく賃労働関係の変革に着手した。フランスにおける賃労働関係の新時代を切り開いたと言われる新しい協定、すなわち経営者の代表と労働者の代表が公的権力を介して相互に容認しあう「マティニオン協定」の締結がそれである。

この「マティニオン協定」の締結は、戦間期フランスの賃労働関係の劇的変化を決定的に特徴づけているという点で重要である。概してレギュラシオン・アプローチは、各資本主義経済の長期的動態の研究から、一方では、蓄積体制を、マクロ経済的循環において大量生産・大量消費のループが確認できるか否かという点をメルクマールとして内包的蓄積体制と外延的蓄積体制に分類し、他方では、レギュラシオン様式を、そのようなマクロ経済的好循環を存在せしめる制度諸形態の歴史的具体的形態の比較を通じて、競争的レギュラシオンと独占的レギュラシオンとに分類している。そして、これら四つの概念装置に基づいて、戦後期の資本主義経済の発展様式は、内包的蓄積体制と独占的レギュラシオンとの結合様式として規定されるに至った[8]。

そして、いわゆる戦間期を資本主義の長期的動態の中でどのように捉えるかという点に関して、レギュラシオン概念に基づいてフランスの長期的経済動態を分析した画期的研究は次のように結論づけている。すなわち、先進資本主義経済においては、「一定の期間、独占的レギュラシオンに対応するいくつかの制度諸形態が発展した後、経済的には過去の競争タイプの諸調整が支配してい

たために、制度的諸形態そのものが過去の形態へと後退した」(Benassy, Boyer et Gelpi, 1979, 邦訳 p. 190)。蓄積体制と関連づけてより図式的に述べれば、この時期には、テーラー主義の導入に伴った飛躍的な生産性の上昇（蓄積体制における生産ノルムの変化）が見られたにもかかわらず、その生産性上昇が生み出した社会的剰余の分配関係を方向づけ安定化する制度諸形態が、前世紀的な「競争的レギュラシオン」にとどまったままで根本的には不変であった（蓄積体制における消費ノルム不変）ために、戦後期に見られるような飛躍的成長を実現することができなかった、というのである。つまり 1930 年代の危機は、「内包的蓄積の最初の危機」であると同時に「競争的レギュラシオンの最後の危機」であり、したがってこの時期を特徴づけていたのは、蓄積体制とレギュラシオン様式の不整合であると言えよう (Lipietz, 1986b, p. 102)。とりわけ、各国別に見た場合、フランスにおいては「ほぼ競争的なレギュラシオンへの復帰が第一次世界大戦後に仕上げられた制度的社会的諸形態の退化を引き起こ」し、マクロ経済パフォーマンスにおいて 19 世紀的な景気変動を強化するような形で「生産、雇用、価格、賃金および貨幣量の運動の間に著しい同期性が現われた」(Benassy, Boyer et Gelpi, 1979, 邦訳 pp. 198-199)。

したがって、戦間期は先進資本主義経済全体において成長しつつあった新しい蓄積体制に対応する制度諸形態が発展と退行とを経験した時期と定義することができる。おそらくフランスにおいてその分水嶺となるのは、このマティニオン協定の成立期前後である。J. マジエ、M. バスル、J. F. ヴィダルによれば、大恐慌以後諸経済は、外部制約に対する各国の対応の仕方、財政水準および資金調達に関する国家の介入のあり方、賃労働関係の変革、という問題に直面した (Mazier, Basle et Vidal, 1984)。そして彼らも強調しているように、マティニオン協定の締結は、戦間期フランスにおける賃労働関係の重要な変革を意味するが、実際には、その新しい賃労働関係は、その時期には蓄積体制との不整合から消費ノルムの形成に失敗して前世紀的な制度諸形態へと退行してしまった。にもかかわらず、その新たな労使妥協の形成は、来たるべきフォーディズムにおける新たな賃労働関係確立の先行的形態として顕現し、また戦後において賃労働関係の実践的枠組みを提供する土台となった。すなわち、前章までの分析に従えば、経済的秩序の変化に伴って社会的妥協の変容が始まったが、その妥協からもたらされた制度諸形態は蓄積体制との不整合に直面して一時的に機能

不全に陥った。そしてこの機能不全が、さらなる政治的秩序の変容を促すこととなったと結論づけることができよう[9]。

人民戦線内閣の改革案には、実質賃金の増大を目指すこのマティニオン協定を基軸にした、あらゆる労働現場への週賃金の減額を伴わない週40時間労働制の導入、団体協約の設立、年次有給休暇の導入のほか、土木事業局計画、小麦市場への介入を行なって小麦価格を引き上げることで農民の所得を上昇させることを意図した小麦局の設立、フランス銀行の改革などがあるが、これら一連の改革の理論的根拠をなしたのは、社会党が唱道していた「購買力理論」である。「週賃金の引き上げを伴わないで労働時間を短縮し、一定の総労働量をより多くの労働者に分配し、失業者を雇用させ、労働者の総購買力を増加させる」（広田, 1978-1979, p. 81）という購買力理論は、ブルム内閣のあらゆる社会改革の骨子であり、実際にそれは40時間法の実施に結実した。

具体的には、第一次ブルム内閣の経済政策は、1936年6月から9月にかけての第一局面、1936年9月の第一次平価切り下げから1937年2月の「綱領採用休止（La Pose）」までの第二局面、「休止」から1937年6月の内閣総辞職の時期に分けることができる。第一の局面では、「平価切り下げでもなくデフレーションでもなく」というスローガンの下に、前述の諸改革が実施された（ただし、人民戦線綱領では明記されていた全国失業基金の創設と年金計画は延期された）。第二局面では平価切り下げが行なわれ、それによってもっぱら経営者層の信頼を回復して投資を促進しようとした。これは政策の重点が経営者寄りに変化したことの現われであった。最後に、第三局面においては、政策が「休止」に追い込まれ、政府支出の削減が行なわれた。ここで実験の推移そのものについて詳細に立ち入ることはできないが、結果として、この実験は経済的にはまったく失敗に終わった。「ブルムの実験」についての諸研究が指摘しているように、この実験は、ニュー・ディールの諸方策と同様に、資本主義の枠内での社会改革と経済改革、労働者階級の要求の充足と資本の信頼獲得の調和的達成を指向しつつも、政策の実現過程の中で、「社会改革の展望を破棄し、資本の信頼の獲得による経済回復の実現」へとその比重を移していったのであり、社会改革と資本の成長という二重の政策目標をともに達成することなく崩壊した（同上, p. 77）。

一見すると、ニュー・ディールの諸方策と近親性を有するように思われるこ

れら一連の諸改革は、しかし、厳密に理論的観点からすれば、ケインズ的テーゼとは共有点をもちえない。というのも、「ブルムの実験」の理論的根拠をなす「購買力理論」そのものが、もっぱら消費者の観点から経済を捉えているだけのものであり、生産者の観点がそこには欠如しているからである。

たしかに、マティニオン協定が実質賃金を引き上げ、40時間法の制定が多数の失業者を雇用へと導き、結果的にはそれまで過小なままでとどまっていた賃労働者の「購買力」を引き上げた。しかし、原理的には「賃金の切り下げは失業を増加させる」というケインズのテーゼと「購買力理論」の実践とが合致しているように見えるとしても、重要なのは、購買力理論そのものには、消費需要の拡大という概念は存在しても、投資需要の拡大という概念が希薄である、という点である。

たとえば、ブルム内閣は1936年8月に年間40億フラン（そして3年間で200億フラン）の公共投資を行なう法案を成立させたが、実際その年度に充当されたのはわずか10億フランに過ぎなかった。もしブルム自身あるいはその助言者たちがケインズ的テーゼに精通していたのであれば、大幅な財政赤字予算を組んで投資需要を喚起するという政策が採用されていたかもしれない。しかし実際には、ブルム内閣は公共投資の増大による財政赤字を恐れていたのであり、この意味でブルム内閣の財政政策は伝統的な均衡財政政策をある程度維持するという古典派的概念から脱却できていなかったと言えよう。極言すれば、「購買力理論」の理論的構図は、40時間法による労働時間短縮が与える生産への影響の問題を度外視したとしても、いわゆる消費需要増加という点ではケインズ理論に類似する構図はあるが、財政赤字による公共投資を通じた投資需要の増大という点では、その類似性は認められない。

M. カレツキは1938年の分析で、「閉鎖体系において賃金の上昇は産出高に影響を与えるのではなく、同様な比率で価格を変化させる傾向にある」というケインズ理論のテーゼを歴史的に実証する例としてブルムの実験を取り上げて、このようなブルム内閣の経済政策から全体としてもたらされた帰結が、ケインズ理論から引き出される経済政策そのものに照らした場合、どのような点で誤っていたかを考察している。たとえばカレツキは、ブルムの財政政策を次のように結論づけている。

第5章 戦間期フランスとレギュラシオン

　興味深いことに、ブルム内閣の下での財政赤字の増大は、一般には激しいものと思われていたが、「実質」タームにおいてはまったく節度あるものであったと指摘することができる。認知可能な程度に景気を刺激するためには、よりいっそう多額の赤字が必要とされたのである。そしてそうすることで始まるであろう景気の回復は、租税収入の増大を可能にしたであろうし、その増大が次年度以降予算を均衡させたであろう。それゆえ、なおさらフランスの租税システムの改革——そのシステムは大いに直接税に依拠しており、桁外れの脱税が流布していた——がその時期までに実行されるべきであったろう。しかしながら、財政赤字によって生産を継続的に刺激するには、ブルム内閣がきわめて早い時期から擁護することに失敗した土台、すなわち為替管理が必要であった。赤字——とりわけ中央銀行によって融資された場合の——は通貨に対する直接的な危機であるという通俗的な理論に従った理論は、フランスの経済学者、銀行家、金利生活者たちの間に深く根を下ろしている。したがって「大幅な赤字政策」は、しばしば通貨の下落を伴う資本の逃避傾向をもたらすに違いないし、そのような傾向の存在が「フランスの赤字理論」に論拠を、少なくともフランスの場合には、与えているのである。(Kalecki, 1938, p. 39)

　このような財政政策に関する論点に加えて、カレツキはブルムの実験についての全体的評価を、次のように要約している。すなわち、伝統的な均衡財政への回帰、経済の活性化かそれとも財政赤字の発動かという選択の間でのためらい、そして為替管理の欠如による外国貿易統制の欠如、である。したがって、純粋なケインズ的観点からすれば、ブルムの経済政策は準ケインズ的なもの、すなわち40時間法の厳格な適用によって失業者を救済し、その結果購買力を高めて消費需要を喚起するという意味においてケインズ的側面を有しながらも、大幅な財政赤字の発動による投資需要の喚起という根本的な方策を欠いた「偏ったケインズ政策」であった。

　ブルムは、経済政策の遂行にあたって様々な人々に助言を求めたが、それらの人物は、経済学者の側ではR.マルジョラン、また在野のジャーナリストであったボリスなど、どちらかといえば異端の側にある人々であった。とりわけブルムは、純粋な経済的自由主義の信奉者と見なされていた大蔵官僚に対して

は強い疑念を抱いていたので、彼ら官僚に頼ることなく社会党内に専門家集団を設立しようとまでしていた。また、社会党内の分派であり、経済計画化を政策的に推進しようとしていたプラニスト集団に対しては、彼らの理論的指導者であったベルギーの社会主義者H. ド・マンとの社会主義の概念をめぐる意見の対立から、ブルムは彼らを一顧だにしようともしなかった。

ところが、ケインズ主義の受容者という観点からすれば、後に見るように、これらの人々こそが当時ケインズの理論に最も接近していたのである。官僚やプラニストたちとは敵対していたのであるから、その助言を取り入れる機会さえ存在しなかったのは当然のこととしても、フランスで最初のケインジアンとされるマルジョランは、ブルムにケインズ的な発想に基づいて有益な助言を与えることができたはずである。しかし、実際に実施された諸政策には、そのような影響はほとんど見られなかった。

マルジョランは当時フランスにおいてケインズ理論に最も接近し、その意味でフランス最初のケインジアンであった。経済社会研究所でリストの助手であったマルジョランは、その職業上の理由からLSEの教授たちと緊密な関係を保っていたのであり、イギリスの主要な経済学者たち（ロビンズやハイエク）と交遊があった。このような状況にいた彼が、『一般理論』がイギリスにおいて引き起こした論争に精通していたにもかかわらず、ブルムに対して経済政策に関するケインズ的な助言を行なわなかった（あるいは行ないえなかった）のは、おそらくは彼が、経済政策の実践においてどの領域に相対的重要性を付与するかという点に関して、当時のフランスが置かれていた特殊な経済的情勢に大きな制約を受けていたためであろう。というのも、戦間期に高金利政策を続けたことによる過剰な金の流入とその後の流出といった対外制約の激変が、当時のフランスに課していた国際金融面の諸問題がもたらす危機の深刻さは、他国のそれをはるかに上回っていたからである。このことは、前述のようなカレツキのケインズ的観点からのブルムの実験の批判に対して、彼が次のように反論していることから推察することができる。

マルジョランはカレツキによる批判を受けて、ブルムの実験を次のように結論づけている。すなわち、理論的にはケインズの賃金上昇に関するテーゼは否定しないが、それはカレツキのようにフランスの経験からは引き出しえるものではない。したがって、ブルムの実験が失敗に終わった原因は、あくまでも

フランの切り下げ時期が遅きに失したことと、40時間法によって熟練労働が激減したことに起因する生産量の激減にある、というものであった（Marjolin, 1938, p. 101）。もし仮に、マルジョランが厳密な意味での『一般理論』の実践者であったならば、カレツキによるそのような批判に対して反批判することはなかったであろう。実際、このような事実は、彼が経済政策の実施という側面においては、質的には伝統的な経済政策の領域を超えるものを提示できなかったということを示している。つまり、ケインズ『一般理論』を読み、ケインズ思想の革新性の中心を把握していたであろう経済学者でも、先述のような特殊フランス的な経済情勢に直面して、カレツキの言う「フランスの赤字理論」の伝統に回帰してしまったのである。

加えて、このような「ブルムの実験」の理論的曖昧さをもたらした「政治的要因」を見逃してはならない。ブルムは、先に述べたように、当時社会党内で一派をなしていたプラニスト集団による構造的改革案に疑念を抱いていた。当時社会党は、唯一の構造的改良は生産手段の全面的な社会化であり、「社会主義の原則を本来の姿で純粋に維持すること」が第一の任務であると捉えていた。したがって彼らは、プラニストたちが提唱していた資本主義の枠内での計画化と国有化に基づく混合経済体制は、ファシズムに至るものであるとして全面的に無視していたのである。結局、ブルムの実験においては、伝統的な経済政策かそれともケインズ的な経済政策かという質的な断絶を伴った選択はなされてはおらず、むしろケインズのテーゼとの曖昧で矛盾をはらんだ関係を有していたのであり、いわば「疑似的なケインズ政策」でしかなかったのである。

4 ケインズ理論の受容者たち
——二つのケインズ主義

以上に述べたように、ケインズ『一般理論』の革新性は、1930年代のフランスの経済学者たちには認知されず、実践の問題としても措定されることはほとんどなかった。したがって、『一般理論』がフランス経済に与えた影響は緩慢で限定的なものであった。しかし、このようなフランスの知的・文化的障害を乗り越えて、ケインズ思想を受け入れようとしていた諸集団が、この時期にすでに潜在的な形ではあるが、存在していた。現代フランスにおける代表的サン＝シモニストであるピエール・ロザンヴァロンによれば、それらの諸集団は、

学界の外部に存していた以下のような集団に、すなわち、①エンジニア・エコノミスト、②プラニスト、③テクノクラートと一部の知識人層、に大別されるという (Rosanvallon, 1987, pp. 35-37)。

①エンジニア・エコノミストたち。彼らは、大部分がポリ・テクニークの出身で、統計情報を活用した長期的予測機関の設置、職業組合の発展による生産者の自律的規律の確立、信用・租税を媒介とする間接的国家介入を説いて、いわゆる X-cries（経済研究センター）を設立した。彼らは、経済全体に産業界を規制する組織原理を適用し、経営者個人に中心を置く経済観が終焉したことを認めるところから議論を始めていた。彼らが強調したのは、経済データをよりよく理解し、彼らの目には文学上の思弁や慣習的な思想でしかなかったところに合理性を導入することが肝要である、ということであった。この集団の最も有名なメンバーは、A. ソーヴィー、J. ウルモ、J. クートロ、J. モッシュ、L. ヴァロン、J. ブランジェたちであるが、注目すべきは、彼らの科学的理念が穏健な社会主義から保守中道に至るまでの一定の政治的多元性を伴っていたことである。

②プラニストたち。主として、社会民主主義者および組合主義者たちの団体が、ベルギーの社会主義者 H. ド・マンが打ち出した構想に基づいて、計画という理念を社会転換の新しい展望の中心に据えた。彼らは社会党内で多数派を形成することに失敗した後に、その中心を CGT（労働総連合）に移行し、そこでその思想は、国家指導の経済運営の諸原則に基づいた新しい経済編成を提唱した有名な CGT プラン（基幹産業と信用の国有化、国家による産業の「指導経済」の確立）となって結実し、同時に混合経済体制の必要性を提唱したのだった。この運動への知識人からの参加者としては、G. ルフラン、R. マルジョラン、J. デュレが挙げられる。

③テクノクラートと一部の知識人。上のように形成された諸集団とは別に、幾人かの個人がケインズ主義受容の土台を準備するのに必要な役割を果たした。たとえば、財務長官であった J. ド・ラルジェタイエは『一般理論』の翻訳を思い立ち、1938年のオリオル内閣の官房長官であった R. クザンが召集したテクノクラートたちに『一般理論』の解説を行なっている[10]。

これらの諸集団が純粋な経済学者たちから構成されていたのではなく、主として実践家、つまり体制変革を目指す政治家や経済政策を立案するテクノク

ラートたちであったという事実は、フランスにおけるケインズ理論に対する主たる認識が、総じて改良主義者としてのケインズであったということである。

このようなケインズ評価は、実際『一般理論』を経済政策の指針としてどのように位置づけるかという現代的問題とも関連性を有しているように思われる。

ケインズは『一般理論』の最終章「一般理論の導く社会哲学に関する結論的覚書」において、自身の理論を実践的に考察した場合どのような経済政策が適切であるのか、またその場合に国家はどのような姿勢で経済に臨むのかを概観している (Keynes, 1936, pp. 375-386)。実際、レギュラシオン学派のボワイエによれば、ケインズが『一般理論』の中で述べた命題を政策として実施してゆく場合、そこから概念的に異なる二つのケインズ主義を引き出すことができるという。つまり、「徹底的な改良主義に基づくケインズ主義」と、より限定的な「有効需要に基づくケインズ主義」とがそれである[11]。

ボワイエによれば、前者の中心命題は、次のような『一般理論』の理論的命題に依拠している。すなわち、純粋な市場は完全雇用や全体的な経済成長とその安定性を維持しえない。このような帰結は、現代資本主義の諸条件の下で行なわれる蓄積過程から生じる。このような分析レベルでは、第一に、低い資本の限界効率と低い消費性向との相互作用により、生産と雇用とのデフレ的調節が生じる。第二に、投資行動は、全面的に発展した貨幣経済においては完全雇用の水準で安定的に維持されえない。したがって、景気に関する期待は傾向的にかなり近視眼的なものとなり、その結果それらの期待が投機を通じて景気拡大を刺激し、その停滞を増大することとなる。同様の理由から不完全雇用がいったん優勢を占めるようになると、その状況が安定的なものとなる。なぜなら、投資決定を支配するそのような期待が傾向として当然視されることになるからである。

このような不均衡は、膨大な改革プログラムと国家介入の目的および手段を再編し直すことでしか対処できない。それゆえ、「徹底的な改良主義に基づくケインズ主義」の実践は、レッセ・フェール主義や社会主義的なプログラムに代替するものとしての「革新的な政策戦略」を目標とするのである。このような観点に立てば、政府が行なうべきことは、個人の生産決定と所得分配が個人の利己心によって効率的に決定されうる、法的・制度的枠組みを創造することである。このような目標に対して、ケインズは『一般理論』の中で次のような

三つの領域での改革を提言している。すなわち、第一に、消費性向増大のために累進課税制と社会事業を活用することで、富裕階級の貯蓄を低減し、貧困階級の消費を高めること。第二に、投資決定を適度に刺激するために貨幣システムに対して中央主権的なコントロールを行なうこと。最後に、必要とあらば、公共事業ないしは個人投資に対するコントロールを通じて投資に直接的な影響力を行使すること、である。これらの介入により所得分配における不平等は弱められ、金利生活者の安楽死と包括的な投資の社会化が、企業の意思決定にとって適切なデータの普及によって完成されることとなる[12]。

これに対して、より限定的な「有効需要に基づくケインズ主義」は、まず意図された貯蓄と投資は必ずしも等しいものではないという可能性から、基本的にセイ法則を拒否したマクロ経済モデルを土台とする。この「単純化されたケインズ」モデルは、ヒックスによる IS‐LM 分析に表現されている「自発的需要」の乗数効果に例証されるように、広範に受容されることとなり、とりわけアメリカやイギリスなどのアングロ・サクソン諸国でまさしくケインズ伝説を構築することとなった。

この「有効需要に基づくケインズ主義」は、大まかに言って次の二つの経済政策に関する考え方を導くこととなった。第一に、国家介入は、貨幣の購買力の安定および公共支出と収入の厳格な均衡を図るといった伝統的な目標を単独で充足する方向に向けられるべきではなく、完全雇用の維持という経済的目標に向けられるべきである。第二に、有効需要が完全雇用を維持するのに不足した場合には拡張政策（公共支出の増大、租税のカット、低い利子率等々）を、また超過需要がインフレ過程を引き起こした場合には抑制政策を、というように、財政ならびに金融的諸手段は需要管理のために用いられるべきである。かくして景気循環は、このようなカウンター・シクリカルな諸方策により、その継続期間と振幅が軽減されることとなる。したがって、経済成長は安定した投資により刺激され、財政は景気循環の流れに対して均衡のとれたものとなる。一般に理解されている（また実際にアングロ・サクソン諸国で行なわれてきた）ケインズ政策は、この「有効需要に基づくケインズ主義」であり、同時にその政策は、フォーディズム的蓄積体制の下で一定の効果を有することとなったのである[13]。

このようなケインズ理解に立てば、戦間期フランスにおいて前述のような社

第5章　戦間期フランスとレギュラシオン

会諸集団がケインズ理論に接近し、またそれを受容した理由が明らかになる。つまり、彼らは『一般理論』が、国家を中心とした構造的な経済改革を行なううえでの諸方針を、萌芽的形態ではあるにせよ、全体的に素描していると捉えたのである。とりわけプラニストたちは、国有化といういわば社会主義的側面においてケインズ理論そのものとは対立しているとはいえ、『一般理論』最終章におけるケインズの「現在主として個人の創意に委ねられている問題について、ある種の中央統制を確立することがきわめて重要である」という文言に、自らのテーゼ、すなわち国家が「経済を指導」し、危機を克服してゆくというテーゼとの共通性を見いだしたのであり、その意味で、彼らのそのような方向性にはボワイエの言う「徹底的な改良主義に基づくケインズ主義」から引き出される諸方策とかなりの程度共通点が見られるのである[14]。

　また、エンジニア・エコノミストたちの着想は、経済を合理的・科学的に把握し、そのマクロ経済的な循環を円滑にするために、国家が間接的・直接的に財政・金融政策によって介入するという点からすれば、ボワイエの言う「有効需要に基づくケインズ主義」、つまり戦後期にアングロ・サクソン諸国で実際に実施されたケインズ的諸方策がもっていた方向性と近親性を有していたと言えるであろう。

　いずれにせよ、ケインズ思想を受容したこれらの集団は、サン゠シモン以来のエリート中心の科学主義的思想とかなりの程度近親性を有しており、その意味においても、イギリスの知識人集団「ブルームズベリー・クラブ」の一員であったケインズがおそらく有していたであろう知的エリート主義の思想と、かなりの程度合致するであろう[15]。ともあれ、これらの集団は、決して純粋な意味での経済学者ではなく、ほとんどが実践家であった。しかし、逆説的ではあるが、このような事実が戦後における急速なケインズ主義の普及を保証することとなるのである。なぜなら、一方では戦争による破滅的な経済の復興には強力な国家の指導が必要であったのであり、他方ではこれらの集団がそのような社会的要請に答えうるものとして登場し、その左翼的指向性が、戦間期のパルチザン運動の勝利を経た戦後の社会的コンセンサス確立の過程で、主たる拒否反応を伴うことなくフランスの社会諸勢力の中で（資本家たちの間でさえも）支配的になったために、それらの集団が希求する政策理念を具体的に展開することができたからである。したがって、公的権力の正統性が大転換された戦後

フランスの復興期には、ケインズ的な社会的妥協に基づく経済政策を、テクノクラートたちによる計画経済を中心にして「上から指令的に」実行することができたのである。おそらくは、**1**でも述べたような、フランスにおけるディリジスムの思想とケインズの改良主義的思想側面とが共鳴したことで、理論的側面よりもむしろ、30年代から「すでに」支配的であった計画論的諸政策を実施するうえでの実践的な側面において評価されたことで、ケインズの思想は戦後フランスにおいて国家主導の経済政策を実践する理論として定着したのである。

5　結びに代えて

　以上見たように、戦間期フランスにおいては、社会的妥協の一構成要素としてのケインズ的政策は、理論的にも実践的にも確立されておらず、戦後期の公的権力の存在形態の全面的転換を待ってしか存立しえなかった。その意味で、戦間期の経済政策のあり方と戦後期の経済政策のあり方には、決定的な断絶が存在している。そして戦間期フランスおけるケインズ主義の受容は、典型的なフォーディズムの成立国であるアメリカと比べた場合、潜在的で外縁的なものでしかなかった。しかし、フランスの歴史的伝統であるディリジスムの存在が『一般理論』の理論的革新性を看過する傾向を助長したとはいえ、他方では、その伝統がアングロ・サクソン諸国では軽視される傾向にあったもう一つのケインズ主義と結合し、ある意味で、戦後の経済復興と計画経済に基づいた経済政策の発展を促すこととなった。とりわけ重要なのは、戦間期においては少数派であったケインズ主義の受容者たちが、戦後期において公的権力の座に接近し、自身が戦間期に習得していたケインズ的政策を実践する機会を与えられたという点である。このような潜在的受容がなければ、戦後期のケインズ政策の全面的展開過程は顕現しえなかったであろう。

　また、レギュラシオン・アプローチの観点からすれば、制度諸形態の歴史的生成過程に関するこのようなフランスの例は、歴史的時間の中でのレギュラシオン様式の発展と制度諸形態の個別的展開とのずれという命題を傍証しているように思われる[16]。

　さらにわれわれが依拠している、社会的なるもののレギュラシオン・アプローチからすれば、こうしたレギュラシオン様式と個別制度諸形態とのずれと

いう認識論の問題とは別の問題が浮かび上がってくる。それは、政治的秩序と経済的秩序をコミュニケートする「言説的なるもの」のレギュラシオン機能の変容に関わる問題である。

　これまで繰り返し述べてきたように、象徴的媒介としての貨幣・法・言説は、現実の経済社会において様々な制度諸形態に具現化される。その限りで、本章におけるケインズ主義的テーゼの受容過程の分析は「象徴的媒介としての言説」の社会的なるものにおける受容過程の分析であり、ケインズ主義的経済政策の本格的諸実践に先立つ政治的言説受容の歴史分析と言える。

　とはいえ、本章の分析から得られた結論は、戦間期フランスにおいてはケインズ主義を受容した者は少数派であり、現実に言説的なるものとしてヘゲモニーを握っていたのは「ディリジスム」であるというものであった。しかしこの結論は、戦間期というスパンからのみ得られた結論であり、戦後期のケインズ主義の受容をその視野に含めた場合、戦間期の思想的構図は明らかに、フランスがケインズ主義を「象徴的媒介としての言説」として、様々な政治的対立をはらみながらも受容し始めていることを示唆している。

　また、本章の分析から垣間見えるのは、この過程が、ある言説の単純な受容・移植の過程ではないということである。それは、それぞれの政治的集団が、自らの政治的合目的性に則して、新たな言説を解釈・改変し、政策的実践に援用しようとする、いわばハイブリッド化の過程が引き起こしたある種の言説的混合が顕在化し始めた時期であったと言えよう。その際、フランスにおいては、様々な集団がもっぱらそのアンカーとしたものがディリジスムだったのである。このような形で社会的に受容され始めた新たな言説的なるものは、次に現実の経済体制の中で、その他の制度諸形態（賃労働関係や貨幣制約）との構造的定常性（invariant）を問われることとなった。われわれのアプローチからすれば、戦間期にケインズ主義がフランスにおいて受容されながらも、広く実践に供されなかったことの一因は、おそらくこの構造的定常性の欠落に求めることができよう。

　そこで次章においては、ケインズ主義受容の過程の分析を戦後期にまで拡大し、象徴的媒介としてのある言説的なるもの（ここではケインズ主義）が、政治的諸集団の対立を契機として、当該国民国家の既存の政治的正統性（フランスの場合「ディリジスム」という政治的伝統）とどのような過程を経て綜合さ

れてゆくのかを分析することとする。

(1) レギュラシオン・アプローチの方法論上の構図においては，相互補完的な複数の制度諸形態の存在が不可欠である。商品経済における生産ノルムと消費ノルムの持続的かつ循環的な両立可能性を体現する蓄積体制を、安定化し、方向づける制度諸形態は、基本的に資本と労働との社会的コンフリクトから形成される。Boyer（1986）の定義によれば、制度諸形態は、①貨幣制約の形態、②賃労働関係の形態、③競争の形態、④国家の形態、⑤国際体制への参入の形態、の五つに大別され、各々の制度諸形態が、時間的・空間的に異なるレギュラシオン様式を構成する。戦後期に限定して、より実態経済に即して言えば、それらの制度諸形態は各々、中央銀行の管理下での信用貨幣の創造、労働過程における構想と実行の分離を基軸としたテーラー主義の導入＋機械化、マーク・アップ原理に依拠した生産財・消費財市場における寡占・独占体制の形成、ほとんどすべての賃労働者の生活を日々におけるリスクから保証するケインズ政策に基づく国家体制の成立、先進資本主義国におけるアメリカ合衆国のヘゲモニーの下での国際体制（たとえばIMFやGATT体制）、に合致する。これら5つの制度諸形態の動的連関が、レギュラシオン・アプローチの言う「独占的レギュラシオン」を構成する。このようなレギュラシオン様式の定義に関しては様々な文献が存在するが、さしあたりLipietz（1986a）を参照されたい。

(2) Petit（1988）によれば、1933年にケインズはルーズヴェルトが提唱した諸改革に意義を申し立てたという。この主張に従えば、少なくとも第一次大戦直後のケインズは、「国家の活動領域は財政・金融政策に限定すべし」という限定的な介入主義者であったと言えよう。

(3) 以下のフランスにおけるケインズ理論の思想的学説的受容過程についての考察は、主としてRosanvallon（1987）に依拠している。

(4) ケインズのフランスに対するこのような敵対心はかなり強烈なものであったと思われる。『一般理論』の各国版の序文のうちで、フランス語版のそれは他の版と比べてかなり長大であるが、そこでのクレマンソー批判は、政治的非難のみならず人格的非難にまで及んでおり、そのような叙述スタイルはフランス人の敵愾心を大いに煽ったに違いない。

(5) 遠藤編（1982）は、フランスのディリジスムの歴史的形成を述べている序章において、このような「市民革命と産業革命に由来するディリジスム」が、19世紀のフランスにおいてそれぞれに統治原理の正統性を承認されていた、と述べている。

(6) 経済学の教育が、大学よりもむしろ、こういったテクノクラート養成機関で最初に導入されていたという事実は、戦後のケインズ政策の全面的受容を考察する際、非常に重要となる。というのも、これらの機関（たとえばENA）において経済学の講座を創設した人々が、J.ウルモ、J.マルシアといった、主としてケインズ理論を受容していた人々であったからである。

(7) 人民戦線の経済政策については様々な研究があるが、本章の作成にあたってはもっぱら広田（1978-1979）、Jackson（1988）を参照した。

(8) ただし、これらの概念規定に関しては、リピエッツなどによるマルクス経済学的見地からの規定も存在する。彼によれば、蓄積体制は、マルクスの再生産表式によって統一性を付与されるものであり、この二部門分割モデルに依拠して蓄積体制を分類すれば、外延的蓄積体制は「互いに交換しあう二部門の単純拡大」の体制であり、大量消費なき内包的蓄積体制は「不変資本の肥大のみが第一部門の成長を有効たらしめる」体制であり、さらには大量消費を伴った内包的蓄積体制は「第一部門と第二部門との均等的発展」の体制であるという。より詳細には、Lipietz（1986a; 1986b）を参照されたい。

(9) マジエラは、マティニオン協定を戦後における消費ノルム形成の重要な契機として捉えて、次のように述べている。「1936年に人民戦線内閣がとった方策は、重要な転換点を特徴づ

けている。企業者組合と労働者組合との相互承認、有給休暇制度の設立、40時間労働に関する法律、マティニオン協定の結果としての実質賃金の引き上げ、がそれである。総賃金における間接賃金のシェアは、1929年の2%以下から1937年の5%へと推移した。その後一定の後退が認められた。とりわけその後退は、労働時間の短縮に関することであり、そのきわめて硬直的な適用が重大な障害をもたらした。また、とりわけ解放期に新たな賃労働関係が明確な形で現われた。すなわち、1945年の社会保障制度の設立、1950年の団体協約に関する法律、がそれである。総賃金において間接賃金が占めるシェアは、1952年以降20%に達した」(Mazier, Basle et Vidal, 1984, pp. 247-248)。

⑩　したがって、前節でも指摘したように、ブルムはこのようなテクノクラートたちの間での意識改革の全体性を、もっぱら政治的敵対意識（あるいは前節で述べたような経済学者に対する政治家の不信感）から看過してしまったのであり、それゆえ結果的に、経済政策の実施に際して、真の意味でのケインズ的傾向を取り込むことができなかったのである。

⑪　以下で議論される「二つのケインズ主義」という命題の展開は、もっぱらBoyer（1983b）の第1節に依拠している。

⑫　ちなみに、投資の社会化に関するレギュラシオン学派とケインズとの決定的な差異は、ケインズが国家というものをあくまで外的なもの、つまり経済的危機を救済するために国家は任意にその力を発動することができるものとして措定しているのに対して、レギュラシオン学派は、国家そのものを、社会諸階級の間での社会的闘争を通じて形成される「制度化された妥協の総体」として捉えている点にある。ケインズの国家観については、Boyer（1985）を、初期レギュラシオン学派の一般的な国家観については、Lipietz（1986c）を参照のこと。

⑬　Boyer（1983b）は、このような『一般理論』の解釈に依拠して、一般に喧伝されているような1970年代以降の経済政策としてのケインズ政策の有効性喪失の遠因が、ケインズ理論そのものの理論的誤謬にあるのではなく、むしろ先進資本主義経済において実際に適用された「限定的なケインズ政策」が、フォーディズム以後の蓄積体制と適合しなくなったことにある、と述べている。つまり、フォーディズムにおいては、テーラー主義および機械化によって生じた生産性の上昇益を、この限定的なケインズ政策の適用によって社会的に再分配できていたが（フォーディズム的好循環を補完する意味でのケインズ政策）、フォーディズムの崩壊とともにその政策自身も矛盾することとなったのである。

⑭　プラニストによって立案されたCGTプランは、広田（1982）によれば、①「直接的要求から指導経済へ」、②「経済指導の手段＝国有化」、③「経済指導の期間＝経済高等評議会のために」、という三部構成からなっている。それぞれの部では、失業の吸収、土木事業、農村経済刷新の具体案、信用機関と基幹産業の「国有化」、「経済高等評議会」の創設による国家革新の必要性、等々が示されている。

⑮　周知のように、そのような知性あるエリートが公共の利益を考え、政府の政策を動かしてゆくという考えは、ケインズも属していたそのグループがケンブリッジのハーベイロードに集まっていたために、70年代においては「ハーベイロードの仮説」と呼ばれるようになっていた。この集団については、たとえば間宮（1989）を参照されたい。

⑯　Boyer ed.（1986b）p. 19。ここでボワイエは、「革新的な制度諸形態によって発展様式ができあがるのは四分の一世紀のずれが不可避である」と述べ、危機が長期化することの原因を、たとえばフォーディズムから継承した制度諸形態と新しい生産モデルとの不適合に求めている。より詳細には、その訳書の「訳者解説」を参照されたい。

第6章 「言説」としてのケインズ主義とフランス・フォーディズム
―― 「資本主義の黄金時代」におけるケインズ政策

1 はじめに

　第二次大戦以降、自由主義の旗印である「非介入国家」の大前提を破棄し、経済の各領域に対する大規模な介入の実践を基底としたケインズ政策の実施を支えとして、比類なき量的拡大を遂げた現代資本主義経済は、1973年の石油危機以降累積的なインフレと大量の失業とが共存するいわゆるスタグフレーションに直面し、新たな世界的危機への対処を迫られることとなった。各国政府は、基本的な政策方針を、1945年のベヴァレッジ報告に見られたような完全雇用と経済成長を両立可能にする経済政策から、1977年のマクラッケン報告で宣言されたインフレに対する戦いを優先する戦略へと、劇的に転換することを余儀なくされたのである。
　このような経済情勢の変化は、同時に、先進経済諸国が高度成長を経験した、いわゆる「黄金の30年間」には実践的領域において共通のコンセンサスとして認知されていたケインズ政策の、さらにはアカデミックな領域におけるケインズ理論の有効性の再検討を促すこととなった。そこに、ケインズ政策に代わる政策を代表するものとして、とりわけ英米において新しい自由放任主義の政策が再び台頭したのである。
　しかしながら、アングロ・サクソン諸国に見られたこのような新保守主義への回帰とは裏腹に、1981年に成立したミッテラン政権は、その後急速にその政策実践において右旋回したとはいえ、その成立当初には、あくまでも完全雇

第 6 章　「言説」としてのケインズ主義とフランス・フォーディズム

用の維持を実現されるべき政策目標として掲げていたのであり、また戦後一貫してとられてきた近代化政策を自らの指針に据えていたのである[1]。

このように他の諸国と比較した場合、フランスにおけるケインズ政策の展開がかなりの差異を伴っているという事実は、フランスにおけるケインズ理論の導入のあり方にその存立根拠を求めることができる。前章においてすでに指摘したように、戦間期フランスで受容されたケインズ主義は、その解釈においても実践においても、明らかにアングロ・サクソン諸国のそれとは異なっていた。しかしながら、戦間期のケインズ主義の受容は必ずしも直接的なその政策援用へとは結実せず、その全面的開花は戦後の改革期を待たねばならなかった。

そこで本章では、最初に、主としてレギュラシオン・アプローチの観点から、公的権力にそのようなドラスティックな方向転換を促すこととなった戦後フランス経済の構造的変革を、1945 年から 1958 年までの近代化政策を中心に素描する。ここでの主たるテーマは、フランスにおける戦後の経済政策が、フォーディズム的蓄積体制への構造的変態に対応すべく、戦間期の第一次ブルム内閣による「準ケインズ的政策」の様相を帯びた段階から、戦後期におけるケインズ政策の全面的勝利の段階へ、いかにしてドラスティックに移行しえたのかを分析することである。

次いで、構造的変革を終えたフランス経済が、遅まきながらフォーディズム的な好循環に統合されつつも対外制約にさらされる中で、フランス固有のケインズ政策が有していた方向性をいかに転換させることになるのかを解明する。

1968 年の 5 月革命によって成立したグルネル協定から得られた成果、すなわち SMIG（業種間共通最低保証賃金）の創設や、その後 1970 年に顕現した SMIG から SMIC（業種間共通成長最低賃金）への移行に見られる、フランスにおける制度諸形態としての賃労働関係の一連の変革は、フランス・フォーディズムの一大画期をなすものであるが、このような明示的な国家による介入を通じた賃労働関係の変革は、戦後フランスにおける制度諸形態形成の独自性を浮き彫りにする事柄である。したがって、これらのフランス・フォーディズムの固有性を前提として、制度諸形態としてのケインズ主義とフランス・フォーディズムとの相互連関を論じることとする。

2 フランスの近代化政策とケインズ主義
──新たな社会的妥協の成立

レギュラシオン・アプローチによる様々な研究が示唆しているように[2]、フランスにおけるフォーディズムの成立は、原理的な側面においては典型的なフォーディズムに適合しうるが、その成立過程はフランス資本主義経済の歴史的特殊性に強く規定されたものであり、その存立期間は他のOECD諸国と比較した場合、きわめて短命であったと言わざるをえない。

戦後フランスの主たる経済目標は、1930年代の就業労働人口構成比（表6-1、6-2）にとりわけ見られたような、大多数の農業人口を都市部の一握りの経営者層や商業者層が支配するという「経済的封建制」の構造からの脱却であり、それは戦後の公的権力の政策運営における第一義的目標であった。同時にそのような目標は、第二次大戦により壊滅的な打撃を受けたフランス経済を産業の近代化を促進することで早急に立て直すという目標とも合致した。加えてより強調すべきは、そのような社会的経済的要請の実現を可能とする公的権力と社会諸勢力との新たな社会的妥協が、戦後期に初めて成立したことである。以下では、このような社会的経済的要請の下での公的権力によるケインズ政策の適用過程を、第二次大戦直後から50年代終わりにかけて俯瞰する。

2.1 テクノクラートによるケインズ主義の受容と波及
──徹底的な改良主義を指向したケインズ主義の潮流

すでに前章において確認したように、戦間期・戦時期を通じて、ケインズ理論は一部の孤立した知識人および実践家以外にはほとんど受け入れられておらず、また実践の面でも、ブルムによる人民戦線内閣の提出した処方箋は、戦間期に大いに流布していた購買力理論と、ドイツにおけるシャハット博士の政策に影響を受けたものに過ぎなかった。したがってその「実験」は、決して純粋なケインズ的政策を体現するものではなかった。しかし、それにもかかわらず、戦後期にあたかも完全な方向転換を遂げたかのごとくフランスにおいてケインズ主義が全面的に開花する事態は、いかにして説明されるのであろうか[3]。この点を検討するにあたって最初に留意すべきは、ケインズ主義の受容者たちがいかなる社会勢力によって構成されていたかという点にある。

第6章 「言説」としてのケインズ主義とフランス・フォーディズム

表6-1 就業人口に農業人口が占める割合（%）

1866	1881	1906	1921	1936	1954	1962	1968	1975	1979
51	48	43	41	36	27	20	15	9	8

出所：André et Délorme (1983) p. 304.

表6-2 フランスにおける雇用と労働力動員の長期データ

	1896	1913	1920	1929	1938	1950	1973	1980
15～64歳人口（単位1000人）(1)	25129	25997	–	27712	26730	27360	32362	34049
商業部門の雇用（単位1000人）(2)	17100	17570	17298	18200	16360	16498	17700	17720
(2)／(1)×100（%）	68.0	67.6	–	65.7	61.2	60.3	54.7	52.0
農業を除く商業部門の雇用（単位1000人）	8750	10120	10028	11600	10460	11068	15377	15837
年間総労働時間（単位1000時間）	3.04	2.88	2.64	2.39	1.99	2.23	2.23	1.85
農業を除く商業部門の延べ実労時間（単位100万時間）	26600	29146	26474	27724	20815	24682	32138	29298

出所：Mazier, Basle et Vidal (1984) p. 29.

　まず、アカデミックな領域において戦後のケインズ思想浸透に一助をなしたのは、F. ペルーであった。彼は1950年に『『一般理論』の一般化』という研究書を公刊した。それ以前にも1945年から46年にかけて *Review d'ecoonomie politique* でケインズに好意的な諸論文が掲載されたとはいえ、それは学界のケインズ理論への全面的「転向」を指し示すものではまったくなかった。というのも、ペルーは常に一般均衡理論に対置する経済理論の構築を目指していたために、純粋な経済理論家というよりもむしろ制度と人間的存在とのあり方を考察する政治経済学者であったからである。それゆえ、彼は当時古典派経済学が主流をなしていた学界においては比較的傍流に位置した人物であり[4]、そこにおいて強力な主導性を発揮したとは言い難かった。こうしたこともあり、依然としてこの時期においても、経済学としてのケインズ理論の学界での評価は相対的に低いものであった。

　このような事態は、50年代中頃まで大学における経済学教育が学科編成上法学部の内部にとどまっていたということにも大いに影響されていた。しかし、このような情勢の中で、戦間期にケインズ『一般理論』を読んでいたテクノクラートたちは、国民経済統計および経済予測の分析装置を精緻化するという目標の下、ケインズ理論を政府官僚たちの間で急速に広めていった。とりわけ、

大蔵省内での SEEF（財政・経済研究局）の創設を端緒とする若きエコノミストたちの活動の軌跡は、テクノクラートたちの間でケインズ主義が浸透していたことを示す好例である。この集団は、50 年代から 70 年代にかけて国民経済政策の立案に多大な影響を与え続けることになるのである。

彼らの勢力は、狭い意味での大学ではなく、ENSAE（国立高等航空宇宙学校）や ENA（国立行政学院）といったエンジニア教育機関での経済学教育を通じて拡大した[5]。実際、ケインズの学説を紹介した最初の講座は、J. ウルモや J. マルシアによってこの ENA において創設された。

また、これらテクノクラートの活動を、短期間ではあったが内閣総理大臣まで務めたピエール・マンデス゠フランスなどの政治家たちが支援した。彼は、戦間期には G. ボリスを通じてケインズ理論に接近していた人物であった。さらに、後に共和国大統領となるジスカールデスタンも、50 年代から 60 年代にかけて大蔵次官や大蔵大臣を歴任し、彼らの活動に一定の理解を示していた。したがって、19 世紀以来のフランスの伝統的な政治家と経済学者との対立は、この時期テクノクラートたちの努力によって初めて克服されたと言えよう。ここで重要なのは、彼らのケインズ理論に対する関心が、常に国民経済計算と経済予測に関する分析装置の発展というきわめてプラグマティックな観点に集中していたということである。かくして、このような観点からケインズ理論を摂取したテクノクラートたちが、戦後の経済政策の決定に積極的に関与し、また政治家たちの政策立案にも影響を与え続けることとなったのである。

このようなテクノクラートたちのケインズ理論の受容が、戦後の経済政策におけるケインズ主義の全面的勝利をもたらすこととなるのであるが、しかし彼らが、かかる観点からケインズ理論を自分たちの関心に引き寄せて理解・実践しなければならなかった社会的必要性とは何であったのであろうか。おそらくそれは、戦争直後の 2 年間（1945～46 年）におけるフランスの経済情勢と密接に関連している。

第二次大戦によってフランスが被った物的損害は、第一次大戦のそれをはるかに凌ぐものであった。ほとんど壊滅的な打撃を被った地域は、全 95 県のうち 74 県を占めていたのであり、その損害は第一次大戦直後のそれをはるかに凌駕していた。工業生産指数を例にとると、1938 年を 100 とすれば、1945 年のそれは 38 であった。このような大戦後のフランスの実質的損壊は、国民資

第6章 「言説」としてのケインズ主義とフランス・フォーディズム

産の4分の1にまで達し、きわめて厳しい物資不足を引き起こすこととなった。このような戦災による損害は、程度の差こそあれ西欧諸国に共通して確認されうるが、とりわけ主たる戦場となったフランスにおいては、その被害は甚大であった。かくして、このような困難を克服すべくフランスは、戦間期・戦時期を通じて議論されていたような、ある時には雇用維持に限定した政策を、またある時には公的支出の増大による公共投資の刺激に偏った政策をといった、限定的な政策の繰り返しによって経済の均衡的成長を図ることが、きわめて困難な状況に置かれていたのだった。

かかる状況の下でフランスが取り組まねばならなかったのは、何よりもまず、戦後復興経済が往々にして突き当たるアポリア、すなわち厳しい物資不足に直面して増大しつつある巨大な消費需要を満たすべく、生産部門を再興し産業の近代化を促進するという課題であった。したがってここで公的権力に要求されたのは、この混乱を統制すべく、公的権力が異部門間のバランスのとれた成長を促進することであり「信用、設備財、原材料を意図的かつ指令的に配分すること」であった（Boyer, 1983b, p. 10）。それゆえ、モネ・プラン（「近代化と経済的設備のための第一次総合計画」）に代表されるような、計画化を基調とした経済政策の施行が要請されることとなったのである。

しかしこの計画化の潮流は、戦後期において突然現われたのではない。前章で述べたように、その源流はすでに戦間期にプラニストたちが提唱したCGTプランに基本形として現われていた。だが当時、ブルム人民戦線内閣はプラニストたちの「指導経済」確立に向けての一連の動向に危惧を抱き、自らの政策綱領には計画論的傾向を取り込もうとはしなかった。しかし、戦後期に公的権力の座についたレジスタンス勢力は、内部に構造改革論者と自由主義者との対立を孕みながらも、基本的には自国の「経済的封建制」からの脱却の手段として大規模な計画化の推進を選択したのであった。

加えて、それらの公的権力を担った人々は、戦間期に改革主義的なケインズ主義を受容していた人々であった。したがって、このような計画化の潮流と結合したケインズ政策は、この段階で必然的に改革主義的な様相を帯びることとなったのであり、このような戦略目標においては、有効需要管理に基づいたケインズ主義は中心的な命題とはなりえず、補完的な役割を果たしたに過ぎなかった。

131

次いで、当時のフランスにおいては、現存する生産能力と満たされるべき需要との格差から生じる、いわゆる「インフレギャップ」が進行していた。つまりこの時期のフランス経済は、完全雇用に近い状態であったけれども、完全雇用水準で創出される有効需要分を超える需要がこの時期要求されていたのである。しかしながら戦争直後のフランスにおいては、その超過需要に応えうるだけの生産能力を根本的に欠いていたために、きわめて激しいインフレが進行していた。したがって、不完全雇用の状態を前提とするケインズ『一般理論』の理論的命題のうち、有効需要の原理のみを適用することでは、この困難を解決することはできなかったのである。当時、平価切り下げは、戦後復興と急速な成長を追求するための必然的な補完的政策であった。

　最後に、主要な商業銀行の国有化が、1945 年以降銀行システムを完全に変革し、その結果投資の大部分を国家が供給することになった。したがって、銀行の国有化が中央銀行に対して貨幣信用と創造のコントロールにおける重要な役割を与えることとなった。このような制度的変革は、公的権力に対して、従来型の公共財政に関する分析装置に加えて、「信用の量的かつ選別的コントロール」に関する分析装置の構築を考慮した政策立案の検討を余儀なくさせた。このような必然性は、ケインズ的な「生産－所得－需要」という循環の理論を、信用創造とその破壊にリンクした「フランスに固有の金融政策に対するアプローチ」(*ibid.*, p. 12) を発展させる結果となったのである。

　以上述べた三つの経済的構図の変容は、一般に「フランスにおける近代化政策」として理解されているが、ケインズ『一般理論』に内包されている政策的諸命題を「有効需要原理に基づくケインズ主義」と「徹底的な改良主義に基づくケインズ主義」に区別する観点からすれば、この時期のフランスの近代化政策の下でテクノクラートたちによって援用されたケインズ主義は、明らかに後者の立場に依拠したものである。かくして、投資の社会化と信用貨幣の管理に基づいた「改良主義的ケインズ主義」を政策の指針としつつ実施されたフランスの近代化は、前世紀的な経済諸制度のラディカルな変革を目標に置いていたけれども、その後成立することになる蓄積体制のレベルにおいて事後的に見れば、それは戦間期には不完全で断絶していた生産ノルムと消費ノルムの循環過程を、国家という「集権的制度」により「強制的に」接合する役割を果たしたと言えよう。

第6章 「言説」としてのケインズ主義とフランス・フォーディズム

したがって、このような変容は、フランスが、「レッセ・フェールの終焉」においてケインズによって描かれたような、あるいはまた『一般理論』最終章における命題のような形での、「国家による指導的経済」の構想を実行してみせた、きわめて稀な国であることの例証であるように思われる。

フランスが、このような形で「指導経済」の確立に成功した要因の一つとして、おそらく公的権力の正統性の断絶がそれほど大きなものではなかったことが挙げられるであろう。たとえば、同時期の他の諸国と公的権力の正統性の変容のあり方を比較してみると、日本やドイツでは敗戦国として公的権力が全面的に崩壊してしまっていたのに対して、フランスではレジスタンスの勝利によって公的権力の正統性そのものが弱体化することはなかった。戦後期のフランスにおいては、政治諸集団（社会党、共産党、ゴーリストなど）の勢力争いは激しさを増していったものの、国家という政治的権力が正統性を有するものであることについては、一定の社会的合意が存在していたのである[6]。

かくして、このような国家による「指導経済」体制の確立とテクノクラートによる経済政策への改革主義的ケインズ主義の適用とがリンクすることで、「フランスの奇跡」が実現されたのである。

2.2 近代化政策の下での新たな社会的妥協の成立

以上のような改良主義的なケインズ主義に基づく国家による介入という方策は、フランスに伝統的に介在していた「介入主義（ディリジスム）」をケインズ的な概念で装飾を施したものと捉えられるかもしれない。しかしこの介入主義は、戦後のOECD諸国に見られたような、マクロ経済を科学的に操作するという単なる技術の問題に還元する国家介入とは質的に断絶している。この介入主義は、単なるマクロ経済上の調整にとどまらず、社会的、テクノロジー的、政治的変革を目指したものであった。

したがって、近代化政策は次のような二つの社会経済的政策目標を念頭に置くこととなった。すなわち、一方での計画化（たとえば第一次計画のモネ・プラン）に代表されるような中期的な社会改革を目指す戦略と、他方でのそれを補完する経済予算に固有の短期の安定化政策、がそれである。とはいえ、それらの戦略はテクノクラートたちによる強権的な主導権の発動により実現されたのではない。むしろ、これら二つの目標の統合的達成は、戦後の公的権力のへ

ゲモニーの変容という基底的条件の実現を待って初めて可能となったのであり、そのヘゲモニーの変容に呼応する形での社会的なコンセンサスの成立は、その後30年間にわたるフォーディズムの繁栄を支える社会的妥協の最初の礎を築くこととなった。

　実際、ドイツによる占領からの「解放（Liberation）」以降の社会諸集団の目標は、新たなテクノロジーや生産物の普及、科学的管理法やより近代的な生活様式の拡大が阻害されていた戦間期の状況の反復を避けるということであった。このような要請は必然的に、戦間期に見られたような私的企業経営者の保守的な経営態度に大半を任せた投資戦略のみでは達成することができなかった。したがって、公的権力は主要な産業・銀行の国有化の後、企業の力を高めることを最優先課題として戦後復興に取り組まねばならなかった。具体的には、それは主要な産業部門への国家による直接投資の増大と、選別的な信用供与という形で結実することとなった。このような中期的な近代化政策は、実業家やテクノクラートたちの第一義的な目標となったのである。しかし、同時にこの目標は、もう一方の社会諸勢力である労働組合にも受け入れられることとなった。なぜなら、彼らもまた、戦後復興、つまり企業の力を強め生産能力を拡大するという社会的圧力を自覚することで、戦間期に見られたようなゼネラル・ストライキによる非妥協的な闘争形態を、一定の譲歩をもって後退させたからである。反対に、この時期には労組代表がプランの作成に積極的に参加するという事態も生じた。かくして、戦後復興という社会的圧力の下で、労働組合の闘争形態は、労働編成様式の決定をめぐる闘争から、新たな労働編成を受け入れることで生じるであろう生産性上昇分（つまり利潤）の分配をめぐる交渉に限定するという妥協的な闘争形態へと移行することを余儀なくされたのであった[7]。

　結局、国家による産業の手厚い保護育成、労働組合による生産現場への科学的管理法導入の受容は、その後20～30年間にわたる著しい経済成長、すなわちフォーディズム的蓄積体制をもたらす原動力となった[8]。国家による投資の調整、テーラー主義の受容に基づく生産性の上昇、これら各々が相互に補完しあうことで、実質賃金と消費の持続的成長が促進され、需要の上昇傾向が良好な利潤見通しおよび低い利子率と結合して、さらなる投資の促進を刺激したのである。このような好循環の形成は、戦争直後における深刻な超過需要を満たすこととなり、そのような帰結は、経営者労働者双方の利害を一定の妥協的水

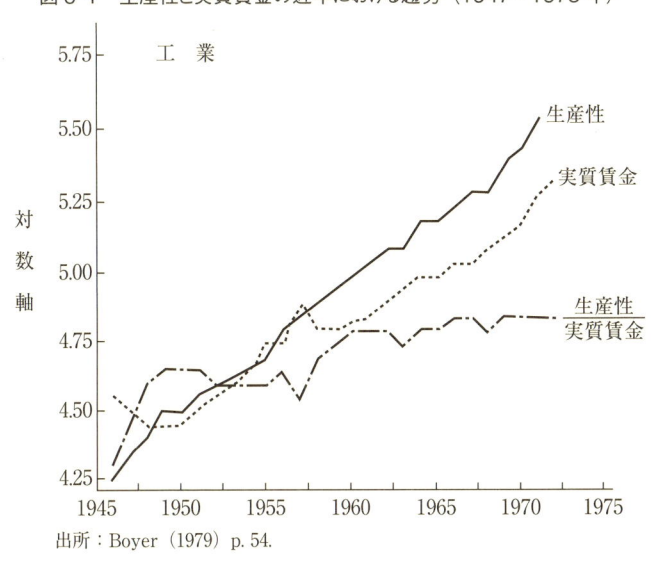

第6章 「言説」としてのケインズ主義とフランス・フォーディズム

図 6-1　生産性と実質賃金の近年における趨勢（1947～1975 年）

出所：Boyer（1979）p. 54.

準で満たす新たな発展モデルを形成することとなった。

　ここで重要なことは、インフレを管理の下に置き、景気後退の振幅と期間を最小化する短期の安定化政策、つまり有効需要管理に基づいたケインズ政策は、あくまでこの近代化というダイナミズムの補助的推進力に過ぎず、その政策そのものがダイナミズムを生み出したのではないということである。あくまで戦後の構造改革は、国家による投資の社会化と賃労働関係の変革を軸に進められたのであり、そのことが戦争直後から 60 年代までのフランスの経済情勢を特徴づけているのである。

　ここで、上記のようなダイナミズムからもたらされることとなった成長の果実の分配をめぐる前述の社会的妥協が、賃労働関係そのものに与えた構造的変化を見ておこう。

　まず第一に、賃金決定メカニズムが、失業を伴う競争的賃金決定メカニズムから、過去に経験した消費や価格の増大とあらかじめ予測されうる中期的な生産性の上昇分を考慮に入れた、管理された賃金決定メカニズムに徐々に移行したことが挙げられる。このような賃金決定メカニズムの形成は、戦間期にはそのメカニズムが非明示的（かつ非制度的）であったものが、戦後は事実上生産

135

表 6-3　社会給付（家計の可処分所得に占める割合％）

1913	1929	1938	1950	1955	1960	1965	1970	1975	1980
1.1	2.5	5.0	16.6	19.3	19.3	23.5	24.7	28.0	32.4

出所：André et Délome (1983) p. 415.

性と実質賃金との明示的インデクゼーションとして成立したことを意味する。実際、図6-1からも明らかなように、1950年代後半以降、生産性と実質賃金はパラレルに推移している。

　第二に、総人口における賃労働者の比率の増大と労働組合および左翼政党の政治的圧力が、所得の社会化に関する新たな形態変化をもたらしたことが挙げられる。とりわけ1945年以降に導入された社会保障システムは、家計所得におけるかなりの部分を移転所得が占めるという、前例のない変化を引き起こした（表6-3）。ここに至って、戦間期においては顕著であった生産ノルムの変化、すなわち科学的管理法の導入と新たなテクノロジーによって実現可能性を与えられていた大量生産の技術が、戦間期には実現されえなかった消費ノルムの変化に、社会保障制度の確立に基づく賃労働者の所得の安定化政策を通じて「接合」される可能性が与えられた[9]。このような近代化政策の下で、人口構成比における賃労働者数（ブルーカラー、ホワイトカラーを問わず）は着実に増大し（前掲表6-2）、それらの賃労働者が、前記のような賃労働関係の制度的変容に伴って「社会的に資本主義経済へ統合」されることで、規模の経済は拡大し、消費ノルムはよりいっそう安定的に成長しつつある生産ノルムとリンクされることとなった[10]。

　ここにおいて、近代化政策の成功をもって戦後フランスにおける「投資－生産－雇用－消費」というダイナミックな成長の循環パターンが「内的に」閉じられることとなった。

　これらの循環パターンの成立は、その成立後今度は国家がどのような分野にウエイトをおいて介入するかということについても一定の変化をもたらした。

　実際、1945年以降産業助成金の制度が確立され、教育に対する支出や社会的な所得移転の量が着実に増大した。これらの変化は限界消費性向を高め、分配上の不平等を緩和し、国有化された部門での投資の安定化を図るのに大いに役立った。同時に、租税体系の改革、たとえば統一的な形をもたずに行なわれていた消費税を付加価値税へと置き換えたことなどは、国家の介入が、中期的

な発展戦略を採用していたことを例証している。

　いずれにせよ、近代化政策におけるケインズ主義を単なるファイン・チューニング・ポリシーに還元することは誤りであろう。実際、官僚、政府高官、指導的立場に立つ政治家たちは一定の共同認識をもって近代化に取り組んだのであり、景気を刺激するためのカウンター・シクリカルな限定的介入を実践したのでは決してない。

　つまるところ、経営者たちによる近代化政策の受容、労働者たちの技術の変化とアメリカ的生活様式の受容、国家がこれらの社会諸勢力によって受け入れられた経済的目標を達成すべく自身の権力を行使したこと、ケインズ主義を受容したテクノクラートたちが公的権力において新たな知的エリートとして確固たる地位を築いたこと、フランスに固有な公共政策の実行、これらすべてが相互に結びついて、フランス経済の根本的な刷新を生み出した。このような傾向は、多かれ少なかれ他のOECD諸国においても観察されうるが、フランスの特殊性は、国家がその介入のあり方を、以前にはより恣意的で限定的であった介入から、より産業主義的で重層的な介入へと変化させたことであり、経済活動を他の社会的技術的な要因と結びつけて、促進し再編したということにあろう。これらのことが、1945年から50年代終わりまでのフランス経済を特徴づけていたのである。

3　フランス・フォーディズムの盛衰

　すでに見たように、戦後ほぼ十数年にわたって行なわれたフランスの近代化政策は、フランスの「経済的封建制」からの脱却と戦後復興とに根ざした、いわば「徹底的な改良主義に基づくケインズ主義」を体現するものであった。加えて、そのような目標が様々な社会諸勢力のコンセンサスと合致することで、「国家主導型の」フランス・フォーディズムを支える制度諸形態の原型を形成した。

　このような形で構造的変動を経験したフランス経済は、国際経済におけるアメリカのヘゲモニー、つまりIMF体制の下での事実上のドル本位制に支えられて、60年代には良好な経済成長（フォーディズム）を経験したのである。以下では、この特殊フランス的なフォーディズムがもつ特質を素描しつつ、そ

の過程で推し進められたケインズ政策のあり方を検討してみよう。

3.1 フランス・フォーディズムの独自性

近代化が遂行される中で、フランスにおいても、構造的枠組みとしてのフォーディズム的マクロ経済回路の循環を閉じる諸条件が整うこととなったのであるが（前掲図6-1）、この好循環を成立せしめる制度諸形態としての賃労働関係のダイナミズムそのものは、典型的なフォーディズム的賃労働関係のそれと比較した場合、かなりの程度独自性を有するものである。

典型的なフォーディズム的賃労働関係においては、アメリカなどに見られるように、一般的には、新技術・新しい労働編成モデルの受容により生じた生産性の上昇分の配分をめぐる手続きは、基本的に経営者と労働者代表との直接的「交渉」を通じて行なわれ、その成果は労使間の「協約」という制度的枠組みの形成に結実する。しかしながら、フランスの賃労働関係には、少なくとも「黄金の30年間」のほとんどの期間を通じて、そのような「協約的 (conventionelle)」な団体交渉の形態は見受けられない[11]（Petit, 1986, p. 46）。

このような経営者と労働者代表との直接的交渉による「協約的関係」の欠如は、戦間期から一貫して流れる国家の経済への介入という様式を体現するものであり、同時にフランスにおける賃労働関係の特殊性をも指し示すものであるが、このような傾向もまた経済情勢の変化とともに徐々にではあるが変化することとなった。この変化は、フランス・フォーディズム期に限って見れば、1950～1968年、1968～1977年の二段階に大別できる。

第一期において、つまり近代化、計画化の流れにおいては、戦間期とりわけブルム内閣において成立した賃労働者保護の社会立法がそのまま受け継がれた。1950年には、賃労働者の購買力の維持を目的とするSMIG（業種間共通最低保証賃金）という制度的枠組みが創設された。同時に、あらゆる人々に対する最低限の保護を保証する社会保障システムが創設されたが、その管理は国家の庇護の下で労働者から選出された代表によって行なわれていた。つまり、この時期、賃労働関係の制度的枠組みは労使の「交渉」または「対立」からもたらされたのではなく、主に賃金の分配メカニズムのみにとどまった国家的管理を通じて、「上から指令的に」形成されたのである。そこに経営者の参画はほとんど見られない。

第6章 「言説」としてのケインズ主義とフランス・フォーディズム

　さらに、賃金の分配に関する国家による社会立法を除いた他の賃労働関係の構成要素（たとえば労働時間の規制や解雇のコントロール）についての諸規定は、国家によっては実践されなかった。したがって、賃労働関係は本質的に、組合代表を否定する経営者と、経営者の改良主義を拒否することによって自身の影響力を保持しようとする組合との「鋭い対立」という性質を帯びることとなった。経営者たちが団体交渉を拒否する以上、労働者たちに残された賃労働関係改善の道は、必然的に偶発的ストライキか、あるいは政府による「上からの」調停に頼ることでしかなかったのである。

　したがって、この時期の賃労働関係のレギュラシオンを先導したのは、直接間接を問わず、国家あるいは公的部門である。労使の直接的な交渉が制度的に承認されていなかったのであるから、まずもって国家が、そして公的部門が賃労働関係の規範を示さねばならなかった。そのような制度的枠組みを前提として、計画化が産業部門間の、また業種間の協調を図ることにおいて中心的な役割を果たしたのである。

　このような立法主義的で権限が国家に過度に集約された賃労働関係は、1968年の12月に成立した「グルネル協定」以降、一定の変化を示すこととなった。

　まず最も重要な変革は、SMIG から SMIC（業種間共通成長最低賃金）への移行である。SMIG は単純な物価スライド制で決定されていたために、しばしば SMIG が平均賃金を大きく下回り、当時のフランスでは問題視された。そのような欠陥を埋めるべく、SMIC では、経済成長から引き出される剰余部分を社会的に配分するという目的の下、一国経済の全体的繁栄を基礎賃金に反映させる方式をとった。この移行は、フランスにおけるフォーディズムの完成という意味においてきわめて重要である。というのも、それまではマクロの構造的レベルでの大量生産・大量消費のマクロ経済的ループは、制度的後ろ盾をもたずに事後的に成立していたに過ぎなかった。しかし、協約的な労使交渉を通じてではなく、ある種大衆動員的な社会運動の帰結としてではあったけれども、SMIC は明確な制度的形態として、つまり社会諸勢力のコンフリクトの明示的帰結として、生産性と実質賃金とのインデクゼーションというフォーディズム的蓄積体制の賃労働関係の根本的構成要素を構築することとなったのである。したがって、厳密な意味でのフランス・フォーディズムは、この制度諸形態の成立を待って初めて完成されたと言えるであろう。

加えて、過度に集権的な交渉形態も一定の変化を被った。1968年の五月革命以降、職能に関する部門内交渉および大企業レベルでの労使間の協約的関係の承認、団体交渉に関する法律の拡充といった一連の改革を通じて、徐々にではあるが賃労働関係における協約的関係、すなわち経営者、組合、国家による三者の協議による交渉という関係が構築されることとなったのである。
　しかしながら、このような賃労働関係の「国家－賃労働者」という垂直的かつ二者的関係から「国家－経営者－賃労働者」という三者の協約的関係への変容は根本的なものではなかったし、賃金の変化に局所的にしか影響を与えないものであった。実際、団体協約はインデクゼーションの条項に編入されるにとどまっていたし、賃金交渉もまた部門協約をほとんど排除していたために、労働力の管理は依然として各々の企業に任されたままであった。
　結果的にこの賃労働関係の新たな発展は、そのフォーディズム的な具体的成果を引き出すことなく停滞を経験することとなった。というのも、一方ではテーラー主義に基づいて引き出されてきた生産性上昇の源泉が枯渇し、他方では1970年代初頭の相次ぐ石油ショックに象徴されるような対外制約の変容によって、国民国家レベルでのケインズ政策に基づくマクロ経済的好循環の環の一部が欠落し始めたからである。ここで再び本論に戻り、フランス・フォーディズム期のケインズ政策の変容を省察してみよう。

3.2　改革主義的ケインズ主義からファイン・チューニング・ポリシーへ

　前節で述べたように、1945年から58年にかけてフランスは、「モネ・プラン」に代表される計画化を中心に近代化政策を推し進め、「フランスの奇跡」を成し遂げ、計画化を基軸とした全体的な国民経済システムの構築に成功した。この時期ケインズ主義は、単なる近代主義者に過ぎなかったテクノクラートや、多少とも共産党に魅力を感じていた官僚たちを含め、政策担当者全体に、一つの共通言語と共通の公準を与えたのである。しかしながら、改革主義者たちによって推進されたケインズ主義は、戦後復興という激動期を過ぎ、経済政策が成長率の極大化を企図するものになるにつれ、より限定的な需要管理政策へと道を譲ることとなった。このような移行の原因は、おそらく次の四つの理由によって説明できる。
　第一に、経済情勢が変化したことである。産業復興の第一局面は、50年代

表6-4 フランスにおける計画化

計画	期間	目標
第1次	1947〜50 (1953年まで延長)	戦後復興の確保、基幹産業への援助
第2次	1954〜57	経済の「全般的で均斉のとれた」発展
第3次	1958〜61	国境の開放、雇用の創出
第4次	1962〜65	公共設備の拡充、国土整備
第5次	1966〜70	産業および貿易構造の革新、対外競争力の回復
第6次	1971〜75	産業発展の優先
第7次	1976〜80	「経済のダイナミズム」の強化、雇用の創出、不平等の軽減、生活における質的改善
第8次	1981〜85	エネルギー依存からの脱却、対外競争力の回復、社会的所得移転のコントロール

出所：André et Délome (1983) p. 248.

中頃までに完了し、経済的な優先順位が変化した。完全雇用の枠組みにおいて、たとえ雇用不足であろうとも生産を拡大するという「量的な」第一目標が、成長の極大化および均等化という目標に取って代わられたのである。それゆえ、60年代にはもはや失業を解消する必要性が弱まり（反対に多数の移民労働者を導入しなければならなかった）、経済成長の規則化や適正化を実現しなければならなくなった。近代化によって産業構造の安定化が図られたことで、テクノクラートたちの政策目標は、1945年のベヴァレッジ報告が想起したような、完全雇用とインフレの間に妥協を求めて介入を行なう方向へと転換したのである。この時期になって初めて、フランスの経済的社会的構造は、より狭い意味でのケインズ主義、つまり「有効需要原理に基づくケインズ主義」と合致するようになった。

　第二に、計画化が衰退したことである。第二次計画（1954〜1957年）から、フランスの計画化そのものは、制度的にはきわめて象徴的な雰囲気を有していたとはいえ、実質的には経済発展を主導する機能を失っていた。計画局では、依然として中期的戦略における改革主義的なケインズ主義を主張する傾向が存在していたが、60年代には実質上ほとんどのエコノミストや官僚たちは、限定的なケインズ主義に基づく立案に関心を移していたのである。その限りで第五次計画（1966〜1970年）は、国家による「指導的」計画化が形式的な意味での頂点を迎えたことを示している。この計画以降、一連の技術的研究と社会諸勢力のせめぎあいから生じる社会的政治的交渉過程との密接な相互依存関係の

分析に基づいた計画化は現われなくなるのである。したがって、計画という枠組みの中で練り上げられた方法論上のツールは、徐々にではあるが、景気の予測やそのシミュレーションの実行へと移行した。その一例として、統計局と大蔵省の経済予測局との合同研究によって定式化されたハンセン型のマクロ経済モデルの存在を挙げることができるであろう。

　第三に、所得政策の試みが失敗したことである。60年代初頭に、インフレ圧力を抑制し準・完全雇用を維持するという二重の目的の下で、整合的な所得政策を導入しようとする潮流が現われた。しかし、そのような政策は、所得分配に対する社会諸勢力の不定期な闘争の勃発がインフレ圧力を生み出しかねないということから、その実現が阻止されていたのだった。というのも、先に見たように、フランスでは団体交渉の手続きは、不完全な形でしか賃金の変動をコントロールしていなかったために、不定期に現われるそのような傾向を、中期的な予測の下で行なわれる所得政策とリンクすることにためらいがあったからである。それゆえ公的権力は、インフレを節度あるものとするために、経済成長を犠牲にしてまで、財政政策のような伝統的手法を用いて、限定的な調整策に徹するしかなかったのである。

　しかしこのような危惧は、その後1968年の五月革命に至る一連の過程（これは後の激しいストライキの波を終わらせることとなる「グルネル協定」の礎となった）がもたらした帰結によって払拭されることとなった。大方の予想を裏切り、賃金の増大と最低賃金の設定を要求したこの闘争は、産業界が恐れていたような破滅的結果をもたらすことはなかった。生産能力が完全稼働しておらず、非自発的失業が存在していたために、所得の増大（つまり消費の増大）は生産の増大を促し、またより高い生産性と雇用の水準をもたらしたのであり、そこでのインフレ圧力は予想以上に節度あるものであった。このことは、まさにケインズ的な命題の妥当性を実証している。そしてこのような妥協の成立は、近代化政策の過程で労働者が受容した労働編成におけるテーラー主義の導入に見られた、フォーディズム的妥協の萌芽的形態を、さらに消費ノルムの形成という側面において育成したのである[12]。

　したがって、フランス経済が構造的な安定期に入ったことで、「徹底的な改良主義に基づくケインズ主義」はその存在意義を喪失し、代わって経済成長という目標の下、有効需要の拡大という側面での調整的ケインズ主義が台頭する

こととなった。前節でも述べたように、改良主義的な諸政策を行なうためには、国家と国民との社会民主主義的な妥協が不可欠である。そのような社会的コンセンサスは、戦争直後には労働者側の一定の譲歩を引き出すことで成立しえたが、復興という至上命題が消失し、代わってシクリカルな成長パターンが現われたことで、その存立基盤を失ってしまったのである。このような経済情勢の下では、計画化もまた、投資の社会化を指向する方向へは向けられず、単なるマクロ経済上の循環を先取りする道具へと変質せざるをえなかった。

　要するに、二つのケインズ主義それぞれの理論的正統性の是非にかかわらず、「徹底的な改良主義に基づくケインズ主義」は、社会諸勢力の求心力が高まるような、換言すれば妥協が制度化されるような（フランスの場合それが国家に集約された）、経済再建の時期に妥当したのであって、構造的に安定期に入った経済情勢の下では、社会諸勢力の利害関係を結集するような社会的なコンセンサスとはなりえなかった。それゆえ60年代以降、フランスにおいてもまた、ケインズ主義は、ほとんどの先進諸国に見られたような、限定的な介入主義へと転化したのである。

　かくしてフランスのケインズ主義は、依然として国家主導型という特性を有しながらも、フォーディズム的蓄積体制での発展モデルという「構造」の中で景気循環上の調整を行なう、「構造上の偏差を制御する」ファイン・チューニング・ポリシーに取って代わられたのである。レギュラシオン学派が、「黄金の30年間」すなわちフォーディズム的蓄積体制の分析においてケインズ政策を位置づけているのは、まさにこのようなファイン・チューニング・ポリシーとしてのケインズ政策である。したがって、いわゆる伝統的なケインジアンたちは、経済発展のダイナミズムにおけるケインズ政策の位相を取り違えていたのであり、この時期のケインズ政策は、1945年以降の独占的レギュラシオンの下で産業の近代化および賃労働関係のダイナミズムを補完する「アクセル」の役割を果たしたのである。

3.3　外的制約に直面したケインズ主義

　上記のような経済情勢の変容に伴って、戦争直後から継承されていた改良主義的なケインズ主義は徐々に後退し、フランス経済の構造的安定を図るファイン・チューニング・ポリシーに取って代わられることとなった。しかしながら

この移行は、対外制約の変化という構造的変動にさらされることによって、結果的に、他の OECD 諸国でも共通に観察されるケインズ政策に対する信頼感の喪失という帰結を、フランスにおいてももたらすこととなった。以下では、このような観点から、70 年代以降のフランスにおけるケインズ政策の変遷を考察してみよう。
　まず第一の要因は、前節でも述べたように、国際競争力の強化という問題である。戦後の高度成長期には、基幹産業は国内市場における超過需要の存在ゆえに、規模に対する収穫逓増を一様に経験していたために、市場の持続的拡大が生産性の改善にとってますます欠くことのできないものとなっていた。大量消費財市場での競争は、生産物の差異化を基礎としていたために、一国経済は同様のカテゴリーに属する生産物に特化して輸出入を行なうことができた。このような構造的安定の下での国内経済の量的発展を遂げたのが 1960 年代であり、各国経済がその量的拡大を目指して輸出主導型の成長へと転化したことは当然である[13]。
　実際、60 年代にフランス経済は対外的に開放された。この対外的な開放は、二つの段階を経て行なわれた。第一段階では、EEC（欧州経済共同体）の創設に伴い、フランスの諸産業に対して販路を保証していた旧植民地（したがってそれはフランスにおける国内市場と同一視されうる）が、結果的に失われてしまった。具体的には、1959 年から 1970 年にかけて、旧植民地に対する輸出分は、対総輸出比 34％から 12％へと低下し、それらの国々からの総輸入は、25％から 10％へと低下した。また 70 年代には、とりわけ 1973 年の第一次石油危機以降、経済の対外開放は急激に加速化した。石油危機により、輸出という至上命令がますます不可欠なものとなったのである。事実、1958 年から 1980 年にかけて、輸入は純国内生産のうち 9.7％から 26.5％へと推移し、輸出は 8.9％から 24.2％へと推移している。
　フランスにおいて、このような経済環境の激変を指し示す分岐点は、第六次計画（1971〜1975 年）である。この計画は、輸入の制限とフランスの世界市場におけるシェアの増大を意図した、明らかな国際競争力の改善を強調する戦略を採用している。この計画が依拠していたマクロ経済モデルは、明らかに非ケインズ的で、古典派的色合いの濃いものであった。なぜならそれは、国際交易財の価格が厳密に国外の競争者たちによって規定されることを前提としており、

第6章 「言説」としてのケインズ主義とフランス・フォーディズム

こういった前提に立つ限り、それらの財の生産水準は企業によって構築される生産能力のダイナミズムにもっぱら依存することになるからである。同時にその成長戦略は、公共支出の増大は少なくとも中期的には生産に影響を与えないと主張していた。それゆえこの成長戦略は、租税のカット、企業助成金の給付などにもっぱら傾斜することで、企業利潤の確保に努め、対外競争力の強化を図ったのである。

ここに至って、ケインズ的協約の下で、雇用者、官僚、組合といった社会勢力の間で非明示的に結ばれていた同盟関係に亀裂が生じた。というのも組合は、この戦略によって失業が増大し、賃金を抑制されることには反対せざるをえず、さらには社会政策における組合の自律性の喪失を恐れたため、この計画を受け入れることはできなかったからである。かくしてこの同盟関係の崩壊は、戦後の社会的妥協に綻びが生じたことを意味する。

したがって経済成長は、国際競争力の確保という至上命題の下で、生産性の上昇率および利用可能な信用量に積極的にリンクされることとなったがゆえに、それまでとは異なり実質賃金とのリンクは微弱なものとなった。公的権力が行使する経済政策への組合側からの満場一致の決別は、必然的に戦後の社会的妥協の下で成立していたフォーディズム的な生産ノルムと消費ノルムとの好循環のうちの、後者を不安定化するという結果をもたらしたのである。

実質的には、このような成長戦略の方向転換は、フランスの国民生産における輸出部分を増大したが、国際競争に参加していない部門の国内市場シェアは、外国の生産者によって占められることとなった。このような変化の傾向は、1967年から1980年までほとんど間断なく持続し、その結果、フランスの中心的な輸出産業はきわめて狭い生産領域にますます特化することを余儀なくされた。したがってフランスは、他のOECD諸国と比較して競争力をもった産業を数多く育成することに失敗したのである。これらの要因によって、70年代終わりのフランス経済は、もはや生産-所得-消費というフォーディズム的な好循環が閉じられる場所ではなくなっていた。

他方、このようなケインズ政策から、より自由主義的な政策への転換を促したもう一つの理由が存在する。アメリカのヘゲモニーの下で確保されていた国際通貨システムの崩壊がそれである。

周知のように、ニクソン大統領による1971年の金ドル交換停止と1973年以

降の固定相場制からの離脱は、OECD 諸国の間で国内におけるインフレ率の高騰と国際競争の激化という対外制約の問題が、既存の国際通貨体制の枠内では調整不可能になったことを示していた。それ以前においては、たとえば 60 年代には、一国経済は対外競争力を高めるために、国際的な為替相場の安定という絶対的枠組みの中で、一度限りの平価切り下げを行なうことで事足りていた。しかし、60 年代末にアメリカで、利潤率の低下、生産性の減退、インフレ加速、大量の資本流出といった危機的現象が顕現した。このようなアメリカの危機的状況は、国際通貨システムに厳しい制約を課すこととなった。なぜなら、ドルが産業競争力を身に付けた円やマルクの挑戦を受け、アメリカは産業の国際競争力の復活や労働市場のフレキシビリティー、インフレの緩和を要求されたからである。しかしながら、アメリカはそのような要請に対する回答を、変動相場制への移行に求めたのであった。このような戦後のアメリカ一国のヘゲモニーに基づく国際通貨制度からの離脱は、自由主義的原則に則った国際市場での各国間の相互依存による国際的安定をもたらすとともに、その枠内で各国民国家経済が自律的に経済政策を行なうという選択の幅を拡大するはずであった。

　しかしその後に観察された経験は、それらの期待を裏切るものであった。為替レートの変動はより激しいものとなり、その予測はきわめて困難なものとなった。そして短期的には、国際資本のフローが国民国家経済における通貨制度を大いに制約することとなった。つまり投資を刺激するためには利子率の引き下げを、資本フローをもたらすためには利子率の引き上げを、というジレンマに直面したのである。

　このような国際通貨システムの崩壊は、フランスにおいてケインズ政策に深刻な影響を与えた。このシステムの崩壊はフランスの国民経済の抱える内的傾向、すなわちインフレという究極的なコストを払ってでも成長を完遂させようという傾向と累積的に連関することで、フランスにおけるケインズ政策の黄金時代の終焉をもたらすこととなったのである。

　実際、かなりの程度完全な形で、所得および価格形成を制度化していたフランスは、1969 年から 1973 年の好況期に、他の OECD 諸国のそれを上回る急速なインフレを経験した。このようなインフレが過酷なものになればなるほど、賃金インデクゼーションと所得増大の準・保証は、フランス国内および国外の

経済環境とは無関係に進展したのである。したがって、1930年代に見られたような累積的不況は顕現しなかったとはいえ、ケインズ的なビルトイン・スタビライザーの成功そのものが、スタグフレーションをもたらすこととなったのである。

ここでこれまで見てきた、フランスのケインズ政策の変遷を要約しておこう。

まず第一に、戦争直後から50年代末までは、近代化を錦の御旗として、産業界・政治家・組合の間で一定の社会的妥協が成立し、その妥協を基礎に、国家主導型の「徹底的な改良主義に基づいたケインズ主義」が実施された。次いで第二に、他のOECD諸国と比べて相対的に遅れた産業化を近代化によって達成したフランスは、「投資-生産-雇用-消費」という循環を維持すべく、ファイン・チューニング・ポリシーとしてのケインズ政策を実施した。しかしながら第三に、国内の経済構造の質的変換の終了後、その量的確大を図るために、フランスは輸出主導型の成長戦略を選択し、戦後に確立された社会的妥協を放棄して、前述のようなケインズ的な循環を補完する政策から、国際競争力の強化を指向する、より自由主義的な戦略へと転化した。ここに至って、「徹底した改良主義に基づくケインズ主義」はその影響力を弱め、また「ファイン・チューニング・ポリシーとしてのケインズ政策」も、ブレトン・ウッズ体制の崩壊とともにその妥当性を失うこととなったのである。

4 結びに代えて

以上見たように、「二つのケインズ主義」を経験したフランスの経済政策の変遷は、従来認知されてきたケインズ政策の概念に再検討を促すものである。

というのも、フランスにおいてケインズ政策が最も成功を収めた時期は、ケインズその人も『一般理論』において構想していたような「徹底的な改良主義に基づくケインズ主義」が実践された近代化政策の時期であり、それがフランス資本主義経済の独自性を特徴づけているのであるが、しかしその成功がもつダイナミズムそのものは、ケインズの思想の厳密な経済政策への適用にのみ答えを求めることはできないからである。本章の分析から明らかなように、フランス近代化の成功の源は、戦間期に顕現していた生産・テクノロジーの変革に

基づく生産領域でのダイナミックな変動に合致する消費領域でのダイナミズムを、戦後復興というコンセンサスの下で形成されることとなった、社会諸勢力の間で（非明示的ではあれ）結ばれた「社会的妥協」そのものに求めることができる。

　この理解が正しいとすれば、ケインズ政策そのものを、厳密に領域を制限されたマクロ経済上の諸現象を、単に「技術的に」調整するものとして捉えてはならない。その成功には、政策が適用される対象国における生産組織の変革、それに対応する賃労働関係の変容、さらにはその変容を集約する「妥協の総体としての国家」の介入の様態が有する、資本蓄積におけるダイナミズムの存在が第一義的に必要とされるのであり、その根本的変容を伴わないケインズ政策の適用は、いかなる形の経済成長をももたらしえないであろう。本書のこれまでの分析に依拠するならば、それは、その国に固有の社会諸勢力の力のせめぎあいから生まれる社会的制度諸形態が、マクロ経済上の変動を規定しているということである。

　以上、言説としてのケインズ主義が、戦間期・戦後期を通じていかにして受容され、またディリジスムとのハイブリッド化を通じて、いかにしてフランスに固有な経済政策の諸実践の思想的基盤となったのかを確認した。

　社会的なるもののレギュラシオン・アプローチにとって、この分析はささやかではあるが、一定の意義を有していると思われる。なぜなら、特定の政治諸集団が、ある経済思想なり経済政策理論を、象徴的媒介としての言説を介して、ある国民国家経済に自覚的ないし無自覚的に移植しようとしたとしても、その過程において、政治諸集団の力関係が果たす役割を、さらには当該国民国家に固有な歴史的・政治的正統性を有した言説がもたらす影響を、無視することはできないことを、フランスの経験は指し示しているからである。

　何よりも、社会的妥協のレベルにまで到達する以前に、ある政治諸集団は、特定の経済情勢に対処すべく特定の経済政策を実施するためには、政治諸集団間での自らの政治的正統性をめぐる闘いに勝利しなければならない。さらには、政策実施に関わる自国の政治的正統性を支えてきた一定の言説を無視して、新奇な政策を導入することには大きな困難が伴う。フランスの場合、戦後期のケインズ主義の導入に関して、前者は官庁エコノミストたちの勝利となって現われ、後者はディリジスムと、後に「ファイン・チューニング・ポリシーとして

第6章 「言説」としてのケインズ主義とフランス・フォーディズム

のケインズ政策」に変容することとなった、「徹底的な改良主義に基づくケインズ主義」との機能的結合となって現われたのである。

この限りにおいて、蓄積体制とレギュラシオン様式との適合性を分析する際には、象徴的媒介としての言説（現実には経済政策や社会政策をめぐる諸理論や諸経済思想、およびそれらを受容した諸集団による政策的諸実践）が、どのような政治諸集団に支持され、いかにして受容されたのかを、さらにはそれらの諸集団がその普及においていかなる手段を用いたのかを、決して無視することはできない。われわれのアプローチからすれば、これらの分析は、貨幣や法という象徴的媒介（蓄積体制レベルでの課税・財政体制）の分析枠組みの中に統合されねばならない。これを可能にする理論的枠組みを構築することによって初めて、社会的なるもののレギュラシオン・アプローチの全体像が完成されるのである。しかし、われわれが依拠しているテレのアプローチにおいても、貨幣や法の分析に加えて「抽象的な知的言説」が象徴的媒介の一つに加えられているとはいえ、その全体像の完成には至っていない（Théret, 1992, 邦訳 p. 9）。

そこで次の終章では、あくまで試論的なものではあるが、こうした全体像を、再び概念装置の問題に立ち返って、再構築することに努めたい。

(1) ミッテラン政権の政策に関するレギュラシオン学派からの研究については、明示的にはエコロジーの問題を取り扱ったものではあるが、Lipietz (1985) Ch. 4 がさしあたり簡潔である。
(2) レギュラシオン学派によるフランス・フォーディズムの研究はきわめて多岐にわたっているが、さしあたりこの点に関しては、Bertrand, Mazier, Picaud et Podevin (1981)、Bertrand (1985)、Lipietz (1986a)、Petit (1985) を、またフランスの近代化に関する議論については Petit (1986) を、それぞれ参照されたい。
(3) 以下の論点は、もっぱら Boyer (1983b)、Rosanvallon (1987) に依拠している。
(4) 実際、第3章で詳細に検討したように、彼は一般均衡に代替する概念、すなわち非対称、構造、レギュラシオン、支配、不可逆性といった概念を提示した人物であり、その意味で一般均衡概念に対峙するものとしてレギュラシオンの概念を体系化したアグリエッタらレギュラシオニストにとっての先駆者と言えるであろう。
(5) 加えて、これらの機関以外にも、土木大学校やポリテクニークなどのいわゆるテクノクラート養成学校であるグランゼコールでも、M. アレ、J. ウルモといったケインズ思想に理解を示していた人々が教鞭を取っていた。また、このような大学とテクノクラートとの断絶を指し示す好例は、G. ベルジェ、F. ブロシュ＝レヌ、C. グリュゾンらによる CEPE（経済プログラム研究センター）の創設（1957年）に典型的に象徴されている。したがってテクノクラートたちは、1954年に大学において経済学の教授資格が創設されたにもかかわらず、実務的な経済的処理能力をもった人物の育成を大学には求めず、自らそのような養成機関を創設することで大学における経済学教育を補完しようとしたのである。
(6) 加えてこのことは、戦後の賃労働関係の再編に対する各国家の介入のあり方にも大いに影

響を及ぼすこととなった。Petit（1988）によれば、日本やドイツにおいては、アメリカの庇護の下で経営者と労働者が直接交渉しあう特殊な賃労働関係（つまり傾向として労使交渉に国家介入の余地がほとんど存在しない）が、公的権力に代わって新しい責任を制度化するようになったのに対して、フランスにおいては、CNR（全国レジスタンス評議会）綱領に基づいた完全雇用政策への国家の積極的関与の姿勢に見られるように、国家による構造的諸方策を通じた労使関係の再編が行なわれていた。つまり、そのような賃労働関係再編の事例からもわかるように、「黄金の30年間」を形成することとなる「制度化された妥協」の原型が、フランスでは他の諸国と比較してより強力に「国家に集約される形で」形成されたのである。より具体的には、そこでは、国家の経済への介入の様態が、賃労働関係再編の過程において形成されるであろう「妥協」の構図を厳格に制約していた。つまり、国家は社会諸勢力の構図を規定するうえでの重要なアクターとなっていたのである。

(7) このような社会諸勢力の布置の構造的変動は、明示的な（あるいはまた制度的に承認された形での）生産性に対する賃金のインデクゼーションが確立されていないという点で、典型的なフォーディズムであるとは言い難いが、しかし、賃労働者の資本主義経済への終身的統合を、つまりマルクス的に言えば「資本への労働の包摂」をそのメルクマールとする「フォーディズム」概念に照らして見た場合、戦後復興に触発された近代化政策の推進過程で、事実上のフォーディズム的な社会的妥協が萌芽の形態であれ成立していたことを窺わせる。なお、より詳細なフランスにおけるテーラー主義の導入過程については、Boyer（1983a）を参照されたい。

(8) これらの賃労働関係の構造的変革という作業は、すでに制度的には戦間期のブルム内閣によって先行的に実行されていた。ただし、マティニオン協定に基づいた実質賃金の引き上げは、生産性の上昇とリンクした形で確保されるという形態をとっておらず、頻発する工場ストライキに対処するために、たとえば生産性の上昇というような、経済的諸条件に関する明示的根拠をもたずに経営者層が承認したものに過ぎなかった。したがって労使双方の利害関係は、この時期鋭く対立していたとはいえ、レギュラシオン・アプローチで言うような制度諸形態としての社会的妥協が成立していたかどうかという点については留保せざるをえない。

(9) 生産領域と消費領域との「接合」という観点から、レギュラシオン・アプローチの独自性を指摘したのは、海老塚・磯谷（1991）である。

(10) 実際、Lipietz（1985）によれば、フランスにおける経営者や自由業者が人口構成比に占める割合はほとんど変化がなかった（1954年は1％で、1975年もほぼ同じ）のに対し、労働者階級のそれは、1954年の34％から1975年には38％にまで増大し、また農村の人口は1946年の46％から1975年には32％に低下している。とりわけフランスは、1960年代には就業者人口の絶対的不足に直面して、移民労働者を大量に移入しなければならなかったほどであった。このことは戦後の経済成長の中で、言葉の厳密な意味における賃金労働者の勢力が強まったことをも意味すると同時に、マルクスが予示的に述べていた「資本による労働の実質的包摂」過程が、今世紀になって初めて存立可能な諸条件を与えられたことを意味している。この包摂過程の形成は、資本が、労働者を生産の領域における（具体的には企業内の労働現場において）単なる生産要素として労働を行なう主体として包摂するのみならず、消費の領域における（商品の価値実現が行なわれる流通の場において）行為主体としても包摂することで、資本の支配が社会的領域にまで拡大したことを示している。この過程がもたらす動態により、価値実現の抱える困難性はかなりの程度、その規模においても期間においても軽減されることとなった。まさにかかる困難性を多かれ少なかれ除去しえたことが、フォーディズム成功の鍵となる要因であったと言える。このレギュラシオン・アプローチに内在する形での「資本による労働の実質的包摂過程」についての研究は、海老塚（1986）がきわめて有益である。

(11) なお、以下のフランスにおける賃労働関係についての議論は、Petit（1986）、Lipietz（1985）、

第6章 「言説」としてのケインズ主義とフランス・フォーディズム

井上（1989）に依拠している。

⑿　このような観点からしても、フランスのフォーディズム的蓄積体制は、好循環を確立し、持続可能となった局面において社会的成果を享受することなしに崩壊期に入ってしまったという見解は妥当であるように思われる。実際、フランスのフォーディズム的蓄積体制は「グルネル協定」の締結を待って成立したというのが通説であるのだから、その成立直後にフランス経済を襲った石油危機およびブレトン・ウッズ体制の崩壊は、さしたる成果ももたらすことなく、そのフォーディズムを構造的危機に陥れてしまう一要因として作用したと言えよう。

⒀　ここで「フォーディズム」の概念をあらためて確認しておきたい。レギュラシオン・アプローチにおける「フォーディズム」とは、大まかに言えば、蓄積体制とレギュラシオン様式によって構成される発展モデルの総称である。そして蓄積体制とは、大量消費と大量生産の平行的発展に基づいた、資本蓄積過程から実現される中・長期的なマクロ経済の成長パターンのことである。つまり「フォーディズム」とは、資本制経済における根幹的な矛盾である市場における「価値実現の困難性」という問題を、様々な制度諸形態からなるレギュラシオン様式が一定の期間繰り延べ、緩和することによって顕現した、一つの社会的・経済的・文化的発展モデルの総称である。この観点に立てば、本章で述べたような戦後フランスにおける成長戦略の転換は、個々の制度諸形態が課す諸制約の変容に相応して現われた、蓄積体制内部での変化を指し示す現象形態であり、「フォーディズム」という発展モデルそれ自身の変容を告げるものではない。前世紀的な発展モデルからフォーディズム的発展モデルへの変遷は、かなりの長期の期間を要する資本主義経済の構造的転換を意味するのであり、ある意味では社会的・文化的領域における行為主体の社会的統合様式の根本的変態をも意味するのである。仮にこのような方法論的前提に立つならば、90年代初頭、山田（1992）、海老塚（1990）、Uemura（1992）、宇仁（1992）、遠山（1990）といった日本のレギュラシオニストたちの間で議論されてきた戦後日本の蓄積体制をめぐる論争においては、各論者における方法論上の微妙なずれが見事に顕在化していた。本書の立場からすれば、方法論上、発展モデルとしての「フォーディズム」と、蓄積体制レベルでの「フォーディズム」とを明確に区別することが好ましいように思われる。むろん、リピエッツのように、広義の発展モデルそれ自体を考察するのであればその限りではない。

151

終　章　政治的なるものと経済的なるものの分析的融合を求めて

> すべての国の臣民は、できるだけ各人の能力に比例して、すなわち、各人がそれぞれその国の保護のもとで享受する収入に比例して、政府を支えるために拠出すべきである。〔……〕いわゆる課税の公平または不公平は、この原則を守るか無視するかにかかっている。（アダム・スミス『国富論』水田洋監訳、岩波文庫、2001年、133頁、傍点は引用者による）

1　世界同時金融危機とネオ・リベラリズム
　　──経済学はどこへ向かうのか

　サブプライム・ローン・ショックに端を発した「世界同時金融危機」は、その発生から数年を経過して、ますますその混迷の度合いを深めている。

　2007年後半の危機の顕在化以降、世界各国の金融当局および政府は矢継ぎ早に様々な救済策を実施したが、世界経済の減速はとどまるところを知らないように見える。実際、その影響は金融市場のみならず、中国に代表されるような新興工業国の実体経済の減速にも及んでいる。と同時に、ここ10年以上「周回遅れの」経済改革を推進してきた日本経済においては、すでにバブル経済の崩壊を経験していたこともあり、当初この影響が軽微であるかのように喧伝された。しかしながら、2008年秋から2009年初頭にかけて日本経済を直撃した、「トヨタ・ショック」と称される自動車産業をはじめとする輸出産業の急減速は、こうした見方が希望的観測に過ぎないことを明らかにした。つまり、実体経済に目を向けても、バブル経済崩壊後「輸出主導型成長体制」に依拠して息を吹き返してきた我が国の経済体制（宇仁, 2008; 佐藤, 2008）は、すでに顕

終　章　政治的なるものと経済的なるものの分析的融合を求めて

在化しつつある主たる輸出国の実体経済悪化の影響を免れることはできなかったのであり、日本経済の危機的状況はいっそう深刻化している。

　実のところ、こうした世界情勢の変容は、1980年代以降一貫して推し進められてきた世界経済改革における諸スローガン、すなわち「グローバル化」「規制緩和」「市場原理主義」と無縁ではない。と同時に、皮肉なことに、この諸原理の普及を理論的に支えてきた「主流派経済学理論」は、かかる困難に直面して、今や重大な岐路に立たされているのである。

　周知のように、いわゆる主流派経済学は、80年代以降、自らの理論的発展のイデオロギー的基盤をこのような諸原理に求めてきた。

　ポスト・ケインズ派のマルク・ラヴォアによれば、サッチャー首相が唱えた「そのほかの選択肢はない（There is no alternative）」（その頭文字を取ってTINAと呼ばれる）というネオ・リベラリズム的宣言は、20世紀最後の四半世紀の経済学の学的潮流の諸傾向を端的に表わしているという（ラヴォア, 2008, pp. iii-iv）。というのも、これからの経済にとって「グローバル化」は必然であり、それに対応するためには「規制緩和」を行ない、国際競争力を付けるしかなく、その際の最善のマクロ経済的枠組みは、国民国家ではなくグローバル化した「市場」である。したがって政府は、このような戦略に従って経済システムを再編しなければならない。このような宣言に対して、主流派経済学は、その関与に学派間の温度差こそあれ、ほぼ一貫して理論的根拠を与え続けてきたからである。

　実際、ネオ・リベラリズムに立脚して世界各国で実践された様々な経済改革は、主流派経済学にとって、自らの理論的正当性を実証するための「実験」的役割を果たした[1]。アジア通貨危機をはじめとするいくつかの金融危機に対してIMFや世界銀行が提示した諸政策には、先に述べたスローガンが大きな影響を与えていたのであり、その具体的処方箋の内容はきわめて主流派的な経済理論に裏打ちされていた（スティグリッツ, 2002）。市場経済への全幅の信頼を基盤とするこの経済学の理論と実践が、20年にわたる世界的実験を経て、結果としてもたらしたものの一端が、現今の金融危機であることは否めないであろう。

　ところが、危機の発生以来、長らく封印・抑圧されていた「政府による経済への積極的介入」が矢継ぎ早に実行された。否、正確には、今や期待されているのは、「政府」という一国の経済主体による介入ではなく、世界的な政府間

協調をも視野に入れたグローバルな介入である。事ここに至っても、「危機の時代にこそ構造改革を推進すべきである」、「例外的な事態には例外的処方箋を」と唱えることは、自らが単なるオポチュニストに過ぎないことを宣言しているに等しいであろう。「世界的な経済実験」の結果、自らの理論的正当性を喪失しつつある主流派経済学は、その意味において今や「危機」にあると言える。

とするならば、経済学がその正当性を復活させるためには、市場の失敗を乗り越えるべく、古き良き「混合経済体制」の実現に向けて、ラディカルかつ現代的に、その制度的基盤の整理のために必要な、時代に即した新たな諸制度を市場に組み込むことのできる理論体系の構築に向かえばそれで事足りるのであろうか。あるいはまた、あくまでも危機は「例外的な」ものであるのだから、経済が「平時の状態」に復帰すれば再び最適均衡を探求する理論に立ち戻ればよいのであろうか。

実のところ、こうした問いかけは、第二次世界大戦以降、危機の時代に繰り返し現われては消えていった。その意味で戦後の経済諸理論は、「公的介入か、それとも市場か」という二極の間を常に振り子のように揺れ動くことによってその発展を遂げてきたとも言える。したがって、現在は20年ほどの周期を経て再び公的介入のほうへと揺り戻しが起きているだけのことかもしれない。だが、こうした問いに立脚している限り、経済学は、市場と政府の関係を二項対立的に、あるいはまたどちらか一方を特権的に捉えるという構図から一歩も踏み出せない。なぜならこうした構図は、政府と市場は融和し難いという固定的な枠組みのもと、政策的選択の問題を裁量的な状況依存的問題にのみ還元してしまっているからである。このような問題意識に従う限り、政治的意思決定の問題および政治的対立や妥協の問題は、そもそも経済学自身の理論的範疇ではなくなるのである。

実際、経済学は、自らが取り組むべき課題を経済的なことに限定し、それに影響を及ぼす様々な社会的なものを、できる限り切り離そうとしてきた。その結果、市場的なこと＝経済的なこと、社会的なこと＝経済外的なこと、という二分法が成立し、自らの分析対象を前者に特化し、そのほかのことを所与の条件としてきたのである。だが、経済という現象は本当に経済的なことだけで成り立っているのであろうか。この問いに対するレギュラシオン・アプローチからの暫定的な答えが、本書で検討されてきた事柄である。本書を終えるにあ

たって、以下では、これまでの議論のエッセンスをもう一度整理してみよう。

2 「社会的なるもの」からの「経済的なるもの」と「政治的なるもの」の隔離
―― 排除された合理性

　経済学は、様々な領域と接合され、その関係性の中で機能している「経済」という領域を、それだけを取り出して分析することによって、様々な理論的進化を遂げてきたと言っても過言ではない。その意味で、経済学理論発展の歴史は分析対象および領域における「純化の歴史」である。そして、この純化された経済学は、その後いったん外部化した「領域」を再度自身の理論的フレームワークに再吸収してきた。近年の制度経済学の勃興や実験経済学、行動経済学などの新領域の開拓は、この発展経路に位置づけることができるであろう。

　しかし、経済学が「経済」の学である限り至極当然なこの方法の、いったい何が問題なのか。それは、この領域の純化が、人間や諸集団の行動特性の純化（還元）を随伴し、それによって本来その他の政治や文化といった領域との相互依存関係の中で規定されている、人間や諸集団の活動の諸原理やその帰結を、純然たる経済的領域と経済合理性からなる世界に押し込めてしまったことにある。

　こうした疑問から出発して、われわれはもっぱらレギュラシオン学派のブルーノ・テレによる「社会的なるもの」のレギュラシオン・アプローチ[2]に依拠して、社会的なるものへの政治的なるものの取り込みを企図したのだった。
　「社会的なるもの」は「経済的なるもの」と「政治的なるもの」から構成され、これらを媒介するものが「制度」である。このアプローチによれば、社会は、常に同時的に経済的かつ政治的に秩序づけられ、構造化されており、これらの秩序各々は制度を介して、自律的存在たらしめられるとともに、一定の全体性の下で構造的不変性（定常性）を与えられる。ここで言う「経済的なるもの」とは、一定の経済合理性に従って行動する諸集団内部で、また諸個人と諸集団との間で取り結ばれる、人とモノとの関係的構造全体をメタ・レベルで表象する概念である。他方「政治的なるもの」とは、相異なる合目的性に従って行動する諸個人の間で、また諸集団の内部で、さらには諸集団相互の間で取り結ばれる人と人との関係的構造全体をメタ・レベルで表象する概念である。貨幣、法、言説といった制度は、これらの秩序を象徴的に媒介し、社会的なるも

のの全体的レベルにおけるレギュラシオンを実現する。こうした概念規定はこれまで述べてきた通りである。

　これは、社会という枠組みの中に政治的な領域と経済的な領域が同時に存在しているというありきたりの社会システム論を言い換えたものではない。こうした発想に立つ限り、社会的領域から遊離した「経済」のみが経済学の分析対象となり、「政治」は政治学の対象となるほかない。事実、新古典派経済学のみならず、ケインズ経済学においても、政府は経済の外部に位置づけられ、マルクス経済学においても、社会は土台（経済）と上部構造（政治・文化・イデオロギー）に分離されている[3]。前者においては、政府が経済の外部にある超越的存在として承認されているからこそ、経済全般の管理が可能なのであり、また後者においては、土台と上部構造の変化はそれぞれに影響を受けつつも、もっぱら自律的であると解釈されている。したがって、これらの経済学においても、「政治的なるもの」は経済と切り離され、その外部に位置づけられているのである。

　しかし、そもそもわれわれの社会が「経済的なるもの」と「政治的なるもの」とを同時に包含しているとは、具体的に何を意味しているのであろうか。あるいはまた、このようなシステムは現実にどのようにして現前するのであろうか。

　たとえば、新古典派の言う単純化された経済合理性に従えば、経済行為とは「財と貨幣の交換」であり、その行為をなすか否かの規準は、経済主体がその交換によって利益（効用、満足等々）を得ることができるか否かにかかっている。たしかに、方法論的個人主義の大原則に則り、諸「経済」主体の集合体が全体をなすという仮説を前提にすれば、この方法論は論理的に誤りではない。だが、本書第1章で述べたように、現実に人間や諸集団は、様々な社会的関係性の中で初めて自らの存在を確認しうる関係的存在であり、自らの存在や行為は他の人間や集団との様々な関係性の中でしか決定できない[4]。それゆえ、この関係性が経済的なるものに「だけ」従って規定されるということを保証するものは何もない。

　ただし、こうした見方が人間や諸集団は政治的なレベルでは感情の虜であり、合理的存在などではないのだ、などという主張に直結するものではないことに留意すべきである。そうではなくわれわれは、社会的なるものにおいては経済

終　章　政治的なるものと経済的なるものの分析的融合を求めて

的なるものと政治的なるもののそれぞれにレベルにおいて二重の合理性が対立しつつも共存している、と考えるのである。

　繰り返しになるが、ここでこうした諸概念を今一度整理しておこう。政治的なるものにおける「合目的性」とは、人と人の関係からなる一定の秩序におけるある特定の政治的ポジションの再生産に必要な論理のことであり、具体的にはそのポジションの維持や正当化に必要な様々な論理のことである。たとえば経営者にとっては、企業組織の維持・発展のために他者との競争や組織内部の階層的ネットワーク化は正当なものである。他方、生活者にとってはそのような論理は企業間および企業内部の論理であり、自らの社会生活においては組織の論理とは異なる別の協同的論理が支配的となる。これらの論理は、それぞれのポジションによって大いに異なるだけでなく、時に対立する。対して経済的なるものにおける「合理性」とは、人とモノとの関係からなる一定の秩序における経済的再生産に必要な論理のことである。具体的には、経済的秩序において、企業者にとっては節約と蓄積の論理が、生活者にとっては所得の獲得と消費の拡大という論理が不可欠となる。ここでもまたそれぞれの論理は差異を伴っており、往々にしてそれらは対立する。

　要するに、われわれが理論的に捉えようとしているのは、社会的なるものの様々なレベルにおいて、「二重の合理性」が同時に作用しており、それらがその秩序内部で相互に連関および対立していること、そして時にそれらの秩序間での政治的で経済的な対立を経て、一定の妥協が制度的外皮をまとって出現するということ、である。

　したがって、社会的なるものの全体性というレベルでは、政治的なるもの、すなわち組織や集団がもつ特定の合目的性（これはそれらの対立や妥協から往々にして生ずる）から構成される秩序と、経済的なるもの、すなわち経済的合理性に従って構成される秩序とが、あらゆる社会的アクター[5]の存在レベルにおいて、そのヘゲモニーをめぐって常に同時的に作用・対立しているのであり、その結果生じるヘゲモニーは、時に政治的秩序の側に、また別の時には経済的秩序の側に偏在する。このどちらの極に振れるかは、社会的アクターが関与する社会的位相および彼らが直面している政治的・経済的情勢に大いに依存するが、いずれの場合においても、どちらか一方の秩序が支配的となり、そこにおいて支配的な合理性のみが貫徹することはありえない。様々な構造変化の

局面において、常に経済的合理性が政治的合目的性に優ることを、また常にその逆のケースを保証するものは何もない。そこにおいて存在するのは、それぞれの秩序内部での諸アクターの、また同時にそれらの秩序間での、常なる対立と妥協からなる動態的な過程であり、この限りで社会的なるものの動態は経済的であると同時に政治的なものである。そしてこのダイナミズムは、象徴的媒介としての諸制度の非機能的（レギュラシオン）作用を通じて、社会的レギュラシオンの位相を変化させる。

　こうした合理性の対立が最も典型的に現われる社会的闘技場（アリーナ）は「公的行政」である。たとえばある自治体が、トップの交代を契機に累積的な財政赤字の立て直しを目指し、「歳出削減と増税」を第一目標に掲げたとしよう。言うまでもなく、これは組織体としての自治体の経済的合理性に即した決定である。他方、市民にとって増税や市民サービスの低下は、自らの経済的合理性からすれば受け入れ難い。同時に、自治体の政治的合目的性、すなわち市民の社会生活の充実やさらなるインフラ整備といった目的は、この場合相対的にその重要性を失う。つまり、経済的合理性が政治的合目的性に優るのである。他方、市民にとって課税という経済行為からもたらされるはずの政治的パフォーマンス、すなわち市民サービスの共同体的拡充という目的は、この場合著しく損なわれる。つまり、このような情勢においては、純粋に経済的レベルで見れば、自治体の経済的合理性は充足されるが、市民のそれは充足されず、政治的レベルで見れば、その合目的性はともに満たされなくなるである。このような対立は、自治体の政治的合目的性の変化を、また同時に、市民による納税意識の変化や共同体的なるものをめぐる認知レベルの変化をもたらす可能性がある。

　したがって、ここで生じているのは、自治体や市民といった各々の社会的アクターレベルにおける経済的合理性と政治的合目的性の対立であるが、この対立は最終的に「経済性」のみならず「政治性」を刻印された妥協に結果する。なぜなら、このような対立は永遠に継続しえないからであり、それぞれの社会的アクターの必要性が要求する歴史的時間の範囲内で一定の妥協的構図に到達すべく、調整されねばならないからである[6]。ここで重要なのは、この調整過程がいかにして成立するかである。

　実践的レベルにおいて、こうした調整過程の中にしばしば見て取れるのは、行政府における経済行為が財政的支出の可否というモノとモノ（たとえばイン

フラと税）の関係からなる、もっぱら「経済的なるもの」であるとしても、その決定過程においては、「人と人の関係」からなる「政治的なるもの」がきわめて重要な役割を果たす、ということである。実際、行政府における財政支出のありようは、基本的には、支出対象となる事業の経済的必要性に依存する。しかしながら、それらの事業の優先順位とその規模の決定過程はきわめて政治的なものである。たとえば、今、実物的な社会的・経済的インフラ整備の支出と社会保障関連の支出という二つの支出対象があるとしよう。生産的企業の観点からすれば、当然、優先されるべきは前者であり、逆に生活者の観点からすれば、優先されるべきは後者となるであろう。限られた財源の中から、この二つの相異なる社会的アクターへの支出を行なわねばならないとき、その優先順位と規模は、当該行政府が直面しているマクロ経済の状態のみならず、これら二つの社会的アクター間の力関係のありようにもまた、決定的に依存する。

　これらのアクター間の力関係は、それぞれのアクターが有する「勢力としての経済的な力」における差異に裏打ちされているがゆえに、実質的には非対称であるが、形式的には対称的である。なぜなら生活者は、「法」という媒介的制度のおかげで、行政への関与に関して、法人格としての生産的企業とまったく同格であるが、生産的企業などとは違い、特定の政治的目的をもった市民団体などは別として、ロビー活動などを通じて強力に議会や行政に働きかけることは困難であるからである。議会は、生活者をはじめとする社会的アクターのこうした利害を調整する場であり、そこにおいてしばしば用いられるのは、それぞれの利害集団の代表者である議員間での、行政官僚と議員たちとの駆け引きであり、狭義の妥協である。したがって、ここでは、財源が限られているという「基礎的経済条件」は存在するものの、その支出形態の様態は、厳密な経済合理性のみならず、政治的妥協にも基づいて決定される。また場合によっては、その経済的合理性はしばしば、政治的妥協に大きく従属する。

　たとえば、国民国家レベルの事例を挙げれば、日本における2004年の年金制度改正は、こうした妥協が典型的に見られた事例である。この改正においては、年金財源の国庫負担分の3分の1から2分の1への変更が決定されたが、「その財源を何に求めるのか」というきわめて経済的な問題は先送りにされた。これはまさしく、与党が主張する年金制度改革に反対する野党との「政治的妥協」の産物であったと言えよう。財政という問題が真に経済的合理性だけで解

決可能であり、かつそうすべきものであるならば、その最も簡潔な解決手段は、何よりも保険料率の大幅な引き上げや増税のはずである。しかし現実には、保険料率の引き上げも段階的かつ小幅なものにとどまったうえ、「国庫負担の増大部分を消費税で賄うべきである」との見解が示されていたにもかかわらず、それらは実現されなかった。実際、経済学者の側から、こうした年金改正に関する不可解な解決法に少なからぬ疑問が発せられたことは記憶に新しい。しかしながら、われわれの分析枠組みからすれば、こうしたケースはまさしく、経済的なるものと政治的なるものが、税制というモノを介してコミュニケートされ、時にその動態のあり方が政治的妥協に依存することの典型例なのである。

　繰り返しになるが、先に述べたような、財政危機という不可避の経済情勢をどのように解消するのかという諸方策を最終的に方向づけるのは、様々なアクター間の利害調整を経たうえで現前する「ヘゲモニックな妥協に基づく政治的諸決定」であり、純粋な経済的合理性から引き出される諸決定ではない。ただし、こうした妥協そのものの政策に対する影響の度合いは、むろん、当該組織や社会におけるそれぞれのアクターの関与の度合いや政治的意思決定メカニズムの構図の違いによって、様々であることには注意すべきである。

　このようなことからすれば、政治的なるものは、一方が他方を支配するといった単純な関係の総体ではなく、常にアクター間での対立や妥協を繰り返してヘゲモニーの形成に至る関係の総体である。そしてその関係（のアクターの認知レベルで）の変化を契機として、それらの関係の束である集合的アクターの合目的性は変化する。またこの合目的性の変化から結果する政治的妥協の変化は、歴史具体的な「媒介物としての制度」の様態を変容させ、経済的なるものに対して実際に影響を与えるようになる。したがって、これらの社会的アクター間で取り結ばれる関係は、いかなる社会的位相においても、経済合理性だけでは構築されないのであり、それらの関係の中で生じる様々な政治的・経済的対立や妥協を経て初めて維持されうる。たとえば、もし先の事例において、経済合理性に基づく政策を強く主張する集団がヘゲモニーを握り、行政府において増税や財政削減の手続きが承認されたとしても、それは純粋な経済合理性のみに基づく決定ではなく、それらの相異なる社会的アクター間での政治的妥協に基づく、その社会に独自な政治的合目的性に従った結果なのである。そしてこのような妥協の変化は、次に現存の「制度」への疑義を喚起し、その改変

終　章　政治的なるものと経済的なるものの分析的融合を求めて

を促すこととなる。

　先の事例に従えば、選挙による行政機関のトップの変更は、「行政機関の合目的性」の変更に正当性を与え、その正当性の行使に必要な諸制度の変更を喚起する。たとえば、近年多くの自治体で増加している「財政健全化へ向けての積極的な制度変更」はその典型例であり、こうした制度の成立は、税を通じたあらゆる経済的アクターに対する以前のパフォーマンスの変更を余儀なくさせるのである。「制度」としての課税・財政システムが、経済的なるものと政治的なるものの両方を架橋する＝コミュニケート可能にする「媒体」であるというのは、まさしくこのような意味においてである。

3　構造改革と政治的なるものの変質

　実際、戦後日本の経済成長を語るうえで、政治的なるものが果たした役割を無視することはできない。周知のように、戦後、国民の権利意識が広く普及したことで、行政府と国民との関係、すなわち政治的妥協の様態は劇的に変化した。その結果、行政府の政治的合目的性は、「国民の管理から社会資本の拡充」へと移行し、この合目的性の達成が自らの経済的合理性（たとえば均衡財政など）の達成よりも優先されることとなった。もちろん、こうしたことは高度経済成長による税収増という財政的裏づけあってのことであったが、1970年代の石油ショック以降も赤字財政を続けながら、社会的インフラの整備に邁進したという事実は、何よりも行政機関が自らの政治的合目的性を経済合理性に優先させてきたこと、つまりそのような政治的妥協が維持されてきたことを如実に物語っている[7]。

　だが現在の日本で進行しているのは、まったく逆の現象である。現在の日本経済において、国家レベルでも地方自治体レベルでも喫緊の課題となっているのは、財政赤字の解消、すなわち経済的合理性の優先である。このような妥協の変質は、「失われた十年」と呼ばれるバブル経済崩壊後の低成長を契機として登場した「構造改革路線」をもって嚆矢とすることができる。

　郵政民営化の事例に代表されるように、時の内閣総理大臣、小泉純一郎は、わかりやすいフレーズで多くの事柄を単純化して説明し、しばしば国民に二者択一を要請した。たとえば、彼が好んで用いた「米百俵」のエピソードは、

「政府は現在の社会的厚生の充実よりも将来のそれの向上を目指す」と宣言したものであり、これは現行の財源や財政削減の効果が将来世代に対して使用されるべきである、ということを意味する。国民大衆はこうしたメッセージを、マスメディアが作り上げた「劇場型政治」に呼応する形で受け取り、きわめて高い支持率という形でそれへの承認を表明した。こうしたことは、一見すると一時的なポピュリズムの波に乗って国民が時の政権に迎合したことからもたらされた一過性の事態であるかのように見えるかもしれない。しかしながら、フランスなどとは違い、政治的対立がデモなどにより顕在化しない日本のような社会においては、こうした「雰囲気」としか言いようのない一定の「全体性」の出現は、きわめて重要な「政治的妥協」の出現可能性を示唆している。

　政治学者のカール・シュミットの言葉を用いれば、「政治的なるもの」はある社会を「敵・味方」に区別＝分断し、それらが対立することから始まる（Schmitt, 1932）。上に述べた文脈に即してシュミットの理論を適用すれば、危機にある財源を現状の社会経済状態の改善に利用する者は、「政治的妥協」のあるべき姿として提示された政策プランに抵抗する「社会の敵」であって、経済的資源を未来への遺産として移譲することを承認するものは「社会の味方」であるという、ことさらわかりやすい「敵・味方」の構図が、当時の日本の政治的情勢の中にもたらされたということになる[8]。

　「公的なもの」は敵、「私的なもの」は「味方」、というきわめて明快な敵・味方理論を用いて、郵政民営化を旗印として推し進めた構造改革路線は、2005年9月の突然の衆議院解散・総選挙におけるその勝利という結末を受け、「雰囲気」から実質的な「政治的妥協」へと変質した。

　われわれのアプローチからすれば、たとえ当初は全体的な雰囲気に過ぎないものであったにせよ、このようにしてその政治的合目的性が国民の意識レベルで承認された、すなわち政治的なるものにおける正統性の根拠が転換されたという事実は、政府の政治的合目的性と国民の政治的合目的性がともに変容したことを指し示している。つまり、政府は徴税の正当性の根拠を公的な領域ではなく私的な領域の拡充に求め、国民もそれを承認したのである。これは、いわば政治的秩序を経済的秩序に従属させるという政治的妥協が、一時的にせよ成立したことを指し示している。

　むろん、こうした意識の変化は、特定の政治的合目的性が、政治的閉塞性の

終　章　政治的なるものと経済的なるものの分析的融合を求めて

打破を目指す巧みな戦略のおかげでヘゲモニーを握ったことによるものであることは言うまでもない。ここでも、TINA の宣言はきわめて有効であった。なぜなら国民は、体制変化を求めたのではなく体制内変化を求めたからであり、政治的敵対者を国家や政治体制そのものに求めたのではなく、国家内部の守旧派や官僚制に求めるように戦略的に誘導されたからである。

　いずれにせよ、こうした戦略的な政治的合目的性の変更は一定程度功を奏し、国民は社会的全体性を維持するためには「経済的合理性」を優先させることが重要であることを承認するに至った[9]。この変化は、本来「政治的秩序」に位置するはずの政府が二重の合理性という制約の下で、政治的コンフリクトを経て「経済的秩序」の側に近接するように変容していく過程の典型例として認めることができよう。テレの議論を用いるならば、ここにおいて社会的妥協の位相は「政治的秩序における政治的妥協」から「経済的秩序における政治的妥協」へと変質したのである。

　このような社会的妥協の変化が、その後日本経済にもたらした変化とは何であろうか。それは、政治的なるものと経済的なるものを架橋する「制度諸形態」の変容である。

　周知のように、不良債権問題に端を発した成長体制の機能不全に悩まされた日本が、旧来の社会的妥協を放棄して辿り着いた社会的制度変化とは、日本経済に「アメリカ型の金融システム・雇用システムを移植すること」であった。この改革によって、日本の制度諸形態は大きく変容した。たとえば、構造改革によって推進された労働市場の規制緩和は大量の非正規雇用労働者を生み出し、階層化された労働市場の下層部分を拡大し、勤労者の所得間格差を増大させた（宇仁, 2008）。金融システムの規制緩和は企業の M＆A を加速し、「株式の持ち合い」という、ある意味での企業間ネットワークを弱体化した。加えて、押し寄せる国際化の波は、低熟練労働者の雇用を奪い、生産現場の海外移転を加速させた。

　と同時に、これらの移植された制度諸形態は、日本国民の社会に対する意識を徐々に浸食した。たとえば、多くの企業に導入された成果主義型賃金制度は、企業内の協業体制をより個人主義的なものへと変貌させ、社員の意識そのものもまた、個人主義的なものに取って代わられたのである。また相次ぐ企業合併は、日本企業最大の特徴であった企業への忠誠心を著しく低下させた。

要するに、1980年代に世界で称賛を浴びた日本的レギュラシオン様式は、21世紀初頭の現在、確実に構造的変化を経験している。と同時に重要なことは、このレギュラシオンの変化が、たとえ一定のヘゲモニー戦略に誘導された結果だとしても、日本社会の現実の「政治的妥協」からもたらされたものであるということである。今や、こうした、世界的には周回遅れの構造改革路線は、地方自治体のトップにまで継承され始めている。国民国家経済のレギュラシオンにおいて生じた構造変化が、今や地方経済のレギュラシオンの変化をも引き起こそうとしているのである。

4　言説的なるもの
――もう一つの制度諸形態の統合に向けて

　最後に、政治的なるものを経済学的分析に組み入れるうえで、決して看過できないものがある。それは価値規範やイデオロギーといった、「言説的なるもの」の社会的なるものにおける組み込みである。

　経済学は長年にわたって、一定の「価値規範」を伴う言説を、自らの分析枠組みから区別して、できる限り排除すべきであると考えてきた。より具体的に言うならば、「最適状態の経済」を叙述する際、特定の諸集団の利害を代表するような価値規範や判断基準を、易々と自らの理論に取り入れてはならない、それは政治（学）の仕事なのだ、という頑ななまでの価値判断の拒絶が、現行の科学としての経済学には求められてきたのである。

　もちろん、近代が社会に与えた様々な概念、たとえば善、自由、平等といった概念は、ポスト・モダンの言説によらずとも、今やあらゆる学問領域で相対化されているのであって、「かくあるべき」といったような絶対的な価値規範に対する警戒が必要であることは、何も経済学だけに限ったことではない。またそうした視角は、過去いくつかの経済学が陥った教条主義を回避するためには絶対に必要な姿勢ではあろう。しかしながら、行き過ぎた価値規範の排除は現実経済を透徹し、そのありうべき道筋を照らし出す有力なアプローチとしての経済学の可能性を、時として狭めるのである。

　実際、これは様々なレベルで現象するが、特にそれが端的に現われるのは、税制や社会保障に関わる経済政策の諸提言においてである。言うまでもなく経済政策の諸提言は、経済的であると同時に政治的な作業である。いかなる学派

終　章　政治的なるものと経済的なるものの分析的融合を求めて

に属していようとも、この提言に関与する限りにおいて、提言者自身が一定の「社会的・政治的立場」に身を置かねばならない。このとき多くの場合、言葉の厳密な意味において「中立」であるという前提条件は脆くもその存立基盤を失うのであり、分析者は自らが立脚する「経済理論」が一定の「社会性」および「政治性」を帯びているという事実に気づかされるのである。ここで一つの科学的アプローチに過ぎない特定の理論を根拠として「理論と実践」の乖離をあからさまに容認したり、「理論は正しいのだから現実を理論に合わせるようにシステムを改変すべきだ」と主張したりすることは、知の体系としての経済学の実践的有効性を貶めることでしかない。また「そうした政治性や社会性の存在は経済学においては所与の条件であり、われわれの領域外にあるものだ」という一見良識的な見解は、仮にその理論から現実の問題が何ら解決されないとの結論が引き出されるのであれば、それは単に現状を追認するに過ぎない理論であり、当該社会にとって重要なのは経済学理論ではなくその他の理論（や状況）であることを自ら認めていることにほかならない。

　経済学が実践的な知の体系として探求される限りにおいて、重要なのは特定の価値規範に盲従して理論を構築することでもなければ、「言説的なるもの」を全面的に排除することではない。むしろわれわれの社会が多種多様な社会的価値規範を包摂しつつも、一定の全体性を有するのはなぜかを理論的に解明し、その全体性に働きかける「言説的なるもの」がどのようにして社会において生成し、機能するのかを、科学的に検証することができるような理論体系の構築を目指さねばならない。そしてそれらが経済のみならず政治に対してどのような影響を及ぼすのかを実証的に検証しなければならない。

　たとえば、こうした言説的なるものが政治的なるものにおいて重要な役割を果たしていることは、第二世代のレギュラシオニストであるブルーノ・アマーブルによってもすでに指摘されている。彼によれば、「観念——あるいは観念の組織体を考える場合にはイデオロギー——は、政治的要求という形態の下に行為主体の利害が集団的に表明されるような枠組みを提供する」のであり、「イデオロギーは、焦点合わせの装置としての役割」を果たす（Amable, 2003, 邦訳 p. 73）。要するにイデオロギーは、様々なアクターが社会的なるものにおいて、自分たちがどのような集団に属しているのかを気づかせる装置である。その限りで、その社会的存在としての自らのポジションが、イデオロギーを介し

165

て構成されるものであることが認知されるのである。

　人間は、社会的なるものにおいて様々な存在形態をとる。彼／彼女は、家庭においては父／母であり夫／妻であり、職場においては労働者であり場合によっては管理者である。また日常的な生活においては消費者であり、自らが住まう地域の良き隣人でもある。こうしたことは、日常的に意識することはほとんどない。しかしながら、ひとたび自らの存在を脅かされる状況（自らが帰属する集団内での政治的・経済的対立）に直面したとき、彼らは、自らがその集団内部でどのような位置にあり、どう機能すべきなのかを、またどのような社会的構図の中に位置し、どう機能すべきなのかを、自問することとなる。そのときイデオロギーは、彼らがそれぞれの社会的レベルにおいて「特定の役割」を担っていること、特定の社会的カテゴリーに属する存在であることを、彼らに教える。この限りでイデオロギーは、自らが様々な社会的構造に埋め込まれていることを人々に認知させる制度装置であり、それは言語を象徴的媒介として機能する。

　様々な社会的レベルにおいて、彼らに自らがある特定の「存在」であることを気づかせ認知させる契機となるのは、様々な社会的レベルにおいて特定の政治的・経済的状況の中で発生する様々な利害対立である。そしてそのような対立の構造をもたらすのは、現存の政治的・経済的構造であり、つまりは現実の政治的・経済的諸制度のあり方なのである。

　したがってイデオロギーは、アクターに対して、自らがどのような社会的構図に埋め込まれているのかを様々な社会的局面ごとに「象徴的に認知させる」という、きわめて重要な機能を有している。アクターは、このようにして社会的なるものにおける自らのポジションを認知するや否や、意識的にせよ無意識的にせよ、そのようなものとして機能し始める。ここで重要なのは、このようなイデオロギーの機能が、あくまでも現実の政治的・経済的情勢を基盤として導き出されるということであって、そのような情勢を反映しないイデオロギーは、そのものだけでは決して機能しえないということである。換言すれば、そのような客観的情勢から乖離した特定のイデオロギーを、社会的なるものの中に強制的に挿入したとしても、それは何らその機能を果たしえない。

　再び、ここで先の財政危機の事例を取り上げるならば、財政赤字という厳然たる事実は、社会的なるものにおける諸アクターの諸機能およびその社会的レ

終　章　政治的なるものと経済的なるものの分析的融合を求めて

ベルでのそれぞれの認知のあり方を再検討させる契機を与える。行政府はそのような事態を回避すべく、様々な方策を考案し、その方策は時として人々の既存の政治的・経済的利害を浸食することになろう。このとき、行政府は自らの社会的ポジションと機能を再検討する。すなわち、われわれが現在なすべきことは何であるのか、そしてそのことによってそれぞれのアクターの社会的ポジションや利害はどのように変化するのか、と。そこに、たとえば「財政赤字は将来世代にツケを回すものだ」という言説が登場する。これは単に将来予測に属することであり、それが実際に起こりうるかどうかという言葉の厳密な意味においては不確定なものである。誰も必ずこのようなことが起こるなどと断言することはできないのであって、その意味においてこうした予測に関わる言説は、事実の提示ではなく、ある種の共同幻想であり、われわれの文脈からすればイデオロギーにほかならない。

　しかしながらこうしたイデオロギーは、象徴的媒介として政治的・経済的秩序に挿入されるや否や、諸アクターに対して現実的な影響を与え始める。人々は自らが置かれている政治的・経済的情勢を、この言説に従って再考し始める。そのとき、「借金は道徳的に許されない、財政赤字は悪である」という慣習的・文化的な考えと融合して、この言説は物理的な力へと転化される。すなわち、社会的なるものにおいて、諸アクターの社会的妥協の変化を介して正統性を与えられたイデオロギーは、次いで「財政健全化法」などの歴史具体的制度諸形態へと結実するのである。財政危機の時代において、拡張的な財政政策が政治的正統性を得ることができないのは、財源の確保が経済的に困難であるという経済的必然性のみならず、こうしたイデオロギーが、象徴的媒介として一定の社会的情勢を一つの「社会的妥協」へと転化するに際して、一定の役割を果たすからである[10]。

　実のところ、こうしたイデオロギーの機能作用の分析は、フランスの哲学者ルイ・アルチュセールが提示した理論装置とレギュラシオン・アプローチとの、方法論的融合に基づいている。われわれは、すでに第3章や第4章で述べたように、アルチュセールの構造主義を批判することからその分析を始めた。しかしながら、以上のような分析からすれば、最後に再びわれわれがアルチュセールの世界に回帰しているかのように見なせるかもしれない。だがわれわれは、経済学を哲学に従属するものに貶めたいわけでもなければ、古典的なマル

167

クス主義の諸命題に回帰したいわけでもない。このような方向性は、レギュラシオン・アプローチの研究方向とまったく相容れないものであり、われわれはそれを拒絶する。われわれの関心はあくまでも、「制度としてのイデオロギー」が社会的なるものにおいていかに機能しているのかを考察すること、そしてそれを実証研究に耐えうる分析装置に練り上げることにある。この限りにおいて、未完のまま終わったアルチュセールの著作を編集して公刊したジャック・ビデが、その「序文に代えて」の中で述べている次のような文言は、制度の政治経済学の理論的彫琢と精緻化を目指す研究者にとって決して無視できないものである。

> 彼〔アルチュセール〕の分析の大きな利点は〔……〕イデオロギーを「呼びかけ」として措定することから来ている。この呼びかけによって各人が、主体として、呼び出され、社会的に構成される。すなわち、次の二つのテーゼである。1. イデオロギーは「理念的、観念的、精神的な存在ではなく、物質的存在である」。なぜなら、「一つのイデオロギーはつねに一つの装置のなかに存在し」、国家のイデオロギー装置は、イデオロギーを「現実化」する場だからである。2. 「あらゆるイデオロギーが具体的な諸個人を諸主体へと『構成する』ことをその機能としている（この機能がイデオロギーを決定する）」。(Althusser, 1995, 邦訳 p. 16)

われわれのアプローチに引き付けてこの文言を換骨奪胎すれば、「物質的存在」としてのイデオロギーは、社会的なるものにおける「制度装置」として機能し、歴史具体的な制度諸形態として顕現する。

たとえば、今まで「Aという社会的ポジションにある」と認知し行為してきたアクターたちは、新たなイデオロギーによる「呼びかけ」によって、社会的なるものの全体性の中で、自らがA'という社会的ポジションに移行したことを認知する。そしてこのアクターとは異なるポジションにあると認知し行為していた別のアクターたちもまた、異なるポジションに移行したことを認知する。このポジションの変位は、それぞれのアクターが取り結ぶ関係を変容させ、そこに生じる政治的・経済的対立のあり方をも変容させる。この関係性の変容と諸利害の対立内容の変容は、最終的に一定の社会的妥協の変容を、そして新た

終　章　政治的なるものと経済的なるものの分析的融合を求めて

な歴史具体的な諸制度の構築をもたらすのである。

したがって、これからの制度の政治経済学としてのレギュラシオン・アプローチにとって重要なことは、未だ形而上学的なものにとどまるこの分析装置を、実証研究に耐えうる、より具体的な分析装置に転換しなければならないということである。

こうしたプログラムが成功するか否かは、経済学が排除し続けてきた「政治的なるもの」を経済学の中に融合することに、真正面から取り組むことができるか否かにかかっている。

(1) 周知のように、こうしたネオ・リベラリズムの実験の起源は、すでに1970年代のラテン・アメリカ諸国の経済改革に求めることができる。佐野（2009）は、こうした論点を最新の実証分析に基づき、その実験がラテン・アメリカ諸国にいかなる悪影響を及ぼしたのかを詳しく述べている。
(2) 本書第1章でも述べたように、現在、レギュラシオン・アプローチには、分析手法、主として依拠する理論の違いによって、いくつかのヴァージョンがあり、その理論的枠組みが完全に共有されているとは言い難い。この点については、学派としてのレギュラシオン・アプローチの発展を総括したBoyer（2005）、また近年の学派の成長を概括している山田（2008）を参照されたい。
(3) むろん、こうした解釈が論争的なものであり、一概に定義できないことは言うまでもない。ここではもっぱら人口に膾炙しているレベルでのそれぞれの経済学についての解釈を述べているに過ぎないことに留意されたい。
(4) たとえば個人の消費という経済行為でも、それは厳密には完全に独立した決定ではない。彼の決定を左右するのは、自らが得ている所得（企業と彼との関係性）であり、また彼が家族という集合的アクターの構成員であるならば、この家族との関係性もまた、大きな影響を与えるはずである。この意味で彼の経済的意思決定は、人と人との関係、すなわち政治的に規定された関係性にも依存していると言えよう。
(5) ここで、「主体」というタームではなく、「アクター」というタームを使用する理由については、本書第3章注（8）を参照。
(6) こうした説明は、レギュラシオン学派のブルーノ・アマーブル（Amable, 2003）が指摘している「政治的均衡」アプローチに類似しているが、すでに述べたように、その社会認識論において彼我には大きな隔たりがある。われわれのアプローチが依拠しているのは、すでに本書第1〜4章で取り上げた、同じくレギュラシオン学派のブルーノ・テレ（Théret, 1992）の「社会的なるものの位相学」アプローチである。一言だけ述べておくと、アマーブルの枠組みでは、諸集団の利害は「経済的なもの」から始まり最終的に「政治的なもの」へと至る（諸集団そのものの属性がそのようにカテゴライズされている）が、われわれのアプローチでは、諸集団の利害は、それがいかなる社会的位相にあるものであっても、常に政治的で経済的なものであり、この利害は互いにヘゲモニーを求めて常に対立している。したがって、論理的には、たとえ政府であっても常に政治的なものがヘゲモニーを勝ち取るとは限らない。
(7) もちろん、こうした「社会的インフラの充実」が、土建国家とまで称された日本の建設業偏重の経済体制を支えたことは事実である。その意味では、インフラの充実もまた「経済的

合理性」から要請されたものであるが、その合理性が、形式的に過ぎないにせよ、「国民の福利厚生の充実」という政治的合目的性と相互に連関して相乗的な効果をもたらしていたことを忘れるべきではない。

(8) ちなみに、シュミットの政治理論を独自な形で継承するシャンタル・ムフによれば、シュミットのナチズムへの傾倒という負の遺産を考慮しても、この理論は政治的なるものの本質を的確に指摘しているという（Mouffe, 2005）。

　この理論は特に現在の世界経済の状況にも大いに符合する。たとえば、TINA の思想が支配的な社会経済においては、敵・味方の構図は、資本対労働という従来型の明白な対立構造をもちえない。このような情勢においては、政治的なるものは、容易にそれぞれの諸集団内部（たとえば労働者集団内部での正社員対非正規社員）での、あるいはまた異なる社会的ポジション（社会階層としての公務員対民間人）の間での、区別＝分断となって現われる。こうした観点からすれば、20 世紀末から 21 世紀初頭にかけての日本の経験は、「官と民」という新たな敵・味方の構図が、政治的なるものの中心となったことを意味している。こうして作り出された「政治的なるもの」の構図は、本来社会的文脈で議論されてしかるべきその他様々な問題（たとえば、社会保障のあり方や相対的貧困の問題など）を、副次的な問題へと追いやってしまったように思われる。

(9) このような政治的妥協の変化を正確に分析するためには、政治システムやイデオロギーがこうした関係において果たす役割を理論モデルの中で明確にしなければならない。しかしながら、われわれが依拠するレギュラシオン・アプローチにおいても、このような社会的構成要素の重要性は認められているとはいえ、未だしっかりとモデル化できていない。したがって、ここでは一般的解釈を述べるにとどめておく。

(10) もしそのイデオロギーを批判するならば、その批判者は「財政赤字が将来に影響を与えないこと」を経済的合理性に基づき理論的かつ実証的に説得できなければならないだけでなく、「借金は道徳的に許されない」という既存の文化的・伝統的規範を凌駕する新たな規範を提示できなければならない。

参 考 文 献

邦文文献

青木昌彦・奥野正寛・岡崎哲二編（1999）『市場の役割・国家の役割』東洋経済新報社。
磯谷明徳（2004）『制度経済学のフロンティア——理論・応用・政策』ミネルヴァ書房。
伊東光晴（1962）『ケインズ』〈岩波新書〉岩波書店。
井上泰夫（1989）「現代資本主義の自己革新——西ヨーロッパ諸国の経験」『経済科学』第36巻第4号。
―――（1996）『〈世紀末大転換〉を読む——レギュラシオン理論の挑戦』有斐閣。
岩井克人（1992）『ヴェニスの商人の資本論』〈ちくま学芸文庫〉筑摩書房。
―――（1993）『貨幣論』筑摩書房。
植村博恭・磯谷明徳・海老塚明（1998）『社会経済システムの制度分析』名古屋大学出版会。
宇仁宏幸（1992）「戦後日本の蓄積体制」『経済学雑誌』第92巻5・6号。
―――（1998）『構造変化と資本蓄積』有斐閣。
―――（2006）「訳者による補遺」バルビエ／テレ『フランスの社会保障システム』ナカニシヤ出版。
―――（2008）「日本における賃金格差拡大とその要因」『季刊　経済理論』第45巻第1号。
―――（2009）『制度と調整の経済学』ナカニシヤ出版。
エスピン=アンデルセン，G.（2001）「日本語版への序文」『福祉資本主義の三つの世界』岡沢憲芙・宮本太郎監訳，ミネルヴァ書房。
海老塚明（1986）「資本主義認識の革新——レギュラシオン理論の紹介と検討」『思想』第739号。
―――（1990）「日本型"資本主義"とレギュラシオン」『情況』8月号。
―――・磯谷明徳（1991）「現代危機の分析視角（1）・（2）——SSAアプローチとレギュラシオン・アプローチ」『経済学雑誌』第91巻5・6号，第92巻1号。
―――（1997）「価値論と貨幣論の位相——『経済学』批判と貨幣論の射程（1）」『経済学雑誌』第97巻5・6号。
遠藤輝明編（1982）『国家と経済』東京大学出版会。
大浦宏邦（2008）『社会科学者のための進化ゲーム理論——基礎から応用まで』勁草書房。
大蔵省財政史室編（1998）『昭和財政史　昭和27～48年　第2巻　財政-政策及び制度』東洋経済新報社。
太田一廣（1999）「貨幣的秩序の理論の一視角——貨幣と制度をめぐる断章」『制度の政治経済学の体系化』平成8年～平成10年度科学研究費補助金研究成果報告書（八木紀一郎代表）。
片岡浩二（1994）「貨幣生成論の批判的検討——貨幣の存在論序説」『経済学雑誌』第95巻3・4号。
久米郁男（1998）『日本型労使関係の成功』有斐閣。
坂口明義（1999）「貨幣信認と現代通貨制度——M. アグリエッタ・A. オルレアンらの最近の仕事について」*Regulation, Institution & Contemporary Economics*, 第15号。
―――（2005）「レギュラシオン派の貨幣金融論——概念的成果とその課題」『季刊　経済理論』第42号第2巻。
佐藤俊樹（2000）『不平等社会日本』中央公論新社。
佐藤秀夫（2008）「交易損失と外需依存と低賃金指向型FDI——グローバリゼーション下の日本経

済」『季刊　経済理論』第 45 号第 3 巻。
佐野誠（2009）『「もう一つの失われた 10 年」を求めて──原点としてのラテン・アメリカ』新評論。
塩沢由典（1997）『複雑さの帰結──複雑系経済学試論』NTT 出版。
清水和己・河野優編（2008）『入門　政治経済学方法論』東洋経済新報社。
シュムペーター（1983）『租税国家の危機』木村元一・小谷義次訳〈岩波文庫〉岩波書店。
神野直彦（1998）『システム改革の政治経済学』岩波書店。
スティグリッツ、J. E.（2002）『世界を不幸にしたグローバリズムの正体』鈴木主税訳、徳間書店。
橘木俊詔（1998）『日本の経済格差』岩波書店。
─────編（2003）『戦後日本経済を検証する』東京大学出版会。
遠山弘徳（1990）「高度経済成長における賃労働形態──レギュラシオン・アプローチに基づいて」『経済学雑誌』第 91 巻第 1 号。
中原隆幸（1993a）「戦間期フランスとレギュラシオン──制度諸形態としてのケインズ主義の受容過程」『オイコノミカ』第 30 巻第 1 号。
─────（1993b）「ケインズ主義とフランス・フォーディズム」『オイコノミカ』第 30 巻第 2 号。
─────（1994）「レギュラシオン概念の生成」『オイコノミカ』第 30 巻 3/4 号。
─────（1997）「社会の構成と制度的秩序──社会的メディアを伴う社会的レギュラシオンの位相」『関西大学経済論集』第 47 巻第 5 号。
─────（2000）「経済システムの構成における制度の重層性──制度認識をめぐる諸課題の整理と検討」『大阪産業大学経済論集』第 1 巻第 3 号。
─────（2001）「訳者あとがき」ブルーノ・テレ『租税国家のレギュラシオン』神田修悦・中原隆幸・宇仁宏幸・須田文明訳、世界書院。
─────（2003a）「レギュラシオン・アプローチにおける国家論の射程」『四天王寺国際仏教大学人文社会学部紀要』第 35 号。
─────（2003b）「課税の正統性とは何か──課税・財政制度を介した社会的レギュラシオンの可能性」『税とは何か』（別冊『環』第 7 号）藤原書店。
根井雅弘（1991）『ケインズ革命の群像』〈岩波新書〉岩波書店。
樋口美雄・財務省財務総合政策研究所編（2003）『日本の所得格差と社会階層』日本評論社。
平野泰朗（1996）『日本的制度と経済成長』藤原書店。
広田功（1978-1979）「フランス人民戦線政府の経済政策（1）～（3）」『中央大学商学論集』第 20 巻 2・4・5 号。
─────（1982）「戦間期フランス労働運動とディリジスム」遠藤輝明編『国家と経済』東京大学出版会、所収。
ボワイエ、R.（1996）『現代「経済学」批判宣言』井上泰夫訳、藤原書店
真渕勝（1994）『大蔵省統制の政治経済学』〈中公叢書〉中央公論社。
間宮陽介（1989）『ケインズとハイエク』〈中公新書〉中央公論社。
マルクス、K.（1956）『経済学批判』武田隆夫他訳〈岩波文庫〉岩波書店。
盛山和夫（2003）「階層再生産の神話」樋口美雄・財務省財務総合政策研究所編『日本の所得格差と社会階層』日本評論社、2003 年。
山田鋭夫（1992）『レギュラシオン・アプローチ』藤原書店。
─────（2002）「*Japanese Capitalism in Crisis*『書評』へのリプライ」『経済理論学会年報』第 39 集。
─────（2008）『さまざまな資本主義──比較資本主義分析』藤原書店。
ラヴォア、M.（2008）『ポストケインズ派経済学入門』宇仁宏幸・大野隆訳、ナカニシヤ出版。
リピエッツ、A.（1993）『レギュラシオン理論の新展開』井上泰夫・若森章孝編訳、大村書店。

参考文献

若森章孝（1996）『レギュラシオンの政治経済学』晃洋書房。

欧文文献

Aglietta, M. (1976) *Régulation et creises du capitalisme: L'éxperience des Etats-Unis*, Calmann-Levy. （若森章孝・山田鋭夫・大田一廣・海老塚明訳『資本主義のレギュラシオン理論』大村書店、1989年）
―――, S. Amin, W. Bonefeld, G. Cocco, B. Coriat, P. Cours-Salies, C. Hay, M. Husson, A. Lipietz, Y. Moulier-Boutang, T. Negri, P. Petit, C. Vercellone, J-M. Vincent (1944) *École de la Régulation et Critique de la Raison Économique*, L'Harmattan.
―――, et A. Brender (1984) *Les métamorphoses de la société salariale*, Calmann-Levy. （斉藤日出治ほか訳『勤労者社会の転換フォーディズムから勤労者民主制へ』日本評論社、1990年）
―――, et J. Carterier (1998) "Ordre monnataire des économies marché", en M. Aglietta et A. Orléan, *La monnaie souveraine*, editions odile jacob, 1998.
―――, et A. Orléan (1982) *La violence de la monnaie*, PUF. （井上泰夫・斉藤日出治訳『貨幣の暴力』法政大学出版局、1991年）
―――, et A. Orléan eds. (1998) *La monnaie souveraine*, Editions odile jacob. （坂口明義・中原隆幸・中野佳裕訳『主権貨幣』藤原書店、近刊）
Althusser, L. (1965) *Pour Marx*, La Découverte. （河野健二・田村淑・西川長夫訳『マルクスのために』〈平凡社ライブラリー〉平凡社、1994年）
――― (1970) "Idéologie et appareils idéologiques d'Etat", *la pensée*, n°. 151, juin. （山本哲士・柳内隆編訳『アルチュセールのイデオロギー論』三交社、1993年、所収）。
――― (1995) *Sur la reproduction: Idéologie et appareils idéologiques d'État*. （西川長夫ほか訳『再生産について――イデオロギーと国家のイデオロギー諸装置』平凡社、2005年）
Amable, B. (2003) *The Diversity of Modern Capitalism*, Oxford University Press. （山田鋭夫・原田裕治ほか訳『五つの資本主義』藤原書店、2005年）
―――, et S. Palombarini (2005) *L'économie politique n'est pas une science morale*, Raison d'agir édition.
André, C., et R. Délorme (1983) *L'Etat et l'economie*, Seuil.
Aoki, M. (2001) *Toward a Comparative Institutional Analysis*, MIT Press.（瀧澤弘和・谷口和弘訳『比較制度分析に向けて』NTT出版、2001年）
Barbier, J.-C., et B. Théret (2004) *Le nouveau systéme français de prptection sociale, Edition la Découverte*（中原隆幸・宇仁宏幸・神田修悦・須田文明訳『フランスの社会保障システム――社会保護の生成と発展』ナカニシヤ出版、2006年）
Barrere, A. ed. (1985) *Keynes Aujourd'hui: Théories et Politiques*, ECONOMICA.
Benassy, J. P., R. Boyer et R. M. Gelpi (1979) "Régulation des économies Capitalistes et Inflation", *Révue Economique*, vol. 30, n°. 3, mai. （清水耕一訳「資本主義のレギュラシオンとインフレーション」『経済学論叢』第42巻第2号、1991年）
Bertrand, H. (1985) "La france: Modernisation et pietiements", dans R. Boyer, *Capitalismes fin de siècle*, PUF. （山田鋭夫他訳『世紀末資本主義』日本評論社、1988年、所収）
―――, J. Mazier, Y. Picaud et G. Podevin (1981) "Les deux crises des années 1930 et des années 1970: Une analyse en sections productives dans le cas de économie Française", *Révue économique*, vol. 33, n°. 2, dans R. Boyer eds., *La Flexibilité du Travail en Europe*, Editions La Découverte. （井上泰夫訳『第二の大転換』藤原書店、1993年、所収）
Billaudot, B. (1996) *L'ordre économique de la société moderne*, L'Harmattan, Paris.
Bowles, S., D. M. Gordon and T. E. Wiesskopf (1983) *Beyond the Waste Land: A Democratic*

173

Altanative to Economic Decline, Anchor Press.（都留康・磯谷明徳訳『アメリカ衰退の経済学――スタグフレーションの解剖と克服』東洋経済新報社、1986 年）
Boyer, R.（1979）"La crise actuelle: Une mise en perspective historique", *Critiques de l'économie politique*, n°. 7-8, Avril-Septembre.（清水耕一編訳『レギュラシオン――成長と危機の経済学』ミネルヴァ書房、1992 年、所収）
―――（1983a）"L'introduction du Taylorisme en France à la lumière de recherches récentes", *Travail et Emploi*, n°. 18.
―――（1983b）"The Influence of Keynes in French Economic Policy", *CEPREMAP*, no. 8404.
―――（1985）"Formes d'organisation impicites à la Théorie Générale", en A. Barrere eds., *Keynes Auiourd'hui: Théories et Politiques*, ECONOMICA.
―――（1986）*La théorie de la régulation, Ediotions la Decouverte*.（山田鋭夫訳『レギュラシオン理論』新評論、1989 年）
―――（1987）"Formalizing Growth Regimes within a Regulation Approach: A Method for Assessing the Economic Consequences of Technological Change", *CEPREMAP*, april.（遠山弘徳訳「レギュラシオン・アプローチにおける成長体制の定式化」『法経論集』第 69-70 号、1991 年）
―――（1991）"Le particularisme français revisité: La crise des années trente à la lumière de recherches récentes", *Le Mouvement Social*, n°. 154, janvier-mars.
―――（2001）"Postface à l'édition de 1995: La théorie de la régulation a l'épreuve des années quatre-vingt-dix", dans R. Boyer et Y. Saillard eds., *La théorie de la régulation: L'états des savoirs*, 2ed., La Découverte, Paris, 2001.
―――（2005）"Théorie de la Régulation: Bilan des années quatre-vingt-dix, perspectives actuelles", Project d'pour *Political Economic Quarterly*.（中原隆幸訳「レギュラシオン理論、90 年代の総括と現在の展望」『季刊　経済理論』第 42 巻第 2 号、2005 年）
―――, ed.（1986a）*Capitalismes fin de siècle*, PUF.（山田鋭夫他訳『世紀末資本主義』日本評論社、1988 年）
―――, ed.（1986b）*La flexibilité du travail en Europe*, Editions La Découverte.（井上泰夫訳『第二の大転換』藤原書店、1993 年）
―――, et B. Coriat（1988）*Pour la démocratie salariale: Une utopie nécessaire*, Mineograph.（R. ボワイエ・山田鋭夫編『ラポール・サラリアール』藤原書店、1992 年、所収）
―――, et J. Mistral（1983）"Le temps present: La Crise（Ⅰ）, D'une analyse historique à une vue prospective", *Annales E. S. C.*, n°. 3, Mai-Juin; et "La Crise（Ⅲ）: presenteur et potentialité de années quatre-vingt", *ibid.*, n°. 4, Juillet-Aout.（清水耕一編訳『レギュラシオン――成長と危機の経済学』ミネルヴァ書房、1992 年、第 3 章）
―――, et P. Petit（1981）"Progrès thechnique croissance et emploi: Un modèle d'inspiration Kaldorienne pour six industries europénne", *Revue économique*, n° 6, novembre.
―――, and P. Petit（1991）"Kaldor's Growth Theories: Past, Present and Prospects for the Future", in E.-J. Nell and W. Semmler eds., *Nicholas Kaldor and Mainstream Economics*, Macmillan, 1991.
―――, et G. Schmeder（1990）"Division du travail, changement technique et croissance: Un retour à Adam Smith", *Revue Française d'économie*, vol. V, 1, hiver.
―――, et Y. Saillard eds.（1995）*La téorie de la régulation: L'état des savoirs*, La decouverte.
―――, et Y. Saillard eds.（2001）*La théorie de la régulation: L'états des savoirs*, 2ed., La Découverte, Paris.
―――, et T. Yamada eds.（1993）*Crises du Capitalisme*.（R. ボワイエ・山田鋭夫共同編集『危機 - 資本主義』藤原書店、1993 年）
―――, and T. Yamada eds.（2000）*Japanese Capitalism in Crisis*, Routledge.

参考文献

Buchanan, J., and R. E. Wagner (1977) *Democracy in Deficit*, Academic Press.(深沢実・菊池威訳『財政赤字の政治経済学——ケインズの政治的遺産』文眞堂、1979年)
Buchanan, J., and R. A. Musgrave (1999) *Public Finance and Public Choice*, MIT Press.(関谷登・横山彰監訳『財政学と公共選択』勁草書房、2003年)
Callari, A., and D. F. Ruccio eds., (1996) *Postmodern Materialism and Future of Marxist Theory: Essays in the Althusserian Tradition*, Wesleyan University Press.
Cartelier, J. (1996) *La Monnaie*, Flammarion.
―――― (1998) "Le systeme de paiement comme médiation: De l'interdépendance à viabilité", Mineograph.
Chartres, J.-A. (1995) "Le changement de modes de régulation: Apports et limites de la formations", en R. Boyer et Y. Saillard eds., *La téorie de la régulation: L'état des savoirs*, La decouverte.
Commaille, J., et B. Jobert eds. (1998) *Les métamorphoses de la régulation politique*, L. G. D. J.
Coriat, B., P. Petit and G. Schméder eds. (2006) *The Hardship of Nations Exploring the Paths of Modern Capitalism*, Edward Elgar.
Cours-Salies, P. (1994) "Régulation et compromis fordiste", en Aglietta, M et al, *École de la Régulation et Critique de la Raison Économique*, L' Harmattan.
Cullenberg, S. (1996) "Althusser and the Decentering of the Marxist Totality", in A. Callari and D. F. Ruccio eds., *Postmodern Materialism and Future of Marxist Theory: Essays in the Althusserian Tradition*, Wesleyan University Press.
Esping-Andersen, G. (1990) *Three Worlds of Welfare Capitalism*, Basil Blackwell.(岡沢憲芙・宮本太郎監訳『福祉資本主義の三つの世界』ミネルヴァ書房、2001年)
――――, ed. (1996) *Welfare States in Transition: National Adaptations in Global Economies*, UNRISD.(埋橋孝文監訳『転換期の福祉国家』早稲田大学出版部、2003年)
Gordon, D. M. (1991) "Kaldor's Macro System: Too Much Cumulation, Too Few Contradictions", in E.-J. Nell and W. Semmler eds., *Nicholas Kaldor and Mainstream Economics*, Macmillan.
Hall, P. A., and D. Soskice (2001) *Varieties of Capitalism: The Institutional Foundations of Comparative Advantage*, Oxford University Press.(遠山弘徳ほか訳『資本主義の多様性』ナカニシヤ出版、2007年)
Hodgeson, G. M. (1999) *Economics & Utopia*, Routledge.(若森章孝・小池渺・森岡孝二訳『経済学とユートピア』ミネルヴァ書房、2004年)
Jackson, J. (1988) *Popular Front in France: Defending democracy, 1934-38*, Cambridge University Press.(向井善典・岩村等・振津純雄訳『フランス人民戦線史——民主主義の擁護、1934-38年』昭和堂、1992年)
Jessop, B. (1985) *Nicos Poulantzas*, Macmillan Publishers Ltd.(田口富久治監訳『プーランザスを読む』合同出版、1987年)
Kaldor, N. (1966) *Causes of the Slow Rate of Growth in United Kingdom*, Cambridge University Press.(笹原昭五・高木邦彦訳『経済成長と分配理論』日本経済評論、1989年、所収)
―――― (1970) "The Case for Regional Policies", *Scottish Journal of political Economy*, XVII, 3, reprinted 1978 in *Further Essays on Economic Theory*.(笹原昭五・高木邦彦訳『経済成長と分配理論』日本経済評論、1989年、所収)
―――― (1972) "The Irrelevance of Equilibrium Economics", *Economic Journal*, vol. 82, December, reprinted 1978 in *Further Essays on Economic Theory*.(笹原昭五・高木邦彦訳『経済成長と分配理論』日本経済評論、1989年、所収)
―――― (1978) *Further Essays on Economic Theory*, Collective Economic Essay vol. 5, Gerald Duckworth & Co. Ltd.(笹原昭五・高木邦彦訳『経済成長と分配理論』日本経済評論、1989年、

175

所収)
Kalecki, M. (1938) "The Lesson of Blum Experiment", *The Economic Journal*, March.
Keynes, J. M. (1919) *The Economic Consequences of the Peace*, in *The Collected Writings of John Maynard Keynes, vol. 2*, The Macmillan Press, 1971.(早坂忠訳『平和の経済的帰結』〈ケインズ全集 第 2 集〉東洋経済新報社、1983 年)
―――― (1936) *The General Theory of Employment, Interest and Money*, in *The Collected Writings of John Maynard Keynes, vol. 3*, The Macmillan Press, 1973.(塩谷裕一訳『雇用・利子及び貨幣の一般理論』〈ケインズ全集第 7 巻〉東洋経済新報社、1983 年)
Levi-Strauss, C. (1962) *La pensée sauvage*, Libraire Plon.(大橋保夫訳『野生の思考』みすず書房、1976 年)
Lipietz, A. (1985) *L'adace ou l'enlisement: Sur les politiques economiques de la gauche*, Editions La Decouverte.(若森章孝訳『勇気ある選択』藤原書店、1990 年)
―――― (1986a) "Bhind the Crisis: The Exhaustion of a Regime of Accumulation: A 'Regulation School' Perspective on Some French Empirical Works", *Review of Radical Political Economics*, vol. 18, no. 1/2.(海老塚明訳「危機の背後に」R. ボワイエ・山田鋭夫共同編集『危機‐資本主義』藤原書店、1993 年、所収)
―――― (1986b) "La double crise 1967-1985", Mineo.(平野泰朗訳「1930 年代と 1970 年代の二つの危機」R. ボワイエ・山田鋭夫共同編集『危機‐資本主義』藤原書店、1993 年、所収)
―――― (1986c) "Régulation monopoliste et politique Keynesienne", en M. Zerbato et al., *Keynesianisme et sortie de crise*, L'oeil Economique, 1986.
―――― (1989) "De l'althussérisme à la théorie de la régulation", *CEPREMAP, Couverture orange*, n°. 8920.(若森章孝監訳『レギュラシオンの社会理論』青木書店、2002 年、所収)
Marjolin, R. (1938) "Reflections on the Blum Experiment", *Economica*, May.
Mazier , J., M. Basle et J. F. Vidal (1984) *Quand Les Crises Durent*..., Economica.
Mouffe, C. (2005) *On the Political*, Routlege.(酒井隆史監訳/篠原雅武訳『政治的なものについて』明石書店、2008 年)
Nell, E.-J., W. Semmler eds. (1991) *Nicholas Kaldor and Mainstream Economics*, Macmillan.
O'connor, J. (1973) *The Fiscal Crisis of the State*, St. Martin Press.(池上怜・横尾邦夫訳『現代国家の財政危機』御茶の水書房、1981 年)
Palombarini, S. (2001) *La Rupture du compromis social italien: Un essai de macro économie politique*, Éd. du ENRS.
Pasinetti, L. L. (1999) "J. M. Keynes's Revolution", in L. L. Pasinetti and B. Schefold, *The Impact of Keynes on Economics in the 20th Century*, Edward Elgar.
――――, and B. Schefold (1999) *The Impact of Keynes on Economics in the 20th Century*, Edward Elgar.
Perroux, F. (1971) "Structuralisme, modèles économiques, structures économiques", *Économie Appliqué*, Tome XXIV, n°. 3.
Petit, P. (1985) "La modernisation face aux métamorphoses de l'économie Française", *CEPREMAP*, n°. 8608.
―――― (1986) "Heurs et Malheurs de l'Etat face au rapport salarial: La France", en R. Boyer ed., *La flexibilité du travail en Europe*, Editions La Découverte.(井上泰夫訳『第二の大転換』藤原書店、1993 年)
―――― (1988) "La fin des politiques de Plein-Emploi", Les Temps Modernes, n°. 501, avril.(中原隆幸訳「完全雇用政策の終焉」『関西大学大学院紀要 千里山経済学』第 25 号。
―――― (1995) "De la croissance cumulative à la théorie de la régulation", en R. Boyer et Y. Saillard

eds., *La téorie de la régulation: L'état des savoirs*, La decouverte.
Piaget, J. (1968) *Le stracturalisme*, Paris, PUF. (滝沢武久・佐々木明訳『構造主義』白水社、1970年)
Ragot, X. (2003) "L'économie est-elle structualisme?: Un essai d'épistémologie", *L'année de la Régulation*, n°. 7, Presses de Sciences po.
Rist, C. (1955) "L'homme, La pensee, L'action", *Revue d'économie Politique*, novembre-decembre.
Rosanvallon, P. (1987) "Histoire des Idées Keynésiennes en France", *Révue Française d'économie*, vol. 2/4, automne.
Rueff, J. (1972) *Combats pour L'ordre Financier*, Plon.
Sauvy, A. (1984) *Histoire économique de la France entre les deux guerres*, Economica, vol. 3.
Schmitt, C. (1932) *Der Begriff des Polotischen*, Duncker & Humblot. (田中浩・原田武雄訳『政治的なものの概念』未來社、1970年)
Steinmo, S., K. Thelen and F. Longstreth eds. (1992) *Structuring Politics: Historical Institutionalism in Comparative Analysis*, Cambridge University Press.
Thelen, K., and S. Steinmo (1992) "Institutionalism in Comparative Politics", in S. Steinmo, K. Thelen and F. Longstreth eds., *Structuring Politics: Historical Institutionalism in Comparative Analysis*, Cambridge University Press.
Théret, B. (1992) *Régimes économiques de l'ordre politiques*, PUF. (神田修悦・中原隆幸・宇仁宏幸・須田文明訳『租税国家のレギュラシオン』世界書院、2001年［原著第1章～第4章の抄訳］、中原隆幸・斉藤日出治訳「領土的の課税・財政体制——絶対主義から自由主義へ（上）・（下）」『大阪産業大学経済論集』第3巻第1号・第4巻第1号、2002年［原著第5章］)
―――― (1994) "To have or To Be: Problem of the Interaction between State and Economy and Its Solidarist Mode of Regulation", *Economy and Society*, vol. 23, no. 1, February.
―――― (1996) "Pour une approche régulationniste du politique", Papie pour *Congrès de l'Association Française de Science Politique*, 23-26, avril. (中原隆幸訳「政治的なるもののレギュラシオン・アプローチのために」『経済学雑誌』第100巻第4号、2000年)
―――― (1998a) "La régulation politique: Le point de vue d'un économiste", dans J. Commaille et B. Jobert dir., *Les métamorphoses de la régulation politique*, L. G. D. J.
―――― (1998b) "La Dularité des dettes et de la monnaie dans les société salariales", en M. Aglietta et A. Orléan, *La monnaie souveraine*, Editions odile jacob.
―――― (2000) "Institutions et institutionnalismes: Vers une convergence des conceptions de l'institutionen" en B. Théret et D. Uri eds., *Innovations institutionelles et territoires*, L'Harmsttan, 2002
―――― (2001) "Préface à l'édition Japonaise pour *Régimes économiques de l'ordre politiques*", mimeograph. (「日本語版への序文」神田修悦・中原隆幸・宇仁宏幸・須田文明共訳『租税国家のレギュラシオン』世界書院、2001年、所収)
―――― (2003) "Institutionalismes et strucruralismes: Oppositions, substitutions ou affinités électives?", *Cahiers d'economie politique*, n°. 44, L'Harmattan.
――――, ed. (2008) *La monnaie devoilee par ses crises*, vol. 1 et vol. 2, Editoins EHESS.
――――, et D. Uri eds. (2000) *Innovations institutionelles et territoires*, L'Harmsttan.
Uemura, H. (1992) "Growth and Distribution in the Post-War Regime of Accumulation", *Keizaihyoron*, May.
Young, A. (1928) "Increasing Returns and Economic Progress", *The Economic Journal*, no. 152, vol. XXXVIII, December.
Zerbato, M., *et al.* (1986) *Keynésianisme et Sortie de Crise*, L'oeil Economique.

あ と が き

　「経済学」という知の大海の航海に漕ぎ出して、はや 20 年以上が過ぎようとしている。決して謙遜ではなく優秀な経済学徒でもなかったわたしが、このような探求を決意したのは、一人の教授との出会いからであった。当時経済学に様々な学派があることも知らず、あまつさえ講義もろくに理解していなかったわたしは、大学が制定した「制度」に従い、あるゼミナールを選択した。そこで出会った重田晃一先生（現・関西大学名誉教授）は、アダム・スミスの解説書をまず指定図書とされ、続いてデイヴィッド・リカードの解説書を指定図書とされた。講義での経済学理論にあまり興味のもてなかったわたしは、「どうせこれも大したことはないだろう」と高を括っていた。しかしながら、それは間違いであった。当時教わっていたマクロ経済学やミクロ経済学にはない「何か」が、スミスやリカードの理論からは伝わってきたのである。
　わたしはその「何かとは何か」を夢中になって追い求め、その理由をおぼろげながらつかめたような気がした。それは経済的現実を直視し、その実証的分析から変革に役立つ理論を導き出そうとする経済学者の「熱き知的格闘」のありように胸を打たれたからなのだ、と。
　わたしが大学院修士課程に在学中、重田先生は、特定のイデオロギーに依拠して現実を分析することを厳しく戒められ、「もし研究者になるのであれば、古典派のみならず様々な経済学理論を理解できるよう、最低限の経済学的教養を身につけよ」と諭された。この至言に従い、わたしはそれまでの「標準的経済学嫌い」を猛省し、様々な理論にできる限り目配りをするようになった。今振り返ればこの指導は、思いもかけず大学の教壇に立つことになり、実際に様々な理論を教授しなければならなくなった現在のわたしにとって、このうえもない財産である。
　だがわたしは、結局主流派経済学のパラダイムを、どうしても受け入れることができなかった。そのような問題意識をもつわたしが、レギュラシオン・アプローチを専門とする研究者になるのにそれほど時間はかからなかった。当時この理論は、経済学のパラダイム転換を可能にする何かを秘めていたのである。

しかし、レギュラシオン・アプローチは発展途上の理論でもあった。

また当時レギュラシオン・アプローチは、もう一つの難問にも直面していた。すなわち、その理論に基づく日本経済の実証分析を行なうこと、がそれであった。

このことをいち早く実践されていたのが、当時大阪市立大学の大学院生であった宇仁宏幸先生（現・京都大学大学院経済学研究科教授）である。恥ずかしながらレギュラシオン・アプローチに基づいて実証分析を行なう能力を決定的に欠くわたしに対して、宇仁先生は「実証分析こそ経済学の命である」と常にわたしを諭し、励まし続けてくださった。残念ながら、宇仁先生から言われ続けた実証分析は、本書においてもほとんど行なわれていない。これはこれからのわたしに課せられた最大の宿題である。と同時に先生は、ともすればその研究プログラムの指向性の違いゆえに孤立しがちであったわたしに、様々な形でインセンティヴを与えてくださり、わたしの研究の継続を陰に陽に支えてくださった。

これらの学術的にも人格的にも秀でた先生方の叱咤激励がなければ、わたしは間違いなく今まで研究を続けることはできなかったであろう。何よりもそのことに対してこの場を借りて心より御礼申し上げたい。また、わたしをレギュラシオン・アプローチ研究の道に誘ってくださった若森章孝先生（関西大学経済学部教授）や山田鋭夫先生（名古屋大学名誉教授、九州産業大学教授）、国家財政分析の重要性をつとに示唆くださった平野泰朗先生（福岡県立大学教授）にも心から御礼申し上げる。さらに、ここではお名前を挙げることを控えさせていただくが、大学院時代から現在に至るまで、多くの先生方や志を一つにする研究者仲間から、数え切れないほどの助言をいただいた。あわせて心より御礼申し上げたい。

本書は、序章と終章を除き、基本的には過去に執筆した論文や報告をとりまとめたものである。ただし、出版に際して、これらの論文は徹底的に加筆訂正されている。初出は以下の通りである。

第1章　「レギュラシオン・アプローチにおける国家論の射程――ブルーノ・テレの理論を中心に」『四天王寺国際仏教大学紀要』第43号、

あとがき

2003 年 3 月、pp. 55-80.
第 2 章　"For Analysis of the Fiscal and Financial Regime in Post-War Japan: Building a Circulation Model of Political and Economic Accumulation"『四天王寺国際仏教大学紀要』第 40 号、2005 年 11 月、pp. 95-110.（収録にあたって日本語へ翻訳）。
第 3 章　「構造からレギュラシオンへ――レギュラシオン・アプローチにおける方法論的革新性とは何か」『季刊　経済理論』第 42 巻第 2 号、経済理論学会、2005 年 7 月、pp. 60-70.
第 4 章　「経済システムの構成における制度の重層性――制度認識をめぐる諸課題の整理と検討」『大阪産業大学経済論集』第 1 巻第 3 号、2000 年 6 月、pp. 37-50.
第 5 章　「戦間期フランスとレギュラシオン――制度諸形態としてのケインズ主義の受容過程」『オイコノミカ』第 30 巻第 1 号、名古屋市立大学経済学会、1993 年 9 月、pp. 127-145.
第 6 章　「ケインズ主義とフランス・フォーディズム――『資本主義の黄金時代』におけるケインズ政策の史的変遷」『オイコノミカ』第 30 巻第 2 号、名古屋市立大学経済学会、1993 年 12 月、pp. 91-113.

　なお、本書は、わたしの本務校である四天王寺大学の出版助成を受けて出版された。森田俊朗・四天王寺学園理事長、碓井岑夫・四天王寺大学学長をはじめとする大学関係者各位に、厚く御礼申し上げる次第である。
　また、出版情勢がきわめて悪い中、このような本の出版に賛同していただいたナカニシヤ出版の酒井敏行氏に、心より御礼申し上げる。氏は草稿段階の原稿に丹念に目を通され、筆者の独りよがりの説明や生硬な文章表現に対して適切な助言を行なってくださった。もし本書が読みやすいものとなっているならば、それはひとえに氏のおかげである。さらに度重なる原稿の遅延・大幅な修正などによって、氏には大変なご苦労をおかけしてしまった。ここに記してお詫び申し上げる次第である。
　経済学は、現状を実証的に分析し、そこからモデルを演繹して得られた帰結を実現可能な政策提言へと結び付けることに、徹底してこだわってきた。だが、本書で繰り返し指摘してきたように、経済学が言葉の真の意味での中立的な学

問であることはきわめて難しいのであって、誤解を恐れずに言うならば、それは歴史的時間に固有な価値規範が内包された時代を透徹する「科学」である。スミスやリカードが時の支配的経済理論や体制に反旗を翻しつつ、自らのオリジナルな理論を推敲したことからも明らかなように、どのような理論であれ、それが理論として受け入れられるためには、既存の理論や現状の徹底的な批判という過程を、その発展の中で一度は経験しなければならない。その批判と分析の結果が広く受け入れられて初めて、その経済理論は一定の科学的パラダイムとして独自な発展を遂げていく。現在、標準化・体系化されたモデルと精緻な分析装置を備え、揺るぎない科学性を堅持しているかに見える現代の主流派経済学もまた、このような挑戦を受けねばならないのであり、その挑戦に応えることができたならば、この理論は新たなパラダイムを獲得することとなるであろう。本書は、ある意味でこの支配的パラダイムに対する挑戦の書である、と思いたいが、それが評価に値するものであるか否かの判断は、すべて読者諸氏に委ねるしかない。読者諸氏の忌憚のないご意見・ご批判を切に希望する次第である。

　最後に、私的なことではあるが、「家族的レギュラシオン」を実践することで、本書の執筆を陰ながら支えてくれた、妻・真理と母・千代子に感謝するとともに、本書を、志半ばで早逝した父・良隆に捧げたい。

　2010年3月吉日

中原 隆幸

人名索引

あ
青木昌彦　5
アグリエッタ（M. Aglietta）　1, 60, 64, 88, 149
アフタリオン（A. Aftalion）　107
アマーブル（B. Amable）　1, 5, 67, 169
アルチュセール（L. Althusser）　11, 61, 101, 167
アレ（M. Allais）　149
ヴァロン（L. Vallon）　118
ヴィダル（J. F. Vidal）　112
ヴェブレン（T. Veblen）　79
植村博恭　85
ウルモ（J. Ullmo）　118, 124, 130, 149
エスピン゠アンデルセン（G. Esping-Andersen）　44
オコンナー（J. O'connor）　35-36, 51
オルレアン（A. Orléan）　7

か
カルトゥリエ（J. Cartelier）　88
カレツキ（M. Kalecki）　114, 116
クートロ（J. Coutrot）　118
クザン（R. Cusin）　118
グラムシ（A. Gramsci）　3
グリュゾン（C. Gruson）　149
クレマンソー（G. Clemenceau）　106, 124
ケインズ（J. M. Keynes）　79, 90
　『一般理論』　106
　『金融改革論』　106
　『ケインズ説得評論集』　106
　『フランスに関する考察』　106
　『平和の新しい考察』　106
　『平和の経済的帰結』　106
小泉純一郎　161
コース（R. H. Coase）　79
コモンズ（J. R. Commons）　77
コルソン（C. Colson）　107
ゴルトシャイト（R. Goldscheid）　30
コルベール（J.-B. Colbert）　108

さ
サッチャー（M. H. Thatcher）　153
サン゠シモン（H. de Saint-Simon）　121
ジェソップ（B. Jessop）　62
塩沢由典　85
ジスカールデスタン（V. Giscard d'Estaing）　130
シュミット K.（Schmitt）　78, 162
シュンペーター（J. A. Schumpeter）　30, 35
　『租税国家の危機』　35
神野直彦　30, 36
ジンメル（G. Simmel）　15
　『貨幣の哲学』　15
スミス（A. Smith）　30, 108
ソーヴィ（A. Sauvy）　118
ソシュール（F. de Saussure）　60

た・な
橘木俊詔　44
チューレンバーグ（S. Cullenberg）　102
ティエール（L. A. Thiers）　109
デュモン（L. Dumont）　13
デュレ（J. Duret）　118
テレ（B. Théret）　5, 78, 93, 169
　『租税国家のレギュラシオン』　7
ド・マン（H. de Man）　116
ド・ラルジェタイユ（J. de Largentaye）　118
ニクソン（R. Nixon）　145

は

ハイエク（F. von Hayek）　116
パシネッティ（L. L. Pasinetti）　102
バスル（M. Vasle）　112
バリバール（É. Balibar）　61
パレート（V. Pareto）　60
パロンバリーニ（S. Palombarini）　9, 100
ピアジェ（J. Piaget）　15, 59, 101
ビデ（J. Bidet）　168
ビヨドー（B. Billaudot）　31
ピルー（G. Pirou）　107
プーランツァス（N. Poulantzas）　11, 61
ブキャナン（J. Buchanan）　35
ブランジェ（J. Branger）　118
ブルデュー（P. Bourdieu）　60
ブルム（L. Blum）　111, 125, 128
ブロシュ゠レヌ（F. Bloch-Lainé）　149
ペルー（F. Perroux）　63, 129
ベルジェ（G. Berger）　149
ホジソン（G. M. Hodgeson）　81, 102
ボリス（G. Boris）　115, 130
ボワイエ（R. Boyer）　1, 60, 65, 77, 119

ま

マジエ（J. Mazier）　112
マルクス（K. Marx）　11
マルシア（J. Marchal）　124, 130,
マルジョラン（R. Marjolin）　115, 118
マンデス゠フランス（P. Mendès-France）　130
ミストラル（J. Mistral）　10
ムフ（C. Moufe）　78, 170
モゼ（R. Moss？）　109-110
モッシュ（J. Moch）　118

ら・わ

ラヴォア（M. Lavoie）　7, 153
ラゴ（X. Ragot）　78
リスト（C. Rist）　107, 116
リピエッツ（A. Lipietz）　124, 149
リュエフ（J. Rueff）　107
ルーズヴェルト（F.Roosevelt）　124
ルフラン（G. Lefranc）　118
レヴィ゠ストロース（C. Levi-Strauss）　57
ロザンヴァロン（P. Rosanvallon）　117
ロビンズ（L. Robbins）　116
ロルドン（F. Lordon）　78
ワグナー（A. Wagner）　30
ワルラス（L. Walras）　60, 77

事 項 索 引

あ

IS-LM 分析　*120*
アクター　*2, 77, 169*
　　社会的──　*157*
　　集合的──　*160*
アメリカ・ラディカル派　*62*
アルチュセール学派　*77*
一般均衡理論　*129*
イデオロギー　*165, 167-168*
インフレ　*26, 107, 132*
失われた 10 年　*161*
エージェント　*67, 77*
エンジニア・エコノミスト　*117-118*
黄金の 30 年間　*104*
大きな政府　*35*

か

外延的・絶対的（蓄積）モデル／外延
　　的・相対的（蓄積）モデル　*25,
　　43*
概念化＝表象　*14*
過小消費説　*109*
課税・財政　*23, 32, 34*
　　──システム　*27, 34, 38, 161*
価値規範　*164*
価値判断　*164*
貨幣
　　──の同盟的機能（アリアンス）　*98*
　　──の調整的機能（レギュラトワール）　*98*
　　象徴的媒介としての──　*81, 95*
　　制度としての──　*100*
　　メタ制度としての──　*89*
慣習　*57, 76*
管理通貨制度　*99*
規制緩和　*153*
業種間共通最低保証賃金（SMIG）
　　127, 138
業種間共通成長最低賃金（SMIC）
　　127, 139
近代国家　*20, 23*
金本位制　*92*
グルネル協定　*127, 139, 142, 151*
グローバル化　*153*
計画経済　*122*
経済研究センター（X-cries）　*118*
経済的合理性　*3, 72, 98, 158*
経済的なるもの（l'économique）　*3,
　　34, 67, 89*
経済プログラム研究センター（CEPE）
　　149
ケインズ主義　*8, 30, 123, 130*
　　徹底的な改良主義に基づく──
　　　　119, 132, 137, 142, 147
　　有効需要に基づく──　*119,
　　　　131-132, 141*
ゲーム理論　*6*
言説的なるもの　*123, 164-165*
　　──のレギュラシオン機能　*123*
　　象徴的媒介としての──　*123, 149*
現代制度学派　*79*
小泉内閣　*35*
構造改革　*33, 35, 161*
構造主義　*6, 15, 54, 56-58, 63*
購買力理論　*109, 113, 128*
綱領採用休止（La Pose）　*113*
コーディネートされた市場経済　*77*
国立行政学院（ENA）　*110, 124, 130*
国立高等航空宇宙学校（ENSAE）
　　110, 130
古典派　*88, 107, 129*

さ

財政・経済研究局（SEEF）　*130*
再生産表式　*18-19, 124*
左翼統一戦線　*111*
サン＝シモニスト　*117*
市場原理主義　*153*
市場と国家　*30*

185

自生的秩序論　　30
資本主義の多様性（diversity）　　68-69
社会経済学　　7, 56, 74
社会的蓄積構造　　64
　　──学派（SSA）　　62
社会的なるもの　　80, 89, 95
社会民主主義体制　　44
自由市場経済　　77
自由主義　　44, 110
自由放任主義　　126
主観的関係性　　84
主権的権力　　96, 98
主流派経済学　　2, 153
象徴的資本　　24, 52-53
象徴的なるもの　　16, 51, 53, 76
象徴的媒介　　7, 74, 95, 158, 166
消費ノルム　　112, 125, 132, 136, 142, 145
所得捕捉率　　49
新古典派経済学　　30, 81
新制度主義学派　　79
新保守主義　　126
人民戦線綱領　　113
人民戦線内閣　　111, 125
信用貨幣制度　　90, 92
生産ノルム　　112, 124, 132, 136, 145
政治的合目的性　　3, 72, 98, 123, 158
政治的なるもの（le politique）　　1, 3, 34, 67
成長体制　　34, 163
　　輸出主導型──　　152
制度　　80, 86
　　──化された個人　　78
　　──＝思考習慣　　84
　　──主義的アプローチ　　63
　　──の政治経済学　　12, 45, 56
　　──の相互補完性　　69, 77
　　──派経済学　　1
　　媒介としての──　　57, 85, 87, 160
　　メタ──　　88
制度的（諸）均衡　　66-68
制度の経済学　　7, 56, 86

正統派経済学　　2
世界同時金融危機　　152
全国失業基金　　113
全国レジスタンス評議会（CNR）　　150
戦略的均衡　　67
戦略的ゲーム　　78

た
第三の道　　78
第二の予算　　47
大量生産・大量消費　　104
妥協（compromis）　　3, 4, 65
　　社会的──　　67, 104, 112, 122, 134, 148
　　政治的──　　48, 66, 159, 162, 164
　　制度化された──　　65, 71, 95, 125, 150
　　制度的──　　4, 24, 65, 71, 95, 170
　　ヘゲモニックな──　　160
　　労使──　　112
団体協約　　104, 125
小さな政府　　35
蓄積体制　　2, 151
　　外延的／内包的──　　124
　　経済的／政治的──　　25
　　フォーディズム的──　　13, 23, 143, 151
知的言説（dicours）　　14
中央銀行　　2, 99
調整的機能　　92, 100
賃金インデクゼーション　　146
賃金決定メカニズム　　135
賃労働関係　　2, 5, 65, 88, 111, 135, 138
　　フォーディズム的──　　138
通貨　　23
　　──主権　　47
　　──体制　　43
　　──レジーム　　99
TINA（「そのほかの選択肢はない」）　　153, 170

ディリジスム（介入主義）　108, 133, 148
テーラー主義　104, 124, 134
敵・味方理論　162
テクノクラート　118
伝統的経済学　30
投資の社会化　125, 135, 143
闘争主義　72
特別会計　47, 55
トヨタ・ショック　152
ドル本位制　137

な
ナショナリズム　10
ナチズム　170
日本型福祉国家体制　44
ニュー・ディール政策　105
認知論的行動主義学説　64
ネオ・リベラリズム　35, 153, 169
年金財源　10
年金制度　10
　　──改革　54

は
ハーベイロードの仮説　125
発生的認識論　59
ハビトゥス論　60
比較制度分析（CIA）　5, 56
非機能的レギュラシオン作用　158
ファイン・チューニング・ポリシー　137, 143, 147-149
ファシズム　117
フォーディズム　8
　　──期　39
　　──的発展モデル　151
　　フランス・──　127, 137
不完全雇用　119, 132
福祉国家体制　104
福祉国家モデル論　44
複数均衡　68
物象化　17
部分と全体　82, 85, 94, 100

プラニスト　116-117
フランス財政史　13
フランスの赤字理論　115, 117
フランスの奇跡　133, 140
ブルームズベリー・クラブ　121
ブルム人民戦線内閣　113, 131
ブルム内閣の実験　106, 109
ブレア政権　78
ブレトン・ウッズ体制　147, 151
文化的なるもの　31
分権化された市場経済　91
平価切り下げ　132
　　第一次──　113
ベヴァレッジ報告　126, 141
ヘゲモニー　2-4
ベルサイユ条約　106
方法論的個人主義　7, 89
方法論的ホーリズム　7
保守主義・コーポラティズム体制　44
ポスト・ケインズ派　6, 153
ポピュリズム　10, 162

ま
マーク・アップ原理　124
マクラッケン報告　126
マティニオン協定　111, 112, 125, 150
マルクス経済学　156
マルクス主義　167-168
　　構造主義的──　13, 60
　　ネオ・──　62
ミッテラン政権　126, 149
モネ・プラン　131, 140

や
唯物史観　11
　　古典的な──　59
有効需要の原理　90, 132
郵政民営化　161
輸出主導型成長体制（戦略）　144, 147, 152

40時間法　113, 117

ら

歴史の思わざる発見　*66, 84*
レギュラシオニスト　*57*
レギュラシオン　*74*
　——機能　*74*
　——形態　*18*
　——様式　*13, 60, 122*
　自己言及的——[オート・レギュラシオン]　*20*
　管理された——　*23*
　競争的——　*111-112*
　社会的——　*7, 158*
　社会的——の構造的定常性　*43*
　社会的なるものの——理論　*7*
　賃労働的——　*32, 43*
　独占的——　*111, 124*
　領土的——　*32, 43*
レギュラシオン・アプローチ　*1*
　——の方法論　*1*
　現在の——　*60*
　社会的なるものの——　*122, 155*
　初期の——　*60*
　第二世代の——　*1, 73*
レギュラシオン学派　*5*
　初期——　*125*
レッセ・フェール　*29, 108, 119, 133*
レント（特別利潤）　*37*
労働総連合（CGT）　*118*
　——プラン　*118, 125, 131*
ロンドン・スクール・オブ・エコノミクス（LSE）　*116*

【著者紹介】
中原隆幸（なかはら・たかゆき）
1963 年生まれ。関西大学経済学部卒業。名古屋市立大学大学院経済学研究科博士後期課程修了。理論経済学専攻。四天王寺大学人文社会学部准教授。バルビエ／テレ『フランスの社会保障システム』、シャバンス『入門制度経済学』（いずれも共訳、ナカニシヤ出版）、他。

対立と調整の政治経済学
——社会的なるもののレギュラシオン

2010 年 3 月 31 日　初版第 1 刷発行　　定価はカヴァーに表示してあります。

著　者　中原隆幸
発行者　中西健夫
発行所　株式会社ナカニシヤ出版
　　　　〒 606-8161　京都市左京区一乗寺木ノ本町 15 番地
　　　　TEL　075-723-0111
　　　　FAX　075-723-0095
　　　　URL　http://www.nakanishiya.co.jp/

装丁＝白沢 正
印刷・製本＝ファインワークス
Ⓒ T. Nakahara 2010.
Printed in Japan
＊乱丁・落丁本はお取り替え致します。
ISBN978-4-7795-0453-2　C3033

制度と調整の経済学

宇仁宏幸

格差、金融危機、長期停滞……。混迷する日本経済再生のための、制度と調整の経済学。「市場対国家」という思考枠組みを乗り越え、議論の焦点を制度の調整に当てることにより、有効な制度改革の方向を提示する。

三五七〇円

貨幣経済学の基礎

坂口明義

現代の市場システムは、貨幣的金融的要因に規定されながら、どのように機能しているのだろうか。市場システムを貨幣経済と見るケインズ派貨幣経済アプローチに基づき、その機能と安定のための諸条件を平易に解説。

二五二〇円

入門制度経済学

B・シャバンス／宇仁宏幸・中原隆幸ほか訳

シュモラーや旧制度学派、オーストリア学派などの古典的な制度経済学から、比較制度分析、新制度学派、レギュラシオン理論などの最新の経済理論まで、制度をめぐる経済学の諸潮流を、コンパクトに解説する。

二二〇〇円

ポストケインズ派経済学入門

M・ラヴォア／宇仁宏幸・大野隆訳

市場への介入と完全雇用政策を主張し、新古典派経済学への体系的な代替案を提示するポストケインズ派。従来難解で知られたその理論を初学者向けに平易に解説し、その政策的インプリケーションを明らかにする画期的入門書。

二五二〇円

表示は二〇一〇年三月現在の税込み価格です。